W0284266

VOM NUTZEN DER TRÄNEN

1 Die Stadt Gottes. Miniatur aus dem *Codex latinus 1942* in der Biblioteca Governativa di Lucca. Hildegard schaut die Stadt Gottes als Symbol der Gemeinschaft jener Menschen, die zur Himmelsbürgerschaft erwählt sind. Gott ist dargestellt durch einen gewaltigen Berg, die Taube steht für Gottes Vorsehung in der Heilsgeschichte.

VOM NUTZEN DER TRÄNEN

ÜBER DEN UMGANG MIT LEBEN UND TOD IM MITTELALTER UND HEUTE

MICHAELA DIERS

DUMONT BUCHVERLAG KÖLN

Umschlagabbildung: Die Stadt Gottes (Ausschnitt). Miniatur aus dem *Codex latinus 1942* in der Biblioteca Governativa di Lucca.

Die Deutsche Bibliothek – CIP-Einheitsaufnahme

Diers, Michaela:
Vom Nutzen der Tränen : Über den Umgang mit Leben und Tod im Mittelalter und heute / Michaela Diers. – Erstveröff. – Köln : DuMont, 1994
ISBN 3-7701-3289-0

Erstveröffentlichung
©1994 DuMont Buchverlag, Köln
Alle Rechte vorbehalten
Druck: Rasch, Bramsche
Buchbinderische Verarbeitung: Bramscher Buchbinder Betriebe

Printed In Germany ISBN 3-7701-3198-3

Inhalt

Statt eines Vorwortes

Rechne ich die Zeit zusammen, die zwischen meiner ersten Begegnung mit Bernhard von Clairvaux und dem Abschluß meiner Dissertation über ihn lag, sind es sieben Jahre, die ich mich mit ihm beschäftigte. Das ist nicht nur eine sehr lange Zeit: Vom Symbolwert ausgehend, den man im mittelalterlichen Denken der Sieben zuordnete, ist es eine Ewigkeit. Wenn ich heute von einer Begegnung mit ihm spreche, liegen dem diese sieben Jahre zugrunde, die das ursprüngliche Objekt wissenschaftlichen Interesses zum Gegenüber werden ließen. Begegnung, sollte man denken, ist eigentlich nur mit einem lebenden Menschen möglich. Und doch ist Vergleichbares mit den Jahren geschehen, in deren Verlauf seine Gestalt mehr und mehr an Leben gewann. Am Beginn der Arbeit standen Antworten, die ich glaubte aus seinem Werk belegen zu können. Doch nicht die Antworten, sondern die Fragen mehrten sich mit der Zeit; Fragen an ihn, die in dem Maß, in dem er mir zum Gegenüber wurde, auch zu Rückfragen an mich selbst geworden sind.

Bernhards Texte wollen wirken – eine Wirkung, die im Kontext ihres Entstehens auf die Mönche abzielt, vor denen Bernhard spricht, für die er schreibt. Die entlegensten Seelenwinkel durchmißt sein stets nach innen gerichteter Blick, den er auch seinen Mönchen aufträgt, denn alles Streben nach Läuterung setzt die Bereitschaft des Menschen voraus, sein Innen ungeschönt und selbstkritisch wahrzunehmen. Auch bei der heutigen Lektüre wird sich der Blick nach innen wenden, wird der Leser die Seelenräume, die Bernhard beschreibt, durchmessen, selbst durchschreiten müssen. Bisweilen läßt sich das Gelesene nachvollziehen, ja teilen, bisweilen kann es in seiner Fremdheit nur zur Kenntnis genommen werden, bisweilen auch führt es auf neuen Pfaden in bislang im Verborgenen liegende Seelenwinkel. 700 Jahre trennen den heutigen Leser vom Verfasser dieser Texte. Daß man bei dem Versuch, sie zu verstehen, sich selbst besser verstehen lernt, daß der wissenschaftlichen Erkenntnis Momente der Selbsterkenntnis innewohnen, gehört zu den wichtigsten Erfahrungen jener sieben Jahre, die ich zu Beginn meiner Arbeit noch nicht einmal erahnte.

Auf diese Weise ist er mir zum Lehrer geworden, ein guter Lehrer, und dies vor allem auch deshalb, weil seine Gestalt zur blinden Gefolgschaft nicht taugt. In manchem habe ich mich von ihm distanziert und bin auch für das, was er mich in der Trennung lehrte, dankbar. Denn gerade weil ich ihn schätze, lenkt das, was ich als seine Irrwege betrachte, nicht von mir ab, sondern führt zu mir hin. Dererlei Einblicke mehren nicht die Selbstgewißheit, sondern die Bescheidenheit. Daß man dies als Kennzeichen des Wissens betrachten darf, habe ich wiederum von ihm gelernt.

Im 12. Jh. geschrieben, wirken diese Texte auch auf den modernen Leser ein. Der Introspektion entstammend, fordern sie von ihrem Leser die Bereitschaft zur Introspektion. Fast zwangsläufig findet daher Bernhards Wissensverständnis auch in der heutigen Lektüre seine Umsetzung. Denn Wissen, so Bernhard, bezieht sich nicht auf den Intellekt allein, sondern zielt auf den ganzen Menschen und muß seinen Sitz im Leben des Menschen einnehmen. Daß Bernhard seine Wissenskonzeption mit jener Intoleranz und Unduldsamkeit verficht, die ihn auch in anderen Bereichen bestimmt, ist nicht zu bestreiten. Bedenkenswert bleibt sie dennoch.

Bernhards Auffassung vom Wissen ist eng mit der klösterlichen Lebensform verbunden. Als »Schule Christi« (Predigten

4, S. 318) will er das Kloster verstanden wissen – eine Schule, die weit mehr als reines Buchwissen vermittelt: »Wenn du ihn (Christus) nämlich ergreifen willst, kannst du ihn schneller erreichen durch Nachfolge als durch Nachlesen.« (Werke 2, S. 773 ff.). Denn nicht das, was Bernhard in polemischer Formulierung als die Spitzfindelei der Philosophen beschreibt, wird hier betrieben: »Das ist einstweilen meine höchste Philosophie: Jesus zu kennen, und zwar als Gekreuzigten.« (Predigten 5, S. 359; 1 Kor 2,2). Die Lehre des Klosters besteht vielmehr in der umfassenden Lebensgestaltung nach dem Vorbild Christi. Bildung wird als Persönlichkeitsbildung begriffen und kann sich daher nicht auf ein rein intellektuelles Lernen und Verstehen beschränken. Ganz im Gegenteil gilt Bernhard dererlei Anhäufung von Kenntnissen, die für das Leben des Menschen ohne Konsequenzen bleibt, als gefährlicher Irrweg: »Ein gar schlimmer Berg ist es, die aufblähende Wissenschaft.« Wissen häuft sich auf Wissen, wobei ein jeder neu zugefügte Baustein allein der Befriedigung der Eitelkeit, nicht aber dem inneren Wachstum des Menschen dient: »Sie achten keine Mühe für gering, nur um gescheiter als andere zu gelten. So erbauen sie Babel.« (Predigten 2, S. 248 f.). Bernhard nennt dieses dem eitlen Selbstzweck verpflichtete Wissen »aufblähend«, denn es gibt äußere Fülle vor, wo innere Hohlheit herrscht. Der Mensch füllt das Wissen nicht aus, für seine Lebensführung besitzt es keinerlei Bedeutung. Ein solches Wissen gleicht dem Wein, »der Wein weltlicher Wissenschaft, der zwar mit Neugier berauscht; der voll und toll, aber nicht stark macht« (Predigten 5, S. 63). Neugier ist in diesem Denken keine Tugend, sondern ein Laster. Denn die Gier nach Neuem treibt den Menschen um, lenkt seine Blicke mal hierhin, mal dorthin, doch stets von sich selbst weg. Nicht nach Sammlung, sondern nach Zerstreuung strebt der neugierige Blick. Selbst an dem, worauf er sich eilig heftet, nimmt er nicht wirklich Anteil. Auch von hier aus läßt sich das aufblähende Wissen in seiner wohl modernsten Variante beschreiben. Das Herz müßte brechen, ließe es die täglichen Schreckensbilder in sich ein. Und so wälzt sich die

Bilderflut knapp am Herzen vorbei (nah genug, um die Aufmerksamkeit zu fesseln; fern genug, um den Ratlosen oder den bereits gleichgültig Gewordenen nicht zu betreffen) und trägt doch stetig einen Teil von dessen Empfindsamkeit mit sich fort. Zuerst gewöhnt sich das Auge, dann der Mensch, der um alle fiktiven oder realen Schrecknisse der Welt weiß und hierüber zusehends seine Fähigkeit sich zu erschrecken verliert.

Keinesfalls will Bernhard seine Verurteilung des aufblähenden Wissens im Sinne einer undifferenzierten Ablehnung alles Wissens verstanden wissen: »Es könnte vielleicht den Anschein haben, als ob ich maßlos abfällig über das Wissen urteilen und die Gelehrten gleichsam tadeln und vom Studium der Wissenschaft abhalten wollte. Das liegt mir fern!« (Predigten 5, S. 314). Bernhards Blick ist vielmehr auf die negativen Folgen des falschen Umgangs mit Wissen gerichtet. Denn jene Trunkenheit berauscht, gaukelt ein Trugbild des Wissens vor. Die Substanz des Wissens verkommt zur Fassade; sich selbst in der Pose des Wissens gefallend, hält sich der Mensch in Unwissenheit. Nicht zwingend sind dererlei Überlegungen an christliche Kategorien gebunden. »Im Klima der Halbbildung«, schreibt etwa Theodor W. Adorno, »überdauern die warenhaft verdinglichten Sachgehalte von Bildung auf Kosten ihres Wahrheitsgehalts und ihrer lebendigen Beziehung zu lebendigen Subjekten.« (S. 103). Doppelter Schaden ist hier zu befürchten. Die Inhaltstiefe des Gegenstands der Betrachtung verflacht. Der Mensch tritt zu ihm in ein Verhältnis des Gebrauchens, aus dem gemeinsam mit den Merkmalen einer lebendigen Beziehung auch die Zielrichtung auf Umsetzung ins Leben gewichen ist. Nichts anderes ist im Kern auch die Sorge Bernhards.

Derjenige, der sich wissend glaubt, sieht keine Veranlassung, den ersten Teil jener Wegstrecke zur Erkenntnis zu beschreiten, der für Bernhard in der Selbsterkenntnis mit ihren wenig schmeichelhaften Einblicken in das Innen der Seele besteht:

> »Ich wünsche daher, daß die Seele vor allem sich selbst kenne; denn so verlangt es der Nutzen sowohl wie die

> Ordnung ..., weil solches Wissen nicht aufbläht, sondern demütig und gleichsam eine Vorbereitung für den Aufbau ist. Nun aber kann die Seele zur Selbstverdemütigung nichts Kräftigeres oder Geeigneteres finden als aufrichtige Selbstbetrachtung. Nur darf die Seele sich nichts vorlügen, nur darf in ihrem Geiste kein Falsch sein (Ps 31,2). Sie stelle sich vor ihr eigenes Auge und lasse sich nicht von sich selbst abbringen.« (Predigten 5, S. 317)

Von hier aus wird nunmehr Erkenntnis möglich, der Zugang ist nicht durch vorgebliches Wissen verstellt, »denn die Aufgedunsenheit täuscht Gesundheit vor, der Schmerz aber verlangt nach Gesundheit« (Predigten 5, S. 314).

Herb klingt für moderne Ohren das Wort von der ›Selbstverdemütigung‹ und läßt leicht den Verdacht einer Lehre in Moll aufkommen, die als Grundton den stetigen Verweis auf die Schlechtigkeit des Menschen anschlägt. Bestimmender allerdings ist im Werk Bernhards die Betonung der besonderen Würde der »Gott zum Bilde und Gleichnis« erschaffenen Seele des Menschen, die selbst in der tiefsten Verstrickung ins Böse erhalten und somit unverrückbarer Bezugspunkt einer möglichen Umkehr bleibt: »Sie ist ein ragendes Geschöpf: Ihr Fassungsvermögen trägt das Siegel der Majestät, ihr Strebevermögen aber das Siegel der Rechtheit an sich.« (Predigten 6, S. 271). Jene Würde des Menschen reicht noch weiter: »Ohne allen Zweifel ist die Menschenseele, weil vernunftbegabt und der Seligkeit fähig, auch der Engelnatur verwandt.« (Predigten 3, S. 160). Ja, im Vergleich zu den Engeln darf sich der Mensch, der in der Menschwerdung Gottes eine enorme Erhöhung seiner Würde erfuhr, sogar eines Vorzuges rühmen: »Mit den Engeln hast du gemeinsam, daß du erschaffen wurdest; daß du Gottes Bruder bist, zeichnet dich vor ihnen aus.« (Predigten 4, S. 93). Dieser lichte Zug im Werk Bernhards ist auch in den Werken anderer Mystiker und Mystikerinnen spürbar. Ihr Streben gilt der unmittelbaren Gotteserfahrung. Das hohe Ziel verlangt ihnen alle Kraft ab, ist zugleich aber auch ihre alle Kraft freisetzende Hoffnung. Denn der Mensch – davon sind sie überzeugt – ist zur Erkenntnis Gottes fähig, ist der Herablassung Gottes wert, ist würdig, die Majestät Gottes in sich aufzunehmen. Aus dieser Hoffnung leiten sich Wert und Würde des Menschen und somit ein über weite Strecken optimistisches Menschenbild ab, das verschiedene moderne Interpreten dazu bewogen hat, in diesem Zusammenhang von mittelalterlichem Humanismus zu sprechen. Von diesem Ja zum Menschen ausgehend, unternehmen sie ihre Reisen in das Innen, aus diesem Ja schöpfen sie die Kraft zum ersten finsteren Teil der Wegstrecke, jener Selbsterkenntnis, die demütigt, da der Mensch in sich zu vielem, was seine Bestimmung zur Gutheit überwuchert, nein sagen muß. So ist es ein schwerer Gang ins Innen, den die Mystiker dem Menschen auferlegen. Es gilt, die Wegstrecke der Selbsterkenntnis zu durchschreiten, die erste Vorbedingung des Wissens und von hier aus bleibende Haltung der Achtsamkeit gegen sich selbst ist. »Denn es ist eine so wichtige Sache«, schreibt Teresa von Avila, »dieses Erkennen unseres eigenen Ichs, daß ich wünschte, ihr möchtet niemals darin ermatten, so hoch ihr auch in den Himmel emporgestiegen sein möget.« (S. 30). Trotz der bitteren Einsichten, die sie dem Menschen beschert, haften auch der Selbsterkenntnis die Zeichen der Freiheit und des Optimismus an, denn die Mystiker halten den Menschen zur Erkenntnis seiner selbst für fähig, halten es für möglich, daß er in aufrechter Selbstprüfung und innerer Läuterung sein Selbst für Gott bereite. Mit Nachdruck wird der Mensch auf sich selbst zurückverwiesen und somit in eine Freiheit hineingestellt, deren Maß bei den unterschiedlichen Autoren differiert. Eben dieses Maß entscheidet darüber, inwieweit sich der Häresieverdacht, unter dem die Mystik steht, bestätigt. Denn das Streben nach unmittelbarer Erfahrung Gottes kann leicht als Umgehung der heilsvermittelnden Funktion der Kirche verstanden werden.[F1] Dieser Zug zur Freiheitlichkeit, der auf die Eigenverantwortung des Menschen setzt, mag den Texten der Mystiker für den modernen Leser eine besondere Attraktivität verleihen. Die Mystiker selbst hingegen zeigten sich äußerst bemüht, daß dieser Verdacht nicht auf sie falle – sei es aus Überzeugung oder aus Furcht vor dessen fatalen Folgen.

Optimistischer noch als Bernhard klingt Meister Eckhart. Nie solle sich der zur Gutheit erschaffene Mensch, dessen Sehnsucht nach Gott dieser durch seine Sehnsucht nach dem Menschen begegnet, als fern von Gott betrachten:

> »Und wenn dich auch je deine großen Vergehen so weit abtreiben mögen, daß du dich nicht als Gott nahe ansehen könntest, so sollst du doch Gott als dir nahe annehmen. Darin liegt ein großes Übel, daß der Mensch sich Gott in die Ferne rückt; denn ob der Mensch nun in der Ferne oder in der Nähe wandele: Gott geht nimmer in die Ferne, er bleibt beständig in der Nähe.« (S. 78)

Eckharts Predigt liegt die Sorge zugrunde, daß manche angesichts der Unerreichbarkeit der durch Jesus und die Heiligen vorgelebten Ideale verzagen könnten. Dem hält Eckhart die der Verschiedenheit der Menschen entsprechenden verschiedenen Weisen der Nachfolge entgegen:

> »Denn Gott hat der Menschen Heil nicht an irgendeine Weise gebunden. Was eine Weise hat, hat die andere nicht; das Leistungsvermögen aber hat Gott allen guten Weisen verliehen, und keiner guten Weise ist es versagt, denn ein Gutes ist nicht wider das andere.« (S. 78)

Nicht wörtlich will Eckhart daher das vierzigtägige Fasten Christi verstanden wissen, dem der Mensch nacheifern soll, denn manchem fällt es schwerer, sich eines Wortes zu enthalten als ganz zu schweigen; manchem ist ein Schmähwort unerträglicher als ein schlimmer Schicksalsschlag; oft fällt ein kleines Werk schwerer als eines, das für groß erachtet wird:

»Darin folge ihm damit, daß du darauf achtest, wozu du am meisten geneigt oder bereit bist: Auf das verlege dich und achte scharf auf dich selbst. Es gebührt dir oft, davon mehr und unbekümmert abzulassen, als daß du dich ganz aller Speise enthältst.« (S. 79).

Von hier aus geht Eckharts Optimismus, der in seinem Kern Gottvertrauen und Vertrauen in das Gottesgeschöpf Mensch ist, in die äußerste Strenge der aus der Introspektion gewonnenen Kategorien über. »Achte scharf auf dich selbst«, lautet die Mahnung, mit der es ihm bitterer Ernst ist. Das christliche Tugendsystem, das bei Bernhard noch weitgehend im Rang einer verbindlichen Vorgabe der Gutheit belassen wird, ist bei Eckhart an die Grenze seiner Auflösung getrieben. Denn nicht anders als im Falle des Wissens kann auch die Tugend zur Fassa-

2 Paul Klee, Der Wille, 1933, 11 (K 11); Aquarell auf Papier; 31 x 27,3 cm; Privatbesitz Schweiz © VG Bild-Kunst, Bonn 1994

de verkommen, kann innere Hohlheit sich mit dem Gewand der Heiligkeit umkleiden. Nicht auf den äußeren Anschein, sondern auf die innere Haltung kommt es Eckhart daher an. An die Stelle der äußeren Vorgabe ist das getreten, was die Selbsterkenntnis aufspürt, die nun das jeweils Schwerste als das zu Bewältigende ausmacht. Dort, wo sich der Mensch am meisten in die Welt verstrickt hat, dort wo es ihm am schwersten ist, wird ihm jene Haltung der »Gelassenheit« als das Grundbestreben des sich für Gott befreienden Menschen zugemutet: »Richte dein Augenmerk auf dich selbst, und wo du dich findest, da laß von dir ab; das ist das Allerbeste.« (S. 56). Denn gerade der Eigenwille, von dessen Durchsetzung sich der Mensch die Erfüllung aller seiner Wünsche verspricht, lenkt von Gott ab. Er verstrickt den Menschen in sich selbst, überzieht sein Leben mit einem Geflecht falscher Sicherheiten, bündelt die Energien zum jeweiligen, mit immer neuer Unbedingtheit erstrebten Ziel hin, befähigt zu allem, nur zu dem einen nicht, daß der Mensch lerne, sich vertrauend Gott zu überlassen:

> »Alles Gestürm und aller Unfriede kommt allemal vom Eigenwillen, ob man's merke oder nicht. Man soll sich selbst mit allem dem Seinen im lauteren Entwerden des Wollens und Begehrens in den guten und liebsten Willen Gottes legen und mit all dem, was man wollen und begehren mag in allen Dingen.« (S. 91).

Nicht annähernd gibt das moderne Wort von der Gelassenheit jenes bis zur Selbstentblößung reichende Loslassen wieder, das Eckhart meint. Von aller in die Welt verstrickender Ich-Bindung befreit, trifft der Mensch auf einen Gott, der sich aller richterlichen Gewalt entblößt hat. Nichts trägt er nach, nichts an ihm ist zu fürchten. »Gott ist der Gott der Gegenwart« (S. 72), lautet Eckharts zum Guten befreiende Botschaft von einem Gott, den keine zuvor begangene Sünde, sondern allein die Zuwendung des Menschen in vollkommener Umkehr interessiert. Sehnsucht treibt beide einander in die Arme und läßt eine Beziehung entstehen, die zu intim erscheint, um der Vermittlung Dritter zu bedürfen. Eben hierin liegt der Hauptgrund dafür, daß man im Falle Eckharts das Maß als überschritten befand. Am 27. März 1329 wurden siebzehn Sätze Eckharts als häretisch und elf als häresieverdächtig verurteilt.

So unterschiedlich die theologischen Gewichtungen bei den Mystikern sein mögen, so treffen sie sich doch in ihrer Wertschätzung der Selbsterkenntnis. Gerade weil die Mystik nicht eindimensional die verstandesmäßige Erkenntnis Gottes betont, sondern in ihrem Streben nach erfahrener Erkenntnis auf die Ganzheit des Menschen abzielt, ist sie mit jener tief innerlichen Haltung der Selbsterkenntnis verbunden, die den Abstieg in die tiefsten Niederungen der Seele und den Aufstieg in ihre höchsten Höhen wagt. »Geh nicht nach draußen, kehr wieder ein bei dir selbst! Im inneren Menschen wohnt die Wahrheit« (S. 123), schreibt Augustinus, und die Mystiker folgen ihm hierin. Untrennbar greifen Gottes- und Selbsterfahrung ineinander. Bernhard widmet dem Zusammenklang beider Komponenten mehrere Predigten (5, S. 304 ff.) zum Hoheliedvers 1,7: »Wenn du dich nicht kennst, so geh hinaus ...!«, spricht Christus, der Bräutigam, zu seiner Braut, der gottsuchenden Seele. Andere Mystiker bedienen sich anderer Bilder und sind sich doch dahingehend mit Bernhard eins, daß es ohne die Erkenntnis des Selbst keine Erkenntnis Gottes geben kann.

Wie auch Meister Eckhart weist sein Schüler, Johannes Tauler, der Selbsterkenntnis einen zentralen Rang zu. »Meine Lieben! Nehmt euer Selbst wahr!« (S. 190), lautet seine stetige Mahnung, die er des öfteren mit der Warnung verbindet, andere zu verurteilen, da dies – welch bedenkenswerte Beobachtung! – einer gerechten Selbstbeurteilung entgegenstehe. Nur schwer sei die wahre Frömmigkeit von der vorgeblichen Frömmigkeit derer, die im Gewand der Tugend einherstolzieren, zu unterscheiden:

> »Aber ein äußerer Unterschied trennt sie von den wahren Gottesfreunden: Sie sind voll des Urteils über ande-

re Leute und die Freunde Gottes; sich selbst aber beurteilen sie nicht; die wahren Gottesfreunde sprechen über niemanden das Urteil außer über sich selbst.« (S. 71).

Auch Teresa von Avila beginnt ihre Beschreibung der inneren Seelenburg des Menschen mit einem Lob auf die Selbsterkenntnis: »Nicht wenig Elend und Verwirrung«, schreibt sie, »kommen daher, daß wir durch eigene Schuld uns selber nicht verstehen und nicht wissen, wer wir sind.« (S. 21). Auch dies einer der erwägenswerten Sätze aus dem Munde derjenigen, die als Gottsuchende in ihr Innen aufbrachen und hierüber zu Seelenkundigen wurden. Ihr Ziel mag man heute nicht mehr teilen, der Weg, den sie nahmen, bleibt unvermindert aktuell.

Um seine Warnung vor dem Irrweg des aufblähenden Wissens zu verdeutlichen, bedient sich Bernhard – dem Heiligen ist alles heilig! – des Bildes der Verdauung:

> »So ist es, wenn man das Gedächtnis, diesen Magen der Seele, mit vielem Wissen vollstopft, ohne es vorher am Feuer der Liebe gekocht zu haben; solches Wissen bleibt unverdaut und kann die Glieder der Seele nicht durchbluten, kann auf die Sitten und Handlungen keinen Einfluß nehmen, um zu bewirken, daß es aus einem bloßen Wissen nach Ausweis des Lebens zu einem sittlich guten Wissen werde.« (Predigten 5, S. 316)

Gleich der Speise, die dem Menschen in Fleisch und Blut übergeht, erfaßt das wohlverdaute Wissen den ganzen Menschen und strebt von hier aus auf seine Einlösung im Handeln hin: »Wird ein Mensch, der das Gute kennt und es nicht tut, nicht Blähungen und Bauchgrimmen in seinem Gewissen bekommen?« Nur allzu bekannt erscheint dererlei Bauchweh, das einen beim kritischen Abwägen des Verhältnisses zwischen Erkanntem und Getanem befallen mag. Inwieweit das Schwadronieren über Gott und die Welt, bei dem die Größe der aufgeworfenen und selbstverständlich auch beantworteten Fragen stets im umgekehrten Verhältnis zu den praktischen Konsequenzen solcher Einsichten steht, dem erstgenannten Krankheitsbild zuzuordnen ist, überlasse ich dem Vorstellungsvermögen der geneigten Leser.

In Abgrenzung zum Irrweg des sich aufblähenden Wissens entwickelt Bernhard seine Konzeption des Heilswissens. Es gleicht nicht dem Wein, sondern der Milch, die stärkt, dem Honig, der den Menschen nährt. Das in Fleisch und Blut übergegangene, d. h. die ganze Person betreffende und nährende Wissen macht ein weiteres Element der mystischen Wissenskonzeption verständlich. Denn Erkenntnis bedarf der Ähnlichkeit zwischen Erkennendem und Erkanntem. In dem Maß, so Bernhard, wie sich der Christus nachfolgende Mensch seinem Vorbild annähert, wird er zur Erkenntnis Gottes befähigt: »Und es ist doch so Naturgesetz, daß gleich und gleich sich sucht.« (Predigten 6, S. 295). Bernhard verdeutlicht diese auf dem Prinzip der Ähnlichkeit beruhende Erkenntnis am Beispiel der Funktionsweise des Auges. Lichthaft wie die Sonne ist das Auge des Menschen und daher zur Wahrnehmung des Lichts fähig:

> »Und nicht einmal das könntest du irgendwie sehen, wenn das Augenlicht deines Leibes nicht selber in seiner angeborenen Helligkeit und Durchsichtigkeit dem Himmelslicht ähnlich wäre. Weiter ist kein Teil des Körpers lichtempfindlich, weil sie alle dem Licht sehr unähnlich sind. Doch selbst das Auge kann, wenn Krankheit es trübt, dem Licht nicht nahen, offenbar weil die Ähnlichkeit verlorengegangen ist. Ein getrübtes Auge sieht also seiner Unähnlichkeit wegen die helle Sonne überhaupt nicht: Ein klares Auge sieht sie einigermaßen infolge einiger Ähnlichkeit.« (Predigten 5, S. 270).

Nicht unter naturwissenschaftlichen Gesichtspunkten darf man heute eine solche Textstelle beurteilen, sondern unter dem Aspekt des ihr innewohnenden Wissens um den Menschen. Bedenkenswert bleibt daher das der Erkenntnis zugeordnete menschliche Maß, das die Wahrnehmung und den Wahrnehmenden eng miteinander verbindet. Auch Meister Eckhart beruft sich auf das Prinzip der Ähnlichkeit. »Wer diese Rede nicht versteht«, betont er am Ende einer Predigt, »der bekümmere sein Herz nicht damit. Denn solange der Mensch dieser Wahrheit nicht gleicht, solange wird er diese Rede nicht verstehen.« (S. 309). Der Wahrheit zu gleichen bedeutet, ihr einen Sitz im Leben des Menschen zuzuweisen. Denn die Erfahrung im Leben geht ihr vorbereitend voran, die Umsetzung ins Leben folgt ihr nach. Eckhart betont auch, daß sich derjenige, der seine Predigt nicht verstehe, nicht bekümmern möge, da alle Erkenntnis den ihr zukommenden Ort im Leben und auch die ihr zugehörige Zeit besitzt. Herbeizwingen kann man sie daher nicht. »Du gleichst dem Geist, den du begreifst, nicht mir!« (Goethe, Faust, V. 512 f.), spricht der Erdengeist, den Faust durch Magie zwar anzulocken, aber nicht zu halten versteht, und entschwindet.

Nicht allein das Wissen um Gott erstrebt die Braut in Bernhards Hoheliedauslegung, sondern ganzheitliche Erkenntnis. In der Verwendung Bernhards bedeutet die Braut die gott- und wahrheitssuchende Seele. Auf die ganzheitliche Erkenntnis, die sie erstrebt, erfolgt die auf die Ganzheit bezogene Antwort – der Kuß.

> »Und es ist so schön gefügt, daß man mit der Wissenschaft, die sich küssend mitteilt, die Liebe mitempfängt. Denn der Kuß ist das Zeichen der Liebe. Eine Wissenschaft also, die aufbläht, kann, eben weil sie ohne Liebe ist, nicht vom Kusse stammen.« (Predigten 5, S. 54)

Diese Erkenntniskonzeption steht nicht, wie manche moderne Kritiker vermuten, im Gegensatz zur Vernunft, vielmehr liegt ihr ein erweiterter Erkenntnisbegriff zugrunde, der nicht allein den Verstand des Menschen, sondern dessen gesamte Persönlichkeit umfaßt. Untrennbar greifen rationale und affektive Komponenten ineinander:

»Auch wer für Gott eifert, ohne sich dabei nach der Wissenschaft zu richten, darf auf diesen Kuß keinerlei Anspruch erheben. Denn die Gnade des Kusses verleiht beide Gaben zugleich: das Licht der Erkenntnis und die Salbung der Andacht. Der Kuß ist ja der Geist der Wohlgeschmacktheit und des Verstandes; einer Biene gleich mit ihrer Tracht von Wachs und Honig hat er immer Stoff, das Licht der Wissenschaft anzuzünden und den Wohlgeschmack der Gnade einzuflößen. Darum bilde sich weder, wer die Wahrheit erkennt, ohne sie zu lieben, noch, wer sie liebt, ohne sie zu erkennen, ein, den Kuß empfangen zu haben.« (Predigten 5, S. 54).

Dieser mystische Kuß ist in die mystische Theologie Bernhards eingebunden. Er setzt die Gottsuche des Menschen voraus, auf die der Gesuchte mit dem Gnadengeschenk des Kusses antwortet. Auch hier muß man den Ursprung des Erlebten nicht im Hl. Geist ausmachen, um sich den Erfahrungshintergrund des Geschilderten zu vergegenwärtigen. Freilich nur in Annäherung, denn nicht nur Jahrhunderte trennen den heutigen Leser vom Verfasser dieser Schriften, sondern – was wohl gravierender ist – auch die Art der Lebensführung, die einen mittelalterlichen Mönch seine ganze Existenz dem Ziel übereignen und alle seine Energien an ihm ausrichten läßt. Dennoch sei der Versuch einer Übertragung gewagt: Wen je Wort, Bild oder Klang tief ergriff und zuinnerst bewegte, wird nachvollziehen können, was Bernhard meint. Lange hat sich die Braut gesehnt, bis endlich die Antwort erfolgt. Langes, oft untergründiges Ringen geht jenem Augenblick voran, da endlich das Halbgedachte, verschwommen Erahnte Gestalt gewinnt. Obgleich wohl vorbereitet, wird der Augenblick des Gestaltwerdens, eben weil er die ganze Person betrifft, passiv erfahren. Er kann als Geschenk oder aber als ein Kuß betrachtet werden, stets jedoch als ein Gewährtes, dem freilich tätig der Boden bereitet sein will. Bernhard beschreibt dies als die existentielle Erfahrung des Ergriffenwerdens, die weit mehr umfaßt als das reine Begreifen:

»Denn dort hören wir den alles erfassenden Lehrvorträgen der Meisterin Weisheit gleichsam in ihrem Hörsaal zu; hier nehmen wir die Weisheit zugleich in uns auf; dort lernen wir begreifen, hier ergriffen sein; Begriffe machen gelehrt, Ergriffenheit macht weise. Die Sonne erwärmt nicht alle, denen sie leuchtet; ebenso belehrt die Weisheit viele darüber, was zu tun wäre, ohne sie damit schon zum Tun zu bewegen.« (Predigten 5, S. 188).

Die erfahrene Erkenntnis umfaßt den ganzen Menschen und strebt von ihrem Ursprung im Leben wiederum ins Leben zurück. Sie ist tätig erworbenes und zugleich passiv erfahrenes Wissen. Über sich selbst hinausgreifend, wird der Mensch auf sich selbst zurückverwiesen und in dem Maß mehr wissen, in dem er mehr über sich selbst weiß. Untrennbar bleibt dererlei Erkenntnis daher mit ihrer Schwester, der Selbsterkenntnis, verbunden, denn abgelöst vom Menschen kann sie nicht bestehen. Sie wird verfliegen, oder aber in den Händen derer, die sie ergriffen haben, ohne sich selbst ergreifen zu lassen, versteinern. Sie wird zum Bildungsgut, zum Baustein für diejenigen, die Wissen auf Wissen häufen: »Ein gar schlimmer Berg ist es, die aufblähende Wissenschaft.«

Bernhards Konzeption eines Wissens, das seinen Sitz im Leben hat, ist mir zum Wichtigsten geworden, was ich aus der Beschäftigung mit seinem Werk gelernt habe. Wiederum muß man nicht das Ziel der Gotteserkenntnis teilen, um den aufgezeigten Weg der Erkenntnis und die Warnung vor den Irrwegen des falschen Umgangs mit Wissen zu schätzen, denn nicht alles Wissen, das zugänglich ist, ist deshalb zugleich verstanden, und nicht alles Wissen, das verstanden ist, ist deshalb zugleich auch im Leben eingelöst. Eben dies ist die Mahnung aus ferner Zeit an eine Gegenwart, die nur allzuleicht Verfügbarkeit mit Erkenntnis, Machbarkeit mit Bewältigung verwechselt.

Die Anlage des vorliegenden Buches ist der Wissenskonzeption der Mystiker verpflichtet. Es behandelt mittelalterliche Themen und beschränkt sich doch nicht auf die historische Betrachtung, sondern sucht den Sitz im Leben in Gegenwartsbezügen auf. Die Illustrierung durch mittelalterliche und moderne Bilder (die hochgestellten Bezeichnungen F1-F12 verweisen auf die Farbabbildungen auf S. 145-156) soll diese Anlage unterstreichen und ergänzen. Auch die Auswahl der Themen ist in diesem Kontext zu verstehen. Die Werke der Mystiker treten in den Vordergrund, was der Anlage des Buches, nicht aber einer weitaus vielschichtigeren historischen Realität entspricht. Der überwiegende Teil der Kapitel besteht aus überarbeiteten Radiovorträgen. Bisweilen mag man ihnen noch ihren Ursprung im gesprochenen Wort anmerken, was kein Schaden für eine Art der Betrachtung ist, die vor allem als Anrede verstanden werden will. Stärker historisch orientiert ist das erste Kapitel, das in die Lebensumstände Bernhards von Clairvaux und Hildegards von Bingen einführt, auf deren Werke im Verlauf des Buches immer wieder Bezug genommen wird.

Daß im übrigen die Gegenwartsbezüge nicht in einer Modernisierung mittelalterlicher Inhalte bestehen können, liegt auf der Hand. Dem steht nicht nur die historische Sorgfalt, sondern auch der recht verstandene Rückbezug auf den modernen Betrachter entgegen. Wer sich zu spiegeln sucht, erfährt wenig über das Mittelalter und über sich selbst nur das, was er zuvor schon wußte. Die Welt des Mittelalters und seiner Menschen wird ihm als unvollkommene Vorform der Gegenwart und seiner selbst gelten. Wer sich hingegen einläßt, wird sich bisweilen wiederfinden, bisweilen abgrenzen. Bisweilen auch wird ihm die fremde Perspektive überraschende Einblicke eröffnen, doch stets wird er zusammen mit dem, was er erfährt, sich selbst neu erfahren.

Hildegard von Bingen und Bernhard von Clairvaux

»Ich, erbärmlich und mehr als erbärmlich in meinem Sein als Frau« – diese Worte entstammen dem Brief, den Hildegard von Bingen im Jahr 1147 an Bernhard von Clairvaux zur Bestätigung ihrer Sehergabe sendet (Briefe, S. 25). Ihre Selbstcharakterisierung als schwache Frau steht nicht isoliert. Immer wieder bezeichnet sie sich als ärmliches Weibsbild, niedergedrückt von der naturhaften Schwäche ihres Geschlechts. Alles andere als von Schwäche gekennzeichnet erscheint hingegen das monumentale Werk der Theologin, Kosmologin und Anthropologin, die zugleich als Komponistin und Verfasserin natur- und heilkundlicher Schriften hervortritt. Ebensowenig mag ihr selbstbewußtes Auftreten unter den Zeitgenossen zu ihrem Bekenntnis der Schwäche passen. Bei dieser außergewöhnlichen Frau werden immer wieder das Nebeneinander von Tatkraft und dem Wissen um die ihrem Geschlecht gesetzten natürlichen Schranken zur Kenntnis genommen: »Sie vermochte tatsächlich Weltgeschichte zu bewegen, ohne der Manie einer monastischen Emanze zu verfallen.« (Alfred Läpple). Leider läßt uns der Autor darüber im Unklaren, was eine »monastische Emanze« ist. Es muß sich wohl um etwas ziemlich Schlimmes handeln, wie der Erleichterung anzumerken ist, mit der er feststellt, daß die hl. Hildegard diesen nicht zuzurechnen sei. Allzu oft haben die Selbstaussagen Hildegards als schwaches Weib die atemberaubende Begabung dieser Frau manchen ihrer männlichen Interpreten erträglicher gemacht.

Es ist nichts Außergewöhnliches, daß Frauen sich kleiner machen, als sie sind. So hätte Hildegards Selbstcharakterisierung nichts Überraschendes, wäre da nicht jene seltsame Parallelstelle im Werk des hl. Bernhard. In der 12. Hoheliedpredigt tritt er denjenigen entgegen, die ihn allzusehr in außerklösterliche Geschäfte einbinden wollen, und antwortet ihnen mit den Worten Christi: »Was seid ihr diesem Weibe lästig?« (Mt 26,10). Ihm, dem gänzlich Ungeeigneten, wolle man eine Bürde auflasten, die seine schwachen Kräfte übersteige. Auch seinen Mitbrüdern rät Bernhard diese Haltung an: »Zeigen wir keine Lust, unsere schwachen Frauenschultern mit Männerlasten zu beladen.« Und um seine Geringwertigkeit zu unterstreichen, greift er dann noch tiefer in den reichen Schatz frauenfeindlicher Äußerungen und fügt in Anlehnung an Eccl 42,14 hinzu: »Besser ist Männerbosheit als Weiberguttat.« (Predigten 5, S. 85 f.).

Diese Textstelle ist nun in der Tat merkwürdig. Mag die Bernhardforschung auch noch so zerstritten sein, so herrscht doch darin Übereinstimmung, daß es sich bei ihm zweifelsfrei um einen Mann handelt. Nicht minder mag an seiner Selbstdarstellung als schwaches Weib überraschen, daß man in ihr den Machtmenschen, der seinem Wort nachdrückliche Geltung zu verschaffen weiß, kaum wiedererkennt. So macht sich Ratlosigkeit angesichts zweier armer unbedarfter Frauen vom Schlage einer Hildegard und eines Bernhard breit. Denjenigen unter ihren Zeitgenossen, die den Zorn der Schwachen auf sich gezogen hatten, dürften dererlei Aussagen eh nur ein mattes Lächeln entlockt haben. Gut Kirschen essen war mit beiden nicht.

Hildegard von Bingen

Hildegard von Bingen wurde 1098 aus adligem Geschlecht zu Bermersheim geboren. Bereits 1106, d. h. im Alter von acht Jahren, übergab man sie Meisterin Jutta von Spanheim, die in einer dem Männerkloster Disibodenberg angeschlossenen Klause lebte. Hier erfolgte ihre Erziehung durch Jutta und Mönch Volmar. Zwischen 1112 und 1115 legte sie die Profeß ab. Nach dem Tod der Jutta von Spanheim (1136) wurde sie von der inzwischen angewachsenen Zahl Benediktinerinnen zur Meisterin und geistlichen Mutter gewählt. Wenige Jahre später kommt ihr Leben an einen Wendepunkt:

> »Im Jahre 1141 der Menschwerdung des Sohnes Gottes, Jesu Christi, als ich zweiundvierzig Jahre und sieben Monate alt war, kam ein feuriges Licht mit Blitzesleuchten vom offenen Himmel hernieder. Es durchströmte mein Gehirn und durchglühte mir Herz und Brust gleich einer Flamme, die jedoch nicht brannte, sondern wärmte, wie die Sonne den Gegenstand erwärmt, auf den sie ihre Strahlen legt.«

Und eine Stimme verkündet ihr:

> »Ich bin das lebendige Licht, das alles Dunkel durchleuchtet. Den Menschen, den ich erwählte (d. h. Hildegard) und den ich, wie es mir gefiel, machtvoll erschüttert habe, stelle ich in große Wunder hinein, mehr noch als die Menschen der alten Zeiten, die viele Geheimnisse in mir schauten. Doch warf ich ihn zur Erde nieder, damit er sich nicht in Geistesaufgeblasenheit erhebe.«

Daraufhin ergeht an Hildegard der Auftrag zur Niederschrift des Offenbarten: »Schreibe, was du siehst und hörst!« (Scivias, S. 90).

Der visionäre Charakter der Hauptwerke Hildegards macht deutlich, wieso sie – im Gegensatz zu Bernhard – von verschiedenen modernen Autoren nicht der Mystik zugerechnet wird. Denn nicht das subjektive Ringen um Gotteserkenntnis kennzeichnet ihr Werk, sondern der Wille zur höchsten Objektivität, der das Geschaute unverfälscht von persönlichen Bei-

3 Der Prophet Isaias, Fragment des Westportals der ehemaligen Abteikirche Ste. Marie, Souillac

mischungen wiederzugeben sucht. Weit treffender wird Hildegard daher mit den Worten ihres zeitgenössischen Biographen beschrieben, der die Äbtissin mit der alttestamentarischen Prophetin Debora vergleicht (Leben, S. 80 f.). Wie die Propheten wird sie vom Willen Gottes bewegt. Hildegard selbst bemerkt über die Propheten des Alten Testaments: »Denn sie harrten starkmütig aus, da sie den Erdkreis ob der hereinbrechenden Frevel zurechtwiesen und dadurch zugleich Gott offenbarten.« (Briefe, S. 169). Dieses Beharrungsvermögen, das einen Menschen nicht weichen läßt, da er von Gott an diese Stelle gesetzt wurde, und dieser Starkmut, der einen Menschen sagen läßt, was er sagen muß, kennzeichnet auch Hildegard. Vor allem anderen ist sie Prophetin – *Hildegardis prophetissa teutonica*, wie sie bereits die Zeitgenossen nennen.

Ein monumentales Werk wird die Prophetin hinterlassen, die doch in ihrem Schreiben an Bernhard bekennt: »Ich kann nur in Einfalt lesen.« (Briefe, S. 26). An zahlreichen Stellen ihres Werkes bezeichnet sie sich als *indocta*, d. h. ungelehrt. Auch hier lassen sich Parallelstellen im Werk Bernhards finden. In Brief 87 bekennt er vor Mönch Oger seine Unbildung:

> »›Ein Tor wird für weise gehalten, solange er nicht spricht.‹ (Spr 17,28). Ich würde also, wenn ich bisher geschwiegen hätte, weise genannt werden, wäre es aber nicht. Nun aber werden die einen meine Torheit verlachen, die anderen mich als Stümper verhöhnen, wie-

der andere werden über meine Anmaßung unwillig sein.« (Werke 2, S. 701).

Den modernen Betrachter mag befremden, daß sich der Hochgebildete mit dem Gewand des Toren umgibt. Der Zeitgenosse hingegen wird Bernhards Haltung der Demut bewundern. Nicht anders als Bernhard prägt auch Hildegard jene charakteristische Verbindung von tiefer Demut und hohem Selbstbewußtsein, die Zeichen ihrer charismatischen Begabung ist. Ihre Demut bezieht sich auf das Gefäß, als das sie sich begreifen. Ihr Selbstbewußtsein hingegen ist nur unzulänglich mit diesem Begriff beschrieben. Denn es ist nicht das Bewußtsein um eigene Verdienste, sondern die zum Wissen gewordene Überzeugung der Erwähltheit von Menschen, die sich als Werkzeuge in der Hand des Höchsten begreifen. Der Mensch spricht und

4 Darstellung des Seelenkampfes nach den Schriften des spätantiken Autors Prudentius. Die Allegorie des Hochmuts greift die unter Leitung der Demut stehenden Tugenden an. St. Gallen, wahrscheinlich 9. Jh.

schreibt, so Bernhard, während Gott die Feder führt: »Was ist denn deine Zunge anderes als eine Schreibfeder?« (Predigten 5, S. 95). Auch Hildegard macht den alleinigen Ursprung ihres Werkes in Gott aus, der sie, die wie eine Feder ohne Gewicht ist, zur Schau jenseitiger Geheimnisse emporträgt:

> »Da gefiel es dem König (Gott), eine kleine Feder von der Erde aufzuheben, und er gebot ihr, so zu fliegen, wie er, der König, wollte. Die Feder fliegt aber nicht aus sich selbst, sondern es trägt sie die Luft. So bin auch ich nicht mit menschlicher Lehrweisheit noch mit starken Kräften durchtränkt.« (Briefe, S. 44)

Aber anders als bei Bernhard ist die Frage nach der Bildung Hildegards nicht leicht zu klären. Von Kindheit an wurde sie von Mönch Volmar, ihrem Lehrer, Ratgeber und späteren Sekretär unterrichtet, denn als Frau war sie vom Unterricht an den Klosterschulen ausgeschlossen. Doch Hildegard verfaßt ihre Schriften nicht zum Beleg gelehrter Bildung, sondern zur authentischen Wiedergabe des Offenbarten:

> »Nun erschloß sich mir plötzlich der Sinn der Schriften, des Psalters, des Evangeliums und der übrigen katholischen Bücher des Alten und Neuen Testaments. Doch den Wortsinn ihrer Texte, die Regeln der Silbenteilung und der (grammatischen) Fälle und Zeiten erlernte ich dadurch nicht.« (Scivias, S. 89)[F2]

Wer hätte auch je von der Erfüllung des Schülertraums gehört, daß sich göttliche Eingebungen auf Fragen der Grammatik beziehen. Hierfür steht ihr Mönch Volmar bereit, der das Latein ihrer Werke ohne inhaltliche Eingriffe glättet. Alleinige Autorin jedoch ist sie, die auch die erste Niederschrift in Latein vornimmt. Zahlreiche gelehrte Anspielungen belegen ihre Belesenheit. Ohne Zweifel gehört sie zu den gebildetsten Frauen ihrer Zeit. So ungelehrt, wie sie sich darstellt, ist sie bei weitem nicht.

Der im Jahr 1141 an sie ergehende Befehl zur Niederschrift der Vision hat seine Vorgeschichte. Schon in frühster Kindheit werden ihr Erscheinungen zuteil: »In meinem dritten Lebensjahr sah ich ein so großes Licht, daß meine Seele erbebte, doch wegen meiner Kindheit konnte ich mich nicht äußern.« Seit dieser Zeit begleitet sie diese Gabe, die ihr – wie sie es selbst empfindet – eingeboren, d. h. untrennbar mit ihrer Person verbunden ist: »Bei meiner ersten Gestaltung, als Gott mich im Schoße meiner Mutter durch den Hauch des Lebens erweckte, prägte er dieses Schauen meiner Seele ein.« (Leben, S. 71).

Doch die hohe Gabe ist auch Bürde, zu schwer wohl für das junge Mädchen, das die Amme fragt, ob auch sie etwas gesehen habe. Und als die Amme dies verneint, ängstigt sie sich: »Da ward ich von großer Furcht ergriffen und wagte nicht, dies irgend jemandem zu offenbaren.« (Leben, S. 72). Nur zögerlich berichtet sie in der Folgezeit engen Vertrauten von dem, was ihr in der Schau offenbart wurde. Wie die Gabe der Vision bleibt ihr auch die Furcht, das Gesehene mitzuteilen. Noch als ihr die himmlische Stimme die Niederschrift befiehlt, wagt sie nicht, dem Auftrag nachzukommen:

> »All dieses sah und hörte ich, und dennoch – ich weigerte mich zu schreiben. Nicht aus Hartnäckigkeit, sondern aus dem Empfinden meiner Unfähigkeit, wegen der Zweifelsucht, des Achselzuckens und des mannigfachen Geredes der Menschen.« (Scivias, S. 90)

Erst als eine schwere Erkrankung sie bezwingt, offenbart sie das Geschaute – und ängstigt sich weiterhin: »Doch ich fürchtete mich sehr und schämte mich, das auszusprechen, was ich so lange verschwiegen hatte.« (Leben, S. 73). Wovor fürchtet sie sich? Davor, daß die Menschen sagen könnten, was sie dann auch tatsächlich sagten. In den autobiographischen Skizzen Hildegards, die ihr Biograph in seine Lebensbeschreibung einfügt, berichtet sie von dem, was man ihr vorwirft. Nicht Gott, sondern dämonische Mächte, die »dürren Luftgeister, die man-

5 Die Prophetin Hannah, Konstantinopel , 10. Jh.

chen irreführen«, seien der Ursprung der Schau. Dieser Verdacht scheint vielen wohlbegründet, denn was hier geschieht, ist wider alle Sitten: »Was soll es bedeuten, daß dieser törichten und ungelehrten Frau solche Geheimnisse geoffenbart werden, da es doch viele starke und weise Männer gibt?« (Leben, S. 78). Gott selbst zerstreut diese Zweifel im Fortgang der Lebensbeschreibung, und ihr Biograph belegt die Statthaftigkeit des Geschehens mit einem Zitat des Kirchenvaters Origenes:

> »Es ist für das Geschlecht der Frauen kein geringer Trost, daß auch sie der Prophetengabe teilhaftig werden können, ein Umstand, der sie ermuntert, nicht wegen der Schwäche ihres Geschlechts zu verzweifeln.«

Und damit keiner der derart Getrösteten zu wohl werde, fügt Origenes noch warnend hinzu: »Doch sollen die Frauen erkennen und glauben, daß nicht die Verschiedenheit des Geschlechtes, sondern ein reines Herz diese Gnade verdient.« (Leben, S. 81). Eine nur allzu berechtigte Mahnung; denn auf die Idee, geistliche Befähigung an geschlechtliche Identität zu binden, sollen Menschen ja in der Tat schon verfallen sein.

So steht Hildegard, als im Jahr 1141 der Auftrag zur Niederschrift ihrer Visionen an sie ergeht, vor dem Schritt in die Öffentlichkeit. Ein Schritt, der für eine Frau des 12. Jh. einer Grenzüberschreitung gleichkommt. Sie fürchtet sich und zögert, »bis Gottes Geißel mich auf das Krankenlager warf«. Erst als sie den Befehl Gottes erfüllt, kehrt die Gesundheit zurück (Scivias, S. 90). Die Art und Weise, wie sie die Hürde zwischen weiblicher Niedrigkeit und hoher Berufung nimmt, wird sich wiederholen:

> »An dieser Art Krankheit litt sie nicht nur damals, sondern immer, wenn sie aus weiblicher Furcht zögerte oder zweifelte, den Auftrag des göttlichen Willens auszuführen, erfuhr sie dieses sichere Zeichen an sich.« (Leben, S. 61)

Auch Bernhard überschreitet vom Kloster aus die Grenze zur Öffentlichkeit. Von jener für Hildegard so charakteristischen Verbindung von Krankheit und Grenzüberschreitung lesen wir nichts, denn die für sie zu überwindende Hürde erscheint weitaus höher. Sind ihre Erkrankungen also tatsächlich das Zeichen weiblicher Furcht und Schwäche, für die sie Hildegard hält? Die moderne Sicht macht nicht die weibliche Natur, sondern die gesellschaftliche Bewertung des Weiblichen als das Hindernis aus. Obwohl sich Bernhard wie auch Hildegard zur weiblichen Schwäche bekennen, unterscheiden sie sich an einem wesentlichen Punkt. Während Bernhard das von Niedrigkeit zeugende Gewand zum Zweck der Selbstverdemütigung anlegen und nach Bedarf auch wieder ablegen kann, steckt Hildegard unentrinnbar in der makelbehafteten weiblichen Haut. Ein tausendjähriges »Das Weib schweige in der Kirche« steht ihrem Sprechen-Müssen entgegen. Naturgemäß drängen die übergroße Begabung und die übermächtige Schau nach außen, doch es dauert 40 Jahre, bis der Befehl zur Niederschrift an sie ergeht. Hat sie das, was ihr widerfuhr, in sich niedergehalten, bis der Körper daran zu zerbrechen drohte? Hat sie, ohne darum zu wissen, gesellschaftliche Widerstände als inneren Widerstand erlebt und all ihre Kräfte bei diesem Sprung verzehrt, so daß sie darüber krank wurde? Aber dererlei Überlegungen sind ihr selbst und auch den Zeitgenossen fremd. Ihre Krankheit gilt vielmehr als »sicheres Zeichen« für den offenbar gewordenen göttlichen Willen. Schwer erkrankt, belegt sie ihr »Ich kann nicht anders«, und man wird sie lassen.

Im Jahr 1147 wird Hildegards Sehergabe von Papst Eugen III. anerkannt. Rasch verbreitet sich ihr Ruf, und die dem Männerkloster angeschlossene Frauengemeinschaft erhält starken Zulauf von den adligen Töchtern der Umgebung. In diesen Zeitraum fällt eine weitere Schau Hildegards, die erneut an einem Wendepunkt ihres Lebens steht.

> »Ich schaute in einer Vision und wurde belehrt und genötigt, meinen geistlichen Oberen kundzutun: daß unsere Stätte mit all ihrem Zubehör von dem Ort, an dem ich Gott geweiht worden war (dem Mönchskloster Disibodenberg), losgelöst werden müsse.« (Leben, S. 82)

Wiederum zeigt sich Hildegard zögerlich. Sie scheut sich, dem Befehl zu folgen, und erkrankt. Sie, die das Geschaute nicht offenbart, wird mit Blindheit geschlagen. Als sie jedoch dem Abt und den Brüdern von der Schau berichtet, fällt die Krankheit – jedenfalls teilweise – von ihr ab: »Sofort erhielt ich die Sehfähigkeit zurück, fühlte mich zwar erleichtert, doch war ich von der Schwäche noch nicht völlig befreit.« So bleibt ein Krankheitsrest, der nicht verwundert, denn die Angelegenheit ist bei weitem noch nicht durchgestanden. Nur ungern will man die Prophetin ziehen lassen, von deren hohem Ansehen auch ein Abglanz auf das Männerkloster fällt. Ein zusätzlicher Konfliktpunkt ist das von den Nonnen in die Klostergemeinschaft eingebrachte Gut, von dem man sich ebensowenig wie von Hildegard trennen will:

> »Damit dies nicht zustande komme, verschworen sie sich, uns Widerstand entgegenzusetzen. Von mir behaupteten sie, ich habe mich durch ein Trugbild täuschen lassen.«

Hildegard zeigt sich durch diesen Vorwurf tief getroffen: »Als ich das hörte, wurde mein Herz betrübt, mein Fleisch und meine Adern erstarrte.« Wiederum schlägt seelische in leibliche

Erfahrung um. Starr vor Schreck wird sie von Krankheitsstarre befallen. Auf dem Krankenlager wird ihr sodann eine neue Offenbarung zuteil: »Und als ich viele Tage hindurch zu Bett lag, hörte ich eine gewaltige Stimme, die mir verbot, weiterhin an diesem Ort etwas über die Vision zu sagen oder zu schreiben.« (Leben, S. 77). Getreu dem an sie ergangenen Befehl unterbricht Hildegard die Arbeit an »Scivias«. So wird von höchster Stelle eine Art Visionsstreik verfügt, der den Mönchen unmißverständlich klarmacht, daß sie sich fortan nicht mehr mit fremden Federn werden schmücken können.

Ein Streit ist entbrannt, den die Beteiligten als Streit um die Ursache der Vision Hildegards führen. Deutlich spürbar jedoch bleibt der untergründige Machtkampf um Zugriff und Freiraum. Gerade hat die päpstliche Anerkennung Hildegards Ruf als Charismatikerin gefestigt und somit die Position des Abtes und seiner Mitbrüder geschwächt. Und auch auf kirchenpolitischer Ebene wird der Kampf geführt. Inzwischen ist die mächtige Markgräfin Richardis von Stade, Mutter ihrer gleichnamigen Tochter, die als Mitschwester Hildegards zu ihren engsten Vertrauten gehört, in den Streit eingeschaltet worden. Über den Kopf des Abtes hinweg verwendet sie sich bei seinem Oberen, dem Erzbischof von Mainz, direkt für Hildegards Pläne (Leben, S. 77 f.). Derweil verlaufen die Erkrankung Hildegards und die Entwicklung ihrer Angelegenheit parallel:

> »Seitdem sie nämlich vom Himmel die Weisung erhalten hatte, den Wohnsitz zu wechseln, spürte sie jedesmal, wenn die Angelegenheit sich günstig entwickelte, eine Linderung ihres körperlichen Leidens. Und umgekehrt: Wenn die Bemühungen am Widerspruch der Gegner zu scheitern schienen, litt sie unter stärkeren Beschwerden, auch wenn sie selbst nicht dabei war.« (Leben, S. 60 f.)

Der Meinungsumschwung des Abtes erfolgt, als er sich persönlich ans Krankenlager Hildegards begibt. Diese liegt starr

»wie ein Felsblock« darnieder. Sein Versuch, ihren Kopf zu heben und zur Seite zu drehen, schlägt fehl. »Fassungslos über ein so ungewöhnliches Zeichen« muß der Abt erkennen, daß es sich hier nicht um ein menschliches Leiden, sondern um eine von Gott verhängte Strafe handelt. Zu machtvoll ist Hildegards Ansehen als göttliches Werkzeug geworden, als daß sich nicht auch der Abt in den höheren göttlichen Willen zu beugen hätte. So wenden sich seine Gedanken nunmehr den zu befürchtenden Folgen zu, falls er sich weiterhin sträuben sollte: »Und er sah ein, daß er sich nicht länger der göttlichen Weisung widersetzen dürfe, wenn er selbst nicht noch Schlimmeres erleiden wollte.« Derart bezwungen, erteilt er die Erlaubnis zum Ortswechsel, woraufhin die Schwerkranke jäh gesundet: »Kaum war das Wort gesagt, erhob sie sich schnell, als hätte sie nach so langer Zeit an keiner Schwäche mehr gelitten.« (Leben, S. 59 f.). Die Folgezeit ist für die eben noch gelähmte Äbtissin von reger Tätigkeit geprägt, die dem Aufbau der Neugründung gilt. Den zugehörigen Ort hat sie zuvor durch das Zusammentragen der Schenkungen frommer Spender, »die der Ruf ihres Namens hierhergeführt hatte«, selbständig finanziert. Zu regeln bleiben noch die heiklen Fragen der geistlichen und materiellen Beziehungen zum Männerkloster, was Hildegard tatkräftig in Angriff nimmt. Denn schon bald gerät das Kloster auf dem Rupertsberg, in das Hildegard im Jahr 1150 mit achtzehn oder zwanzig Schwestern übergesiedelt ist, in ernste finanzielle Schwierigkeiten, da die Mönche des Disibodenberg die von den Nonnen in die Gemeinschaft eingebrachten und zu deren Unterhalt unverzichtbaren Güter zurückbehalten. Erneut wird Hildegard von Vision und Krankheit (Leben, S. 62 f.) bezwungen und sieht sich zum Eingreifen genötigt. Sie erhebt sich vom Krankenlager und reitet zum Kloster Disibodenberg, wo in prophetischer Rede ihre Mahnung an Abt Kuno ergeht:

> »Das hellstrahlende Licht spricht: ›Du sollst Vater über den Probst und das Seelenheil der geheimnisvollen

> Pflanzstätte Meiner Töchter sein. Die ihnen gemachten Schenkungen gehören weder dir noch deinen Brüdern.‹ … Haben einige von euch in ihrer Unwürdigkeit gesprochen: ›Wir wollen ihren Besitz verringern‹, so spreche ICH, DER ICH BIN (Ex 3,14): ›Ihr seid die schlimmsten Räuber!‹«

Bezüglich der Frage nach dem Probst, der mit der Seelsorge der Nonnen betraut ist und dessen Amt zu diesem Zeitpunkt von Volmar, Hildegards Sekretär und unverzichtbarer Stütze bei der Abfassung ihrer Schriften, versehen wird, fährt sie in ihrer Rede fort:

> »Wenn ihr aber versuchen solltet, den Hirten der geistlichen Heilkunst den Nonnen zu entziehen, dann sage ICH euch ferner: Ihr seid den Söhnen Belials (des Teufels) gleich und habt die Gerechtigkeit Gottes nicht vor Augen. Deshalb wird Gottes Strafgericht euch vernichten.«

Nach diesen Worten – so Hildegards Bericht an ihre Schwestern – die sie »armseliges Gebilde« gesprochen habe, wurde die Angelegenheit in allgemeinem Wohlwollen und nach dem göttlichen Willen geregelt (Briefe, S. 105). Von etwaigen Widerworten des Abtes berichtet Hildegard nichts. Es hatte ihm wohl angesichts der geballten weiblichen Schwäche Hildegards die Sprache verschlagen.

»Staunen und Bewunderung«, so der Bericht des Biographen (Leben, S. 60), ergreift alle Anwesenden, als Hildegard, nachdem sie das Einverständnis des Abtes zur Loslösung der Frauengemeinschaft vom Disibodenberg erhalten hat, jäh gesundet. Staunen wird auch den modernen Betrachter angesichts der geschilderten Geschehnisse ergreifen. Die Parallelität von Konflikt- und Krankheitsverlauf gilt den Zeitgenossen und auch Hildegard selbst als untrügliches Zeichen des offenbar werdenden Willen Gottes. Dem modernen Betrachter dagegen ist sie wohl eher Zeichen des Willens einer Frau, der so stark und unbeugsam ist, daß er sich in Krankheit verleiblicht. Stets wahrt Hildegard ihr Selbstbild als göttliches Werkzeug und schwache Frau, ja steigert das beidem innewohnende Element der Passivität bis hin zur Krankheitsstarre und ist doch die eigentlich Handelnde. Sie, die sich als willenlos erfährt, bekommt ihren Willen. Ein Wunder, sagen die Zeitgenossen. Der moderne Betrachter hingegen wird sein Augenmerk eher auf das richten, was dem Wunder nachgeholfen hat – die ihre Oberen unter beträchtlichen Druck setzende Erkrankung Hildegards und nicht zuletzt die Intervention der mächtigen Markgräfin Richardis von Stade. Unvereinbar stehen die mittelalterliche und die moderne Bewertung nebeneinander. Wer wüßte nicht, wie stark die Erfahrung von Wirklichkeit von der Bewertung des Betrachters abhängt. Das, was ihm vor Augen ist, nimmt er für wahr. Wahrnehmung stiftet Wirklichkeit. Doppelte Wahrnehmung stiftet zweifache Wirklichkeit. Vor dem inneren Auge ersteht eine Frau, die sich demütig zu den ihr gesetzten Grenzen bekennt und sie zugleich kühn überschreitet.

»Ich weiß aber in Wahrheit, daß Gott um seiner (mir anvertrauten) Geheimnisse willen mich von jener Stätte entfernt hatte.« (Briefe, S. 114). Die Sorge um ihr Werk hat sie vom Disibodenberg weggeführt, die Sorge um ihr Werk läßt sie den Fortgang der Mitschwester Richardis von Stade besonders schmerzlich empfinden. In der jahrelangen Arbeit an der ersten Visionsschrift »Scivias« war ihr in Richardis eine wichtige Mitarbeiterin und – wohl mehr noch – die unverzichtbare Stütze der mit ihrem Werk ringenden Äbtissin herangewachsen: »Sie hatte sich mir in allem durch liebende Freundschaft verbunden und litt in meinen Leiden mit mir, bis ich das Buch vollendet hatte.« (Leben, S. 79). Es muß eine besonders innige Beziehung zu der ihrer Obhut unterstellten Schwester gewesen sein, die sich im Lauf der Jahre in ein wechselseitiges Geben und Nehmen verwandelt hat – Richardis, »die ich meine Tochter und zugleich meine Mutter nenne« (Briefe, S. 110). Der Äbtissin war die Tochter zur Mutter geworden, d. h. zu derjenigen, die mitlitt, förderte, stützte, der Verzagenden Mut zu machen verstand. »Weh mir Mutter, weh mir Tochter!«, schreibt Hildegard nach dem Weggang der Vertrauten, »warum hast du mich wie eine Waise zurückgelassen?« (Briefe, S. 98).

Getroffen und – wie kaum anders zu erwarten – wehrhaft reagiert Hildegard auf die Wahl der Richardis zur Äbtissin des bei Bremen gelegenen Klosters Bassum. Erzbischof Heinrich von Mainz befiehlt ihr die Freigabe der Schwester und trifft auf Hildegards Weigerung: »Der durchsichtige Quell, der nicht trügerisch ist, sondern gerecht, spricht: Die Gründe, die für die Erhebung jener Nonne (zur Äbtissin) vorgebracht werden, haben vor Gott kein Gewicht.« (Briefe, S. 95). Dennoch kann sie deren Weggang nicht verhindern und läßt in der Folgezeit nichts unversucht, die Schwester zurückzugewinnen. Auch an Erzbischof Hartwig von Bremen, den Bruder der Richardis und eine der treibenden Kräfte bei deren Wahl zur Äbtissin, ergeht eines der Schreiben Hildegards: »Sende meine geliebte Tochter zu mir zurück! Denn eine Wahl Gottes übergehe ich nicht, noch widerspreche ich ihr, wenn immer eine solche vorliegt.« (Briefe, S. 97). Deutlich spürbar sind in Hildegards Briefen die persönlichen Beimischungen an dem, was sie als göttlichen Willen erfährt. Ist es nicht der Wille Hildegards, die der Mitarbeiterin und Vertrauten bedarf, dem die Berufung der Richardis zur Äbtissin widerspricht?

Die Beweggründe der Richardis sind schwer zu bestimmen, die Quellen sprechen nur über sie, sie selbst kommt nicht zu Wort. Ist sie, die aus hochadligem Geschlecht stammt, der weltlichen Versuchung des Strebens nach einer höheren Stellung erlegen (Leben, S. 79) – wie Hildegard nicht ohne Bitterkeit vermutet. Oder ist sie in einen Konflikt der Bindungen geraten, bei dem die Ansprüche und Erwartungen der Verwandten schwerer wogen? Sicher jedenfalls scheint, daß sie mit ihrer Entscheidung, das Kloster Rupertsberg zu verlassen, nicht glücklich wurde. Etwa ein Jahr nach ihrem Weggang übersendet Erzbischof Hartwig ein bewegtes Schreiben an Hildegard, das sie von ihrem Tod unterrichtet. Auf ihrem Krankenbett habe Richardis sich »unter Tränen aus ganzem Herzen nach deinem Kloster zurückgesehnt«. Der Bischof selbst gibt sich die Schuld an dem tragischen Geschehen und sieht es daher als seine letzte Pflicht an, alle Unstimmigkeiten und Zweifel auszuräumen: »Daher bitte ich dich, wenn ich dessen würdig bin, so sehr ich vermag: Du wolltest sie lieben, so sehr, wie sie dich geliebt hat.« (Briefe, S. 99).

Hildegards Rolle in diesem Konflikt ist nicht unproblematisch. Hat sie darum gewußt? In ihrem Schreiben an Richardis bekennt sie, zu sehr ihr Herz an einen Menschen gebunden zu haben: »Der Schmerz tötet das große Vertrauen und die Tröstung, die ich in einem Menschen besaß.« Allein dem unwandelbaren Gott, nicht wandelbaren Menschen dürfe dererlei Hoffnung gelten. Auf Gott solle der Mensch sein Auge richten, der die Sonne ist, und nicht auf einen Menschen, der gleich der Blume verwelkt: »Hierin habe ich gefehlt aus Liebe zu einem edlen Menschen.« (Briefe, S. 98). Man darf es der Größe Hildegards zurechnen, daß sie, nachdem sie auf die Todesnachricht hin ihre persönliche Betroffenheit überwunden hat, auch zum anderen Teil der Wahrheit durchdringt. Bisweilen werden Menschen einander ans Herz gelegt, gehen Bindungen ein, die, wie alles Kostbare, ihren Ursprung in Gott besitzen: »Denn mein Herz war voll Liebe zu ihr, weil das Lebendige Licht in einer starken Schau mich lehrte, sie zu lieben.« (Briefe, S. 100).

Zeit ihres Lebens überschreitet Hildegard die einer Frau des 12. Jh. gesetzten Grenzen. Inwieweit ihr dies gelingt, ist wesentlich vom Ruf als göttliches Werkzeug abhängig, den ihr die öffentliche Meinung zubilligt. Und dieser Ruf muß gewaltig gewesen sein, wie die Ehrerbietung belegt, mit der man ihr in den an sie gerichteten Briefen entgegentritt. »Daher eilen wir«, schreibt König Konrad III., »obgleich wir ein weltliches Leben führen, zu dir, nehmen zu dir unsere Zuflucht und bitten demütig um die Hilfe deiner Gebete und Ermahnungen. Denn wir leben weit anders als wir sollten.« Die mittelalterlichen Herrscher sind sich ihrer Einbindung in das Herrschaftsgefüge Christi, des höchsten Königs, bewußt und suchen folglich, diesen für ihre persönlichen Belange und für den Nutzen des Rei-

6 Anbetung des Lammes. *Codex aureus* von St. Emmeram in Regensburg, karolingisch

ches günstig zu stimmen. Daher ihr Bestreben, sich der Fürsprache und des Rats eines Menschen zu bedienen, der im Ruf einer besonderen Verbindung zum Göttlichen steht:

> »Denn wie wir hörten, geben höchste, ja wahrhaft überströmende Lobpreisungen Zeugnis von dir wegen der Heiligkeit deines unschuldigen Wandels und der Herrlichkeit des Geistes, der sich wunderbar von oben her in dich ergießt.« (Briefe, S. 80)

Kaum einer der Briefe dieser Art, der nicht mit der Bitte um ihr Gebet schließt. Denn ihr Gebet nutzt, wo die eigene Gebetskraft versagt. Leichter fliegen ihre Worte in den Himmel auf, dessen Tore ihr, wie man überzeugt ist, offenstehen.

Gelehrte Theologen bitten sie, die von der theologischen Bildung ausgeschlossen war, in schwierigen Zweifelsfragen um ihr Urteil, denn, so Magister Odo von Paris, »selig die, die uns Sünder so hoch überragen, daß sie Himmlisches durchforschen« (Briefe, S. 43). Weit eher als spitzfindige Dispute läßt der direkte Einblick in die jenseitigen Geheimnisse letztgültigen Aufschluß erwarten. Hildegard kommt der Bitte Odos wie auch der der Villerenser Mönche nach, die ihr 38 theologische Fragen vorlegen. Gewohnte Machtverhältnisse verkehren sich in ihr Gegenteil. Die Törichte belehrt die Gebildeten, die Weisungsgebundene unterweist die Oberen:

> »Ich armselige und ungelehrte Frau, die ich der Leitung eurer tiefgründigen Weisheit unterworfen bin, habe zur Erfüllung der gläubigen Bitten eurer Liebe zum Wahren Licht aufgeschaut.« (Briefe, S. 231).

Hildegards Ansehen, die breite Anerkennung ihrer Prophetengabe, ermöglicht ihr eine weitere Grenzüberschreitung, die in der Kirchengeschichte ohne Beispiel ist. »Vom göttlichen Geist nicht angetrieben, sondern genötigt« (Leben, S. 110), unternimmt sie zwischen 1159 und 1171 vier ausgedehnte Predigtreisen. Nicht nur, daß am apostolischen Wirken dieser Frau niemand Anstoß nimmt. Die Vertreter des Klerus von Köln, wo sie öffentlich auftritt, bekennen ihr Bewundern und Staunen, »daß Gott in einem so zerbrechlichen Gefäß, im schwachen Geschlecht, solche Wunder Seiner Geheimnisse wirkt« (Briefe, S. 168). Hildegard predigt gegen die verketzerte Sekte der Katharer. Den weitaus breitesten Raum in ihrer Predigt nimmt jedoch die harsche Kritik an der Verkommenheit des Kölner Klerus ein, dem sie die Schuld an der Entwicklung in der Stadt gibt:

> »Ihr seid Nacht, die Finsternis aushaucht, und wie ein Volk, das nicht arbeitet und aus Trägheit nicht im Lichte wandelt … (W)as immer euer Fleisch verlangt, das tut ihr … Allein, ihr seid zu Boden geworfen und seid kein

> Halt für die Kirche, sondern flieht in die Höhle eurer Lust. Und wegen eures ekelhaften Reichtums und Geizes sowie anderer Eitelkeiten unterweist ihr eure Untergebenen nicht.«

Und drohend fügt sie in ihre Rede die zu erwartenden Folgen für dererlei Vergehen ein: »Die Macht Gottes wird eure von Bosheit hochgereckten Nacken niederzwingen und zunichte machen, was wie durch Windstoß aufgebläht ist.« (Briefe, S. 169 f.). Hildegards Predigt erregt nicht etwa den Widerspruch der derart Gescholtenen, sondern zieht vielmehr die Bitte an das »wahrhafte Orakel Gottes« nach sich, für den Fall, daß sie wieder der Gegenstand einer »wahren Schau« werden sollten, sie deren Inhalt unbedingt wissen zu lassen. Des weiteren fügt man die Bitte um die Übersendung der Niederschrift der Predigt hinzu, um sich so das Gehörte in schriftlicher Form erneut zu Gemüte führen zu können:

> »Denn da wir den fleischlichen Begierden ausgeliefert sind, lassen wir das Geistige, das wir weder sehen noch hören können, aus Nachlässigkeit leicht in Vergessenheit geraten.« (Briefe, S. 168 f.)

Auch die Mönche des Disibodenberg, unter ihnen Abt Helenger, wenden sich erneut an Hildegard: »Ich weiß es, meine Mutter, ich weiß es: Vom Scheitel bis zur Sohle ist nichts Gutes an mir. Richtet daher ein Trostschreiben an meine Niedrigkeit ...« (Briefe, S. 115). Hildegard antwortet ihm mit dem Bericht der über ihn gewährten Schau, die zwar kaum etwas Tröstliches, dafür aber die weitgehende Bestätigung seiner Selbsteinschätzung enthält. Diese würzt Hildegard mit ernsthaften Ermahnungen, um sodann mit einem Hinweis in eigener Sache zu schließen:

> »Ich armseliges Gebilde aber sehe in dir ein pechschwarzes Feuer gegen uns entzündet. Das sollst du in

> guter Erkenntnis der Vergessenheit übergeben, damit in deiner Amtszeit Gottes Gnade und sein Segen nicht von dir weichen.« (Briefe, S. 116).

Offenbar hat sich Abt Helenger vorschnell zu seinem Schreiben erkühnt. Noch sind die Gewitterwolken über dem Rupertsberg nicht vom Himmel gezogen.

> »Sei gegrüßt, nach Maria voll der Gnade, der Herr ist mit dir, du bist gebenedeit unter den Weibern, und gebenedeit ist das Wort deines Mundes, das die Geheimnisse des Unsichtbaren zu den Menschen trägt.« (Briefe, S. 229)

Zu höchstem, nur noch von Maria übertroffenem Ansehen, ist Hildegard – nach den Worten ihres Bewunderers Wibert von Gembloux – gelangt. Trotz der Überschreitung der ihr als Frau gesetzten Grenzen, trotz ihrer harschen Kritik an innerkirchlichen Mißständen hat sich die Prophetin stets als Teil der Kirche begriffen. So muß es ein schwerer Schlag für sie sein, als sie am Ende ihres Lebens in Gegensatz zum Mainzer Episkopat und somit zur institutionellen Kirche gerät. Ein exkommunizierter Edelmann war auf dem Klosterfriedhof begraben worden. Zwar hatte er kurz vor seinem Tod die Absolution von einem Priester empfangen, jedoch nicht die rechtlich verbindliche Loslösung durch den Mainzer Episkopat als der hierfür zuständigen Kirchenbehörde. Entsprechend ergeht an Hildegard der Befehl zur sofortigen Entfernung der Leiche aus der geweihten Erde des Klosterfriedhofs. Wiederum zeigt sich Hildegard unbeugsam. Sie zeichnet mit ihrem Äbtissinnenstab ein Kreuz über das Grab und verwischt sodann dessen Grenzen, um die Entfernung des Leichnams zu verhindern. Auch in diesem Fall kennzeichnet Hildegards Reaktion jenes Ineinander von Aufbegehren und Unterordnung, das sie zeit ihres Lebens begleitet. Sie weigert sich, dem Befehl nachzukommen und nimmt – »(u)m aber nicht als Ungehorsame zu erscheinen« (Briefe, S. 237) – das über das Kloster verhängte Interdikt als Folge ihres Handelns in Kauf.

Nunmehr sind öffentliche Gottesdienste und das Empfangen der Kommunion untersagt. Die Kirchenglocken sind ebenso verstummt wie der Lobgesang der Nonnen, die die Psalmen und Lesungen nur noch hinter verschlossenen Türen mit leiser Stimme sprechen dürfen. Ein schwerer Schlag für die Ordensfrauen, die ihre Lebensführung als Lobpreis Gottes verstehen. Hildegard wendet sich, »durch diese wahrhaftige Schau meiner Seele (belehrt) und vom höchsten Richter (dessen Gebot ich nicht zu widerstehen wagte) durch das Gewicht einer schweren Krankheit bezwungen« (Briefe, S. 242), an das Mainzer Domkapitel, wo sie mit einem Schreiben vorstellig wird, das sie selbst verliest: »Dies euch Herren Prälaten zu künden, wurde mir von Gott auferlegt.« Sie berichtet, in der Angelegenheit des Begrabenen zum wahren Licht aufgeschaut und die Bestätigung der Rechtmäßigkeit ihres Handelns erfahren zu haben. Es folgen Bemerkungen zur Bedeutung der Kommunion und sodann ausführliche Darlegungen zur Musik, in denen Hildegard unverkennbar als Komponistin spricht, die das Verbot des klösterlichen Lobgesangs besonders getroffen haben muß. Vor dem Fall habe Adam die Lieblichkeit aller Musikinstrumente in seiner Stimme vereint und diese zusammen mit den Stimmen der Engel zum Lobgesang auf den Schöpfer erhoben. Gleichsam als Abglanz der verlorenen Gabe und im Gedenken an die himmlische Seligkeit wurden die Psalmen und Lieder und auch die Musikinstrumente erfunden. So ist die Musik »ein Widerhall der himmlischen Harmonie« und dem Menschen stetige Erinnerung, »daß die Seele der himmlischen Harmonie entstammt«. Denn auch der Mensch trägt etwas von der Musik in sich, die das Werk Gottes durchklingt, so daß er musizierend in das Loblied der Schöpfung auf ihren Schöpfer einstimmt. Allein der Teufel nimmt hieran Anstoß, der ewige Quertreiber und Ränkeschmied, zu dessen vielfältigen Schlichen Hildegard auch »ungerechte Unterdrückungen aus dem Munde der Kirche« zählt.

»Deshalb müßt ihr und müssen alle geistlichen Obern mit größter Behutsamkeit vorgehen. Ihr müßt darauf bedacht sein, euch dabei einzig vom Eifer der Gerechtigkeit Gottes, nicht aber von Entrüstung und ungerechter Geisteserregung oder von Rachsucht lenken zu lassen. Auch müßt ihr beim Fällen des Urteils euch ständig in acht nehmen, daß Satan, der den Menschen der himmlischen Harmonie und den Wonnen des Paradieses entriß, euch nicht umzingelt.«

Am Ende des Schreibens steigert sie die Mahnung zur Drohung:

»Diejenigen also, die der Kirche in bezug auf das Singen des Gotteslobes Schweigen auferlegen ..., werden, da sie auf Erden das Unrecht begingen, Gott die Ehre des ihm zustehenden Lobes zu rauben, keine Gemeinschaft haben mit dem Lob der Engel im Himmel ...« (Briefe, S. 239 f.)

Hildegard mahnt die Prälaten, sich nicht »von Rachsucht lenken zu lassen«. Ist ihr nun, da sie sich eine formale Blöße gegeben hat, ein später Denkzettel für ihre Unbotmäßigkeiten verpaßt worden? Dies ist durchaus denkbar, doch reicht der Konflikt weit über die Ebene persönlicher Animositäten hinaus. Formal gesehen, sind die Mainzer Prälaten im Recht. Nicht minder beharrt Hildegard auf der Rechtmäßigkeit eines Handelns, das sich aus der jenseitigen Schau legitimiert. So findet in diesem Konflikt das zwangsläufig spannungsgeladene Verhältnis zwischen kirchlicher Institution und charismatischer Begabung seinen Niederschlag. Althergebrachtem, das sich aus dem göttlichen Willen legitimiert, tritt Neues gegenüber, dem nicht minder die Berufung auf den göttlichen Willen zugrundeliegt. Die Empfänger neuer Offenbarungen tun stets gut daran, sich in die vorgegebenen Strukturen zu beugen und sich selbst dort, wo sie deren Grenzen überschreiten, als Teil des Althergebrachten zu begreifen. Denn sollte die Integration mißlingen, führt sie in die Ausgrenzung von Kirche und Gesellschaft, d. h. in die Ketzerei. Auch an der Biographie Hildegards ist dieses

Ringen um Zugehörigkeit spürbar. Sie durchbricht die Grenzen in einer eminent traditionsgebundenen Gesellschaft und begreift sich doch immer als deren Teil.

Problemlos bleibt das Verhältnis beider Komponenten im Fall ihrer Schriften, die sich im kirchlich gesetzten Rahmen der Rechtgläubigkeit bewegen, so daß der Ruhm der Prophetin zugleich den Ruhm der Kirche mehrt. Auch ihre Scheltworte sind – bleiben sie weitgehend unverbindlich – zu ertragen. Manchen werden sie zu Herzen gegangen sein, andere hingegen haben sie wohl in der Pose der Zerknirschung als auf- und wieder abziehende Gewitterwolken hingenommen. Werden jedoch reale Machtfragen betroffen, verschärft sich das dem Verhältnis beider Komponenten innewohnende Konfliktpotential: so im Fall der Klostergründung auf dem Rupertsberg wie auch im Streit mit den Mainzer Prälaten. In dem Maß, in dem sie der im Gegensatz zu den rechtlichen Bestimmungen stehenden Privatoffenbarung der Äbtissin nachgeben, unterhöhlen sie ihre eigene Autorität. Macht sich die Institution mit ihren aus dem göttlichen Willen legitimierten Setzungen nicht unglaubwürdig, ja überflüssig, wenn sie widersprechenden Aussagen nachgibt, auch wenn diese nicht minder in der Berufung auf den göttlichen Willen gründen? So ist die Angelegenheit mit Hildegards Brief an die Prälaten bei weitem noch nicht erledigt. Im folgenden Schreiben an den in Rom weilenden Mainzer Erzbischof beklagt Hildegard die Härte der Prälaten. Unter bitteren Tränen habe sie sie angefleht: »Da aber ihre Augen so verfinstert waren, daß sie auch nicht einen Blick des Erbarmens für mich hatten, ging ich unter vielen Tränen von ihnen weg.« Auch in diesem Schreiben beruft sich Hildegard auf ihre Schau, darauf, daß sie nicht anders handeln konnte, als sie gehandelt habe, und fügt in Anlehnung an Dn 13,23 hinzu: »Besser ist es für mich, in die Hände der Menschen zu fallen, als das Gesetz meines Gottes zu verlassen.« (Briefe, S. 242 f.). Aber auch der Erzbischof besteht auf der Wahrung der Formalien und hebt das Interdikt erst auf, als die rechtliche Seite der Angelegenheit geklärt ist. Sein Schreiben an Hildegard zeugt von großer Ehrerbietung und ist doch zugleich mit einer ernsten Mahnung an die Äbtissin versehen: »Im Hinblick auf die nicht zu umgehenden Satzungen der Väter war es für Euch höchst gefährlich, den Einspruch der Geistlichen zu mißachten.« (Briefe, S. 244). Hildegard, die es gewohnt ist, Grenzen zu überschreiten, stößt in diesem Fall an ihre Grenze. Die bittere Auseinandersetzung hat etwa ein Jahr gedauert – das letzte Lebensjahr Hildegards. Sie überlebt die Aufhebung des Interdikts nur wenige Monate und stirbt am 17. September 1179. Wie kaum eine Episode aus ihrem Leben belegt der Streit um das Interdikt die Ernsthaftigkeit Hildegards, die sich auf ihre Prophetengabe beruft, als sie ihr Freiräume eröffnet, und die am Geschauten auch dann festhält, als es sie in schwere Konflikte stürzt. Immer hat sie sich als göttliches Werkzeug begriffen und in diesem Selbstverständnis eines der bedeutendsten Werke des 12. Jh. geschaffen, das – weil es die Zeiten so wollten – nicht das Werk einer schwachen Frau, sondern das Werk einer Prophetin war.

Bernhard von Clairvaux

Bernhard von Clairvaux wurde 1090 aus ritterlichem Geschlecht auf der Burg Fontaines-les-Dijon in Burgund geboren. Im Jahr 1112 trat er zusammen mit 30 Gefährten im Kloster Cîteaux ein, über das sein zeitgenössischer Biograph Wilhelm von St. Thierry bemerkt: »Dort gab es große Ernte, doch wenig Arbeiter; denn der Bekehrung halber verirrte sich kaum jemand dorthin,

7 Initiale aus einer Handschrift der der »Vita prima« (um 1180). Dargestellt sind Bernhard von Clairvaux und Wilhelm von St. Thierry, der Autor des ersten Buchs der Lebensbeschreibung Bernhards.

ob der allzu strengen Lebensweise und großen Armut.« (Leben, S. 42)

Bernhards Wahl galt dem Reformorden der Zisterzienser, dessen Strenge der junge Novize durch die besondere Strenge seiner Lebensführung noch zu übertreffen suchte. Er entzog sich Schlaf, enthielt sich weitgehend der Speise, bis, so Wilhelm, »seine Leiblichkeit unter der Last zusammenbrach und sich bis auf den heutigen Tag nicht mehr erhob«. Nicht allein auf sich selbst, auch auf die Mitbrüder bezog sich sein frommer Eifer; »wenn er etwa einen Mönch im Schlafe roh schnarchen hört(e) oder wenig anständig da liegen (sah)«, hieß er ihn »einen fleischlichen oder weltlichen Schläfer« (Leben, S. 55).

Bereits die Frühzeit von Bernhards Klosterleben offenbart Grundzüge seines Wesens. Mit allem, was er in seinem weiteren Leben unternimmt, ist es ihm nicht minder bitterer Ernst. Hart gegen sich selbst, zeigt er sich auch hart gegen andere. Und noch etwas ist wegweisend für die Entwicklung dieses Mannes, der so großen Einfluß auf die Zeitgenossen gewinnt, daß man das zweite Viertel des 12. Jh. nach ihm als ›Bernhardinisches Zeitalter‹ benennt. Er kommt nicht allein nach Cîteaux, sondern in Begleitung einer Schar von Verwandten und Freunden, die er dafür gewonnen hat, ihm in seinem Entschluß zu folgen.

Ein großer Teil des vielfältigen Wirkens während seines rastlosen Lebens gilt der Förderung des Zisterzienserordens. Nicht er, sondern Robert von Molesme hatte diesen Reformorden im Jahr 1098 gegründet. Bernhard jedoch bleibt es vorbehalten, die kleine Ordensgemeinschaft zu hohem Ansehen und weiter Verbreitung zu führen. Bereits vier Jahre nach seinem Eintritt ins Kloster wird er von Abt Stephan Harding mit der Gründung des Klosters Clairvaux beauftragt, dessen Abt er zeit seines Lebens bleibt. 68 Tochtergründungen folgen, begleitet von ca. 100 Anschlüssen bereits bestehender Klöster an den Zisterzienserorden. In diesem Wirken findet Bernhards tiefe Überzeugtheit vom außerordentlichen Stellenwert der zisterziensischen Lebensform seinen Niederschlag. Gemessen an der diesseitigen Vorbereitung des Menschen auf jenseitige Erfüllung, die Bernhard als einzig gültiges Kriterium einer gelungenen Lebensführung gilt, billigt er den Mönchen eine vorzügliche Stellung zu. Denn drei Stände, so Bernhard in seinen Predigten, umfaßt die Kirche, von denen ein jeder auf die ihm eigene Art das Meer der Welt hin zum himmlischen Ufer überquert. Gleich einer Brücke ist die Lebensform der Mönche über die reißenden Wasser gespannt: »Der Weg ist kürzer, leichter und zudem sicherer, wie alle wissen.« Die Kleriker hingegen, die den verschiedensten Menschen in ihren unterschiedlichen Nöten zur Hilfe eilen und sich so den Stürmen und dem Wogengang aussetzen müssen, durchkreuzen das Meer auf einem Schiff. Es bedarf keiner großen Interpretationskunst, um angesichts des von Bernhard für die Laien beschriebenen Weges in Pessimismus zu verfallen. Ihnen kommt es zu, das Meer an den seichten Stellen zu überqueren – ein Weg voller Gefahren, wie »der Umstand (beweist), daß wir so viele Opfer dieses Weges zu beklagen haben und nur sehr wenige marschgerecht hinüberkommen sehen« (Predigten 4, S. 157 ff.).

Bernhard weist dem Zisterzienserorden einen besonderen Stellenwert innerhalb des Ordenswesens zu. Ein Abglanz jenseitiger Herrlichkeit fällt bereits auf Erden auf das Kloster Clairvaux, denn es gleicht dem himmlischen Jerusalem, d. h. der Gemeinschaft der Erwählten, die einst in der ewigen Beschau Gottes glückselig sein werden. Selbst das irdische Jerusalem überragt es an Glanz und Würde. Dem Oberen eines englischen Klerikers, der sich auf seiner Fahrt ins Hl. Land zum Verbleib in Clairvaux entschlossen hat, erklärt Bernhard, daß Philipp auf kürzerem Weg am Ziel seiner Reise angelangt sei:

> »Wenn Ihr es wissen wollt: Clairvaux ist es. Dieses selbst ist Jerusalem, dem himmlischen ganz verbunden durch Frömmigkeit der Seele, Nachfolge im Leben und besondere Verwandtschaft des Geistes.« (Werke 2, S. 557)

Die besten und tapfersten Streiter Christi haben sich hier zum gemeinsamen Kampf gegen den Teufel zusammengefunden.

Wehe dem, der in die unverrückbar stehende Schlachtenreihe der Mönche durch persönliche Verfehlungen finsteren Mächten Einlaß gewährt: »Wahrhaftig, die stärkste Festung hast du Christus weggenommen, wenn du Clairvaux seinen Feinden preisgibst.« (Predigten 3, S. 282). »Ich glaube«, so Bernhard zu seinen Mönchen, »es ist keiner hier, den man nicht als Heiligen verehrte, als einen Engel betrachtete, wenn er auch nur den vierten Teil von dem, was er im Kloster tut, in der Welt leistete.« (Predigten 2, S. 60).

Vor dem Hintergrund dieser Selbsteinschätzung überrascht es nicht, daß Bernhard tief getroffen reagiert, als sein Neffe Robert etwa im Jahr 1120 das Kloster Clairvaux verläßt. Bernhard sendet ein Schreiben an Robert, das als frühes Zeugnis der außerordentlichen rhetorischen Begabung des Abts gelten darf. »Wie unglücklich bin ich, daß ich dich entbehre, daß ich dich nicht sehe, daß ich ohne dich lebe.« Und er gesteht ein, durch seine Strenge Schuld am Weggang Roberts zu haben: »Für einen empfindsamen jungen Mann bin ich wohl streng gewesen, habe ihn in seiner Zartheit mit Härte zu unmenschlich behandelt.« Gern will Bernhard alle Fehler sich selbst anrechnen, wenn Robert nur zurückkomme: »Doch es mag, wie gesagt, meine Schuld gewesen sein, daß du weggegangen bist, damit nicht durch einen Streit um die Schuldzuweisung die Besserung hinausgezögert wird.« (Werke 2, S. 243 ff.). Bernhards Schreiben schließt mit einer Auslegung des Mönchslebens als Kriegsdienst Christi, die sich zum brennenden Appell an Robert steigert, sich zu ermannen und an den Ort der Schlacht zurückzukehren:

> »Erhebe dich, ›Soldat Christi, erhebe dich, schüttle den Staub ab‹ (2 Tim 2,3), kehre zum Kampf zurück, aus dem du geflohen bist, um nach der Flucht tapferer zu kämpfen und ruhmvoller zu siegen ... Wach auf, ergreife die Waffen und flieh zu deinen Mitstreitern, die du auf der Flucht im Stich gelassen hattest ... Warum schreckst du vor dem Gewicht und der Härte der Waffen zurück, verwöhnter Krieger?« (Werke 2, S. 262 ff.)

Wie Bernhard entstammt Robert ritterlichem Geschlecht. So greift der Abt in seinem Schreiben auf das alte Motiv der Mönche als Kämpfer Christi zurück, wohl wissend, an welcher Stelle der wohl nichts so sehr wie den Vorwurf der Feigheit und Verweichlichung fürchtende Jüngling zu packen ist.

Von besonderem Interesse ist Bernhards Schilderung der Umstände von Roberts Weggang. Ein Wolf im Schafspelz hatte sich in Clairvaux eingeschlichen, um den Jüngling zu umgarnen:

> »Das Schäfchen floh nicht vor dem Wolf, den es auch selbst für ein Schaf ansah. Was mehr? Er verlockt, verführt, schmeichelt. Der Verkünder des neuen Evangeliums empfiehlt die Trunkenheit, die Einfachheit verurteilt er; die freiwillige Armut nennt er Elend; Fasten, Nachtwachen, Schweigen und Handarbeit sinnlose Mühe; hingegen betitelt er Nichtstun als Beschauung, und die Gefräßigkeit, Geschwätzigkeit, Neugier sowie jegliche Unmäßigkeit nennt er Besonnenheit.«

Auf diese Weise wird der Unerfahrene den Seinen entrissen und an einen Ort geführt, wo man ihn mit allerlei Gunsterweisen und übertriebener Ehrerbietung umschmeichelt:

> »Alle ›jubeln‹ wie ›Sieger über die gewonnene Beute, wenn man das Gut verteilt‹ (Jes 9,3). O guter Jesus! Wieviel wurde unternommen, um ein Seelchen zu verderben! Wessen Herz, so hart es auch sein mag, würde nicht dabei weich?« (Werke 2, S. 249 ff.)

Die Erschütterung über so viel Schlechtigkeit weicht rasch der Verwunderung, erfährt man, daß Robert nicht etwa in eine finstere Höhle des Lasters verschleppt wurde, sondern sich unter Vermittlung des Priors von Cluny zum Übertritt in das nahegelegene Cluny entschloß – ein Kloster von nicht minder glänzendem Ruf, allerdings von einer anderen spirituellen Ausrichtung als Clairvaux. Nicht Müßiggang und Prunksucht bestim-

8 O-Initiale.
Zwei Zisterzienser
bei der Arbeit. 12. Jh.

men das Leben der Mönche von Cluny, sondern eine Liturgie, die an gewöhnlichen Tagen bis zu sieben Stunden einnimmt und deren prachtvoller Rahmen dem Ruhm und Lobpreis Gottes gilt. Die kollektive Gebetsgemeinschaft der Mönche von Cluny steht freilich im Gegensatz zur strengen, auf persönliche Läuterung gerichteten Askese der Zisterzienser. Sie ist nicht besser oder schlechter als diese, sondern einfach nur anders.

So hat Bernhards Schreiben Anteil an der wechselvollen Beziehung zwischen beiden Orden. Im Jahr 1125 verfaßt er sein Traktat »Apologie« (Werke 2, S. 137 ff.) – ein einziger Angriff gegen die cluniazensische Lebensform. Petrus Venerabilis, der hoch angesehene Abt von Cluny, kontert 1128 mit einem Schreiben, das auf das weiße Habit der Zisterzienser bezug nimmt, das er für ein Zeichen des Hochmuts hält. Seit alters hätten sich die Mönche schwarz gekleidet, nur die Zisterzienser nicht, die sich offenbar für besser als die Väter hielten. Ein Vorwurf, der den Angriffen Bernhards an Harschheit in nichts nachsteht. Diese Schriften beschreiben Zwischentiefs in der Beziehung beider Orden und beider Männer, die über weite Strecken durchaus auch Freundschaft verbindet, und sie machen ein weiteres deutlich, das sich schon früh in der Biographie Bernhards abzeichnet. Duldsamkeit gehört zu seinen Stärken nicht.

Zu den wichtigsten Stationen in Bernhards öffentlichem Wirken zählt sein Engagement in der strittigen Papstwahl des Jahres 1130. Das Schisma dauert acht Jahre lang, während derer sich Bernhard in rastloser Tätigkeit – darunter drei Italienreisen – für Papst Innozenz II. verwendet. Der Konflikt endet nicht nur mit dem Sieg des von Bernhard favorisierten Kandidaten, sondern steigert zugleich auch nachdrücklich Einfluß und Ansehen des Abts. Seit dieser Zeit unterhält Bernhard enge, wenn auch nicht immer ungetrübte Beziehungen zu Papsttum und Kurie. Eben dies unterscheidet ihn von Hildegard. Oftmals klingt sie, in deren prophetischer Rede bisweilen selbst die Demutsfloskel als letztes Zeichen dafür, daß hier ein Mensch spricht, fehlt, harscher als Bernhard. Mehr Gewicht freilich besitzt sein Wort, denn er verfügt über die Mittel, seine Rede mit dem entsprechenden institutionellen Nachdruck zu versehen. Nie hat er gezögert, seinen Einfluß geltend zu machen, seine Beziehungen zu nutzen. Ja, er scheint sich ihrer allzusehr bedient zu haben, so daß er die Geduld selbst der Gutwilligsten – zu denen man Papst Innozenz wohl rechnen darf – überbeansprucht. So sieht er sich im Jahr 1143 zu einem Schreiben an Papst Innozenz gezwungen, da er erfahren hat, »daß ich in meinen vielen Briefen Euer Mißfallen erregt habe«. Bernhard legt wortreich dar, daß fortan kein Wort mehr über seine Lippen kommen werde, um wie folgt zu schließen:

> »Auch jetzt habe ich es nicht gewagt, Euch über die drohenden Gefahren für die Kirche zu schreiben, über das schwere Schisma, das wir befürchten, und über die zahlreichen Unannehmlichkeiten, die wir ertragen. Ich habe aber den heiligen Bischöfen geschrieben, die an Eurer Seite stehen. Wenn es Euch beliebt, könnt ihr von ihnen erfahren, was ich geschrieben habe.« (Werke 3, S. 199)

In der Tat hatte Bernhard zwischenzeitlich an drei Bischöfe der Kurie ein Schreiben über die strittige Bischofswahl von Bourges versandt (Werke 3, S. 201 ff.). Unversehens findet in die

Ankündigung des Rückzugs die erneute Intervention Eingang. Zu stark ist Bernhards Bewußtsein der Erwähltheit, zu brennend die Sorge um die Kirche und all das, was er als Angelegenheiten Christi begreift, als daß auf die Ankündigung nicht auch die Tat folgte. So belegt die Episode – anders als bei Hildegard – weniger den tiefgehenden Konflikt zwischen Institution und Charisma, sondern vielmehr den weitreichenden Einfluß, den der Charismatiker auch auf die oberen Ränge der Kirchenhierarchie gewinnt. Zahllos die strittigen Bischofswahlen, innerklösterlichen Auseinandersetzungen, aber auch politischen Fragen, in denen es ihm gelingt, diesem Einfluß Geltung zu verschaffen.

Nicht anders als bei Hildegard hängt auch bei Bernhard die Möglichkeit zur Einflußnahme wesentlich von dem Ansehen ab, das ihm die öffentliche Meinung zubilligt.

> »Es lebte zu dieser Zeit in Frankreich als Abt des Klosters Clairvaux ein gewisser Bernhard«, schreibt Otto von Freising, »hinsichtlich Lebensführung und Sittenreinheit verehrungswürdig, ein ausgezeichneter Mönch, begabt mit Weisheit und hochgebildet und berühmt durch Zeichen und Wunder.« (S. 201)

Er steht im Ruf höchster Begnadung, so daß weltliche und geistliche Große ihn als »göttliches Orakel« befragen. Ohne Zweifel, bemerkt der englische Zeitgenosse Johann von Salisbury, sei ihm sein Kommentar zum Hohenlied vom Hl. Geist eingegeben worden. Nicht anders als Hildegard begreift sich auch Bernhard als Werkzeug in der Hand Gottes. Dies gilt für seine Werke, bei denen nicht er, sondern Gott die Feder führt, und nicht minder für sein öffentliches Handeln. In einer seiner Predigten beschreibt er den Vorgang der Berufung aus der klösterlichen Abgeschiedenheit zur Tat in den Worten des Hohelieds: »Auf, eile meine Freundin, meine Taube, meine Schöne, und komm!« (Hl 2,10). Gerade eben noch hatte Christus, der Bräutigam, verboten, die in kontemplativer Versenkung ruhende Braut, d. h. die menschliche Seele, zu wecken. Doch nun ruft er selbst die

Schlummernde und erweckt in ihr »das Verlangen nach guten Werken, das Verlangen, für den Bräutigam Frucht zu bringen«. – »Auf, eile und komm!«, lautet die Aufforderung des Bräutigams, wie Bernhard betont, und nicht »geh«:

> »Das verleiht ihr nicht wenig Kraft. Wird sie sich dadurch ja bewußt, daß sie nicht so sehr geschickt als gezogen wird und daß der Bräutigam zugleich mit ihr kommen werde. Was könnte ihr wohl schwer werden in seiner Begleitung?« (Predigten 6, S. 86 f.)

Gezogen und geleitet von Christus, dem Bräutigam, eilt Bernhard zur Tat. Nicht aus der Autorität eines kirchlichen Amtes, sondern unmittelbar von Christus berufen, wird er in den Angelegenheiten Christi tätig. Diesem Selbstverständnis gemäß ergeht an den Erzbischof von Trier ein Schreiben mit jener für zahlreiche Briefe charakteristischen Wendung:

> »Ihr kommt mir entgegen, wenn ich um etwas bitte, was meine Belange betrifft; um so mehr müßt ihr mir entgegenkommen, wenn ich nicht um etwas bitte, das mich, sondern das die Sache Christi betrifft; aber die Sache Christi ist auch meine Sache.« (Werke 3, S. 955)

Bernhard begreift alle Bereiche seiner Einflußnahme ohne Unterschied als Angelegenheiten Christi. Allzeit bekennt er seinen Eifer für Christus, beruft sich auf das Interesse Christi und darauf, daß ihm jedes Christus angetane Unrecht unerträglich sei. Der sich einer präzisen Definition entziehende Begriff von den Angelegenheiten Christi beschreibt einen Bereich des Tätigwerdens, der sich der Eingrenzung entzieht. Denn in einer vom christlichen Glauben durchdrungenen Gesellschaft sind die Angelegenheiten Christi letztlich alle Angelegenheiten von Gewicht. Was ihnen zugehört, hängt vor allem davon ab, was der Abt von Clairvaux als ihnen zugehörig erklärt und durchzusetzen vermag.

Auch im Jahr 1140 ergehen zahlreiche Briefe Bernhards in der Angelegenheit Christi an Bischöfe, Kurie und Papsttum. Erneut gilt es, Christus zu verteidigen, diesmal gegen die Lehren des Petrus Abaelard. Er gehört zu den Vätern der Scholastik, die mit Hilfe der Vernunft und philosophischen Methode die Wahrheit des Glaubens zu ergründen und zu beweisen suchen. Moderne Interpreten unterstreichen, daß die Kontrahenten einander gar nicht so fern standen, wie der aufbrechende Streit vermuten läßt. Die Frömmigkeit Abaelards gehört der Universität an, diejenige Bernhards dem Kloster. Nach frommem Wissen und Erkennen jedoch streben beide, wenn auch auf unterschiedlichen Wegen. Auch die Charaktere der Kontrahenten gleichen sich – bei aller Unterschiedlichkeit – an einem wesentlichen Punkt. In seiner Lebensbeschreibung schildert Abaelard sein wechselvolles, von Konflikten gekennzeichnetes Leben, für die er immer wieder die Neider seiner außerordentlichen Begabung verantwortlich macht. An mangelndem Selbstbewußtsein gelitten hat auch er nicht. So stehen zwei markante Persönlichkeiten einander gegenüber, die beide Vertreter dessen sind, was man so treffend als Vielgestalt des 12. Jh. beschrieben hat – eines in vielerlei Hinsicht im Aufbruch befindlichen Jahrhunderts, in dem man die Tiefen der Seele zu durchstreifen und sich zu den Höhen der Wissenschaft aufzuschwingen beginnt.

9 Christus als Weltenherrscher, San Clemente in Tahull, 12. Jh.

Vor allem methodische Fragen entfachen daher den Streit, dessen Heftigkeit sich nicht zuletzt aus der um Anhängerschaft und Schüler ringenden Konkurrenz der Kontrahenten erklärt.

Motive, die bereits Bernhards Auseinandersetzung mit dem Orden der Cluniazenser bestimmten, wiederholen sich. Wiederum trifft Bernhard auf eine Frömmigkeit von anderer Ausrichtung. Abaelards Theologie gilt ihm freilich nicht als anderer Weg zum gleichen Ziel, sondern als unstatthafter und gefährlicher Versuch, in die Glaubensgeheimnisse mit Vernunftgründen einzudringen, und daher als Ketzerei. Sie stellt einen Angriff auf den Glauben und somit einen Angriff auf Christus selbst dar. Entsprechend verschickt Bernhard zahlreiche Schreiben, um Lehre und Person Abaelards anzuprangern. All dies, so Bernhard, gehe ihn eigentlich nichts an, denn ein jeder habe an seiner eigenen Bürde zu tragen.

> »Etwas anderes freilich gibt es, über das ich nicht hinwegsehen kann, das alle angeht, die den Namen Christi lieben. Er (Abaelard) redet Bosheit von seiner Höhe herab (Ps 72,8), er verfälscht die Lauterkeit des Glaubens und verdirbt die Reinheit des Glaubens.« (Werke 3, S. 131)

Als Abaelard von Bernhards Angriffen erfährt, kann er den Erzbischof von Sens zur Ansetzung eines Treffens bewegen, das sich Abaelard als öffentliche Disputation mit Bernhard über die strittigen Fragen vorstellt. Am Vorabend des Konzils jedoch gewinnt Bernhard die anwesenden Bischöfe in einer internen Vorbesprechung für die Verurteilung der strittigen Sätze Abaelards. Am folgenden Tag des Konzils verweigert Abaelard, der den Disput beabsichtigte und sich nun einem Gericht mit vorgefaßtem Urteil überantwortet sieht, jegliche Stellungnahme, um an Rom als höhere Instanz zu appellieren. Doch auch seine Wendung an Papst Innozenz bleibt vergeblich, denn zwischenzeitlich hat Bernhard durch zahlreiche Schreiben bei Papst und Kurie die Verurteilung Abaelards bewirkt, die, ohne daß dieser gehört worden wäre, einige Wochen nach dem Konzil von Sens erfolgt.

Im Kontext der nach dem Konzil versandten Schreiben steht Brief 189, in dem Bernhard Papst Innozenz die Vorgänge zu Sens schildert.

»Töricht versprach ich mir vor kurzem Ruhe, wenn die Wut der Pierloni sich gelegt hätte und der Kirche der Frieden zurückgegeben würde ... Dem Löwen sind wir entronnen, aber wir stoßen nun auf den Drachen, der vielleicht nicht weniger anrichtet, wenn er im Hinterhalt sitzt, als jener, der von der Höhe herab brüllte.«

Erneut sieht sich Bernhard zum Eingreifen genötigt. Vorangegangen waren die Angriffe des brüllenden Löwen, d. h. des dem Geschlecht der Pierloni entstammenden Gegenpapstes Anaklet, um nun der Hinterlist des Drachen, d. h. des Petrus Abaelard, zu weichen. Geschickt erinnert Bernhard den Papst an die Zeit des gemeinsamen Kampfes während des Schismas, um nun erneut zum gemeinsamen Kampf zu rufen. Es folgen weitere Angriffe gegen Abaelard sowie die ausführliche Stilisierung des Geschehens zu Sens als Kampf zwischen David und Goliath. »Goliath tritt hervor in seinem hohen Wuchs, gewappnet mit seiner glänzenden Kriegsrüstung.« Er fordert die Schlachtenreihen Israels, d. h. der Kirche, heraus und schmäht die Heiligen, »gewiß um so verwegener, da er merkt, daß kein David da ist«. Dann berichtet Bernhard, daß der Erzbischof von Sens einen Tag der Zusammenkunft festsetzte, zu der er nicht habe erscheinen wollen:

»Ich lehnte es ab, einerseits, weil ich ein Knabe bin, jener aber von Jugend an ein kriegserfahrener Mann ist, andererseits, weil ich es für unwürdig hielt, wenn man zuließe, daß über die Grundlagen des Glaubens mit schwachen Menschengedanken diskutiert werde.«

Er habe sich gesträubt, doch da bei seiner Abwesenheit die Irrlehre nur noch gestärkt worden wäre, sei er auf den Rat der Freunde hin, »wenn auch nur widerstrebend und unter Tränen« erschienen.

»So fand ich mich also an dem Ort und festgesetzten Tag ein, freilich unvorbereitet und ungerüstet. Nur das bedachte ich in meinem Herzen: ›Überlegt nicht voraus, wie ihr antworten sollt‹ (Lk 21,14), ›denn es wird euch in jener Stunde eingegeben werden, was ihr sagen sollt.‹ (Mt 10,19).«

Unvorbereitet und ungerüstet, allein auf die Eingebung des rechten Wortes vertrauend, tritt Bernhard, klein und schwach wie David, Abaelard entgegen, der gleich dem Goliath hochmütig auf seine eigene Kraft vertraut. Der Schwache jedoch erweist sich als stark, der Starke als schwach. Bernhards Schilderung führt Papst Innozenz vor Augen, daß die Entscheidung in Gottes Hand lag und Bernhard – gleich David – die Rolle eines Werkzeugs des göttlichen Willens zukam. Auf die ausführliche Stilisierung der Konfrontation folgt die knappe Schilderung des Geschehens. Als man mit der Verlesung der strittigen Stellen begann, »wollte er nicht hören und ging hinaus, indem er gegen die von ihm selbst ausgewählten Richter Einspruch erhob«. Einen Grund für das Verhalten Abaelards gibt Bernhard nicht an und schließt mit einem wortreichen Appell an den Papst zur Verurteilung Abaelards, damit nicht der »beim Stuhl Petri Zuflucht finde …, der den Glauben Petri bekämpft« (Werke 3, S. 65 ff.).

Ohne Zweifel ist Bernhards Schreiben parteiisch. Doch sind hier nicht die Grenzen einer Darstellung überschritten, die man noch als einseitig bezeichnen darf? Kein Wort fällt über die Absprache des Vorabends. Unter der Stilisierung geht die Wirklichkeit verloren. Bernhards Schreiben steht im Widerspruch zum realen Geschehen, seine Selbstdarstellung jedoch im Einklang mit seinem Selbstbild. Dem Schwachen, der gottgesandt allein auf himmlischen Beistand vertraute, oblag es, sieghaft für die Angelegenheit Gottes zu streiten. Gibt Bernhard hier eine Wirklichkeit wieder, die das Selbstbild stiftete? Darüber, wie er sein reales Vorgehen einordnet, lassen sich nur Mutmaßungen anstellen. Mitzudenken wird der drängende Handlungsbedarf sein, den er im Falle Abaelards empfunden haben mag.

Mit der gleichen Unbedingtheit interveniert er in einer anderen Angelegenheit Christi. Seine englischen Mitbrüder waren in Streit mit dem Erzbischof von York geraten, Grund genug für Bernhard, diesen unter Aufbietung seines ganzen rhetorischen Könnens und unter Nutzung seiner Beziehungen zu bekämpfen. Erzbischof Wilhelm, der in den Augen Bernhards ein »Dieb und Räuber« (Werke 3, S. 277) und eine »schändliche und übel beleumundete Person« (Werke 3, S. 259) ist, wird 1227 heiliggesprochen, was selbst die eifrigsten Apologeten Bernhards in arge Rechtfertigungsnot bringt. Nachdrücklich fordert Bernhard von Papst Eugen die Absetzung Wilhelms:

> »Es ist nicht meine Sache, einem Weisen zu erklären, welcher Weg zu seinem Sturz einzuschlagen ist; es scheint mir nämlich nicht bloß einen zu geben. Für uns ist es auch nicht von großer Bedeutung, nach welcher Seite ein unfruchtbarer Baum fällt, wenn er nur fällt.« (Werke 3, S. 289)

Die Streitfälle sind verschieden, Bernhard jedoch bleibt sich gleich – ein Mann, der immer in der Gefahr steht, daß bei seinem Handeln der Zweck die Mittel heiligt. Die Angelegenheiten Christi dulden keinen Aufschub, keine Nachsicht und erst recht keinen Kompromiß. Ist es daher nicht durchaus gerechtfertigt, Abaelard, den hinterlistigen Ketzer, mit List zu schlagen?

Nur wenige wagen es, Abaelard nach seiner Verurteilung zu verteidigen. Einer von ihnen ist dessen Schüler Berengard von Poitiers. Seine Schrift »Apologeticus« beginnt mit heftigen Angriffen auf Bernhard und auf die am Vorabend des Konzils anwesenden Bischöfe, die so betrunken gewesen seien, daß das von Bernhard gefordete *damnamus* (wir verurteilen) nur noch in der verräterischen Form *namus* (wir schwimmen) über ihre Lippen kam. Berengards Schrift steht unter dem unmittelbaren Eindruck der Geschehnisse zu Sens, daher ihre schneidende Schärfe und überzogene Polemik. Doch auch Bedenkenswertes hält Berengard dem Abt von Clairvaux entgegen:

> »Ganz offensichtlich ist Petrus (Abaelard) mit dir gemeinsam Christ. Wenn du es willst, wird er zusammen mit dir katholisch sein, und wenn du es nicht willst auch. Gott nämlich ist der Gott aller, und nicht nur der Gott eines Einzelnen.«

Nachdrücklich tritt Berengard der auf Ausgrenzung abzielenden Position Bernhards entgegen, der den rechten Glauben auf die eigene Definition verkürzt. Nichts anderes geschieht in all jenen Streitfällen, die Bernhard als Angelegenheit Christi bestimmt und somit in den Rang höchster Objektivität erhebt. Dies muß um so problematischer erscheinen, da auch bei Bernhard – nicht anders als bei Hildegard – persönliche Beimischungen an dem, was er als Willen Gottes erfährt, spürbar bleiben. Denn zahlreiche Angelegenheiten Christi haben sich auf das bezogen, was der Förderung und Ausbreitung des Zisterzienserordens sowie der Ausschaltung möglicher Kontrahenten galt.

Wie bei Hildegard, der Selbstbewußten und Starken, die sich als schwaches Weib erfährt, wohnt auch der Gestalt Bernhards ein Widerspruch inne, der auf den ersten Blick absurd erscheinen mag und sich dennoch als Schlüssel zum Verständnis seiner komplexen Persönlichkeit erweist. Er, der rastlos Tätige, hat allzeit seine Tätigkeit beklagt. »Mein Vorhaben, das Kloster nicht zu verlassen, ist Euch, glaube ich, nicht unbekannt« (Werke 3, S. 313), schreibt er Ende des Jahres 1145 an Papst Eugen, d. h. kurz bevor er seine ausgedehnten Reisen zur Predigt des Kreuzzuges antritt. Immer wieder äußert er diesen Vorsatz, der stets ohne Konsequenzen bleibt.

> »Es ist die Zeit, nicht mich selbst zu vergessen. Mein widernatürliches Leben, mein geplagtes Gewissen schreit zu Euch. Denn ich bin gewissermaßen die Chimäre meines Jahrhunderts, nicht Kleriker, nicht Laie. Die Lebensweise eines Mönchs habe ich schon lange abgelegt, wenn auch nicht die Kutte.« (Werke 3, S. 335)

Immer wieder betont er, daß seine Lebensführung nicht der eines Mönches entspreche, um danach erneut die Grenze seines Standes zu überschreiten. Erbarmungswürdig erscheint ihm sein Leben im Vergleich zu dem der Karthäusermönche, denen es die Barmherzigkeit Gottes ermöglicht, »ihm furchtlos, vom Lärm der Welt befreit«, zu dienen.

> »Ich Unseliger aber, arm und bloß, ein Mensch, zur Mühsal geboren, ein federloses Vöglein, das fast ständig fern vom Nest weilt, dem Wind und Wirbel ausgesetzt, wanke und schwanke wie trunken, und mein Gewissen liegt ganz danieder.« (Werke 2, S. 363 ff.)

Wie ein Vogel ohne Nest wird Bernhard in der Welt umhergetrieben. Das Gewissen ist schwer belastet, doch kein Ausweg tut sich auf. Selbst die Federn sind dem Vogel genommen und somit jede Möglichkeit des Rückflugs. Glücklich hingegen sind Bernhards englischen Mitbrüder, die im Hafen des Klosters verweilen: »In der Tat ist es nötig, daß ihr, die ihr schon im Hafen segelt, mir das Rettungsseil eures Gebetes reicht, denn ich kämpfe noch auf der Tiefe des Meeres.« (Werke 3, S. 119). Gegenüber dem Prior von Portes bemerkt er, daß dieser wohl schon gehört habe, »was ich tue, worum ich mich bemühe, in welchen Gefahren in der Welt ich schwebe, ja, in welche Abgründe ich gestürzt werde« (Werke 3, S. 335). Die Welt ist Wind, Meer und Abgrund, der den Menschen zu verschlingen droht. Über und über ist sie mit dem Schmutz der Sünde bedeckt, der denjenigen befleckt, der sich an den Ort der Gefahr begibt:

> »Weil wir im übrigen ›uns alle in vielen Dingen verfehlen‹ (Jak 3,2), weil wir uns oft unter den Menschen befinden und uns mit Erdenstaub bedecken, empfehle ich mich den Gebeten der Euren, daß die Quelle der Liebe selbst, Jesus Christus, uns würdige, uns in der Quelle seines Mitleids zu waschen und uns von jeder Beflekkung zu reinigen.« (Werke 3, S. 593)

Bernhard ist eine zu differenzierte Persönlichkeit, als daß das Ungute, das seinem öffentlichen Wirken anhaftet, seiner Aufmerksamkeit entginge. Er beklagt es als Folge der sündhaften Welt, die in Gestalt zahlreicher Verpflichtungen fortgesetzt die klösterliche Abgeschiedenheit und die innere Umfriedung der als Weinberg beschriebenen Seele durchbricht:

> »Weh mir! Die Mauer meines Weinbergs ist zerstört ... Offen steht er der Traurigkeit und ist dem Zorn und der Ungeduld zugänglich. Die emsigen Füchslein der drängenden Geschäfte verwüsten ihn. Von allen Seiten brechen Ängste, Argwohn und Besorgnisse ein.« (Predigten 5, S. 262)

Erst vor dem Hintergrund von Bernhards Spiritualität wird die seltsam anmutende Klage verständlich. Beschreibt er den Weg der Mönche als eine über das Meer gespannte Brücke, so belegt dies den vorzüglichen Rang, den er den Zisterziensern zuspricht, und noch ein weiteres, das unausgesprochen und dennoch deutlich spürbar bleibt – der kleinste Schritt abseits des Steges könnte ein Schritt in den Abgrund sein. Absturz und Tod drohen, die weit gefährlicher sind als körperlicher Absturz und leiblicher Tod. In den Abgründen der Welt könnte der Mensch sein Seelenheil verwirken. Bernhard hatte den zielgerichtetsten aller Pfade zum rettenden himmlischen Ufer gewählt und muß ihn nun um der Angelegenheiten Christi willen verlassen. Mehr noch als die Zeitgenossen bewegt ihn, den Radikalen, das Thema der Weltverachtung (*contemptus mundi*). Vor der Welt ist er in die kontemplativen Abgeschiedenheit des Klosters geflohen, in die Welt wird er nun zurückberufen. Eben dieser Wechsel ist für Bernhard zutiefst problematisch, wobei er als Wurzel des Übels die sündhafte Welt ausmacht. Doch ist nicht vielmehr er selbst in seinem Verhältnis zur Welt dessen Ursache? Ist sein Gewand der Macht nicht bemäntelte Angst, die in bemächtigendes Handeln umgeschlagen ist? Hat nicht oft genug er – in Erwartung des Schlages der Welt – den ersten Schlag geführt? Hat nicht die schlechte Welt immer wieder jene schlechten Mittel gerechtfertigt, die angeblich der Zweck heiligt und die dann doch auf dem Gewissen desjenigen lasten, der sie angewandt und deswegen zu verantworten hat? Mit modernen Augen betrachtet, wäre die Lösung seines Konflikts einfach: entweder die Welt zu lieben, oder aber sie zu lassen. Doch der zur Tat Berufene kann die Welt nicht lassen, und der Weltflüchtige kann sie nicht lieben. Und so bleibt er eingebunden, ja schmerzlich eingespannt in einen Konflikt, der von seiner Anlage her ausweglos ist. Er gleicht Job, dessen Wechsel von der Kontemplation zur Aktion Bernhard wie folgt beschreibt:

> »Übrigens schwankt der Geist bei solchem beständigen Wechsel meist hin und her. Die Furcht bereitet ihm heißes Kopfzerbrechen, ob er wohl bei der Zerrissenheit seiner Interessen nicht doch vielleicht mehr als recht ist, sich der einen oder anderen Seite zuwende und so hier oder dort, wenn auch nur wenig, vom göttlichen Willen abweiche. Vielleicht hat auch der heilige Job so etwas erfahren, als er sprach: ›Wenn ich schlafen gehe, frage ich: Wann darf ich mich erheben? Und wiederum warte ich auf den Abend.‹ (Job 7,4). Das heißt: In der Ruhe klage ich mich der versäumten Arbeit, bei der Arbeit gestörter Ruhe an. Du siehst, wie der heilige Mann zwischen segensreicher Tätigkeit und ruhevoller Beschauung schmerzlich hin und her schwankt. Und mag er sich auch immer mit guten Dingen beschäftigen, so büßt er es doch dauernd, als hätte er Böses getan, und grübelt seufzend bei jeder Handlung nach dem Willen Gottes.« (Predigten 5, S. 83 f.)

Die Berufung zum Wirken in der Welt und die Spiritualität des Weltflüchtigen bleiben unvereinbar, sind miteinander im Widerstreit liegende Ansprüche, die den Menschen aufreiben. Immer fragt er sich nach dem Willen Gottes, tut mal dieses, mal jenes, doch beides mit schlechtem Gewissen und stets büßend, als hätte er das jeweils Falsche getan. Höchstes Ansehen hat Bernhard seine Berufung beschert, doch glücklich geworden ist er mit ihr nicht.

Seine letzten, durch das Scheitern des Zweiten Kreuzzugs verdunkelten Lebensjahre zeigen ihn nicht gebrochen, sondern zunehmend verhärtet. Eindringlich ergeht seine Mahnung an Papst Eugen, die Scharte auszuwetzen und erneut das Schwert zu zücken. Auch das gottverfügte Scheitern des ersten Anlaufs kann hier nicht als Gegenargument dienen: »Ist der Mensch etwa von der Verpflichtung entbunden, das zu tun, was er schuldig ist, weil Gott tut, was er will?« Bernhard, der zu verstrickt ist, um umkehren zu können, bleibt allein die Hoffnung auf die Umkehr Gottes, darauf, daß Gott seinen Ratschluß ändern, den zweiten Anlauf in den Erfolg führen werde: »›Wer weiß ob nicht‹ Gott ›umkehrt, verzeiht und Segen zurückläßt?‹ (Joel 2,14).« Daher ist das neue Unternehmen unumgänglich:

> »Eine außergewöhnliche Gefahr verlangt außergewöhnliche Bemühungen. Die Grundfesten werden erschüttert, und wie wenn schon der Untergang drohte, muß man sich mit aller Kraft widersetzen.«

Und noch ein Weiteres berichtet Bernhard an Papst Eugen. Auf dem mit der Ausrichtung des neuen Kreuzzugs befaßten Konzil zu Chartres bestimmt man ihn zum Führer des Feldzugs:

> »Seid versichert, daß es weder mein Plan noch mein Wille war und ist, daß es mir nicht einmal möglich wäre, soweit ich meine Kräfte beurteilen kann, bis dorthin zu gelangen. Wer bin ich, daß ich die Schlachtenreihe der Krieger aufstelle, daß ich an der Spitze der Bewaffneten marschieren könnte? Oder was ist mit meinem Stand weniger vereinbar, selbst wenn die Kräfte ausreichten, selbst wenn mir die Erfahrung nicht fehlte?« (Werke 3, S. 367 ff.)

Keinesfalls will Bernhard diesem Plan Folge leisten. Hat er sich nicht Zeit seines Leben darauf berufen, die seinem Stand gesetzten Grenzen nicht überschreiten zu wollen, und es dann dennoch getan? Die Konzilsteilnehmer jedenfalls werden ihre Gründe für den Plan gehabt haben, die treibende Kraft des Unternehmens auch an seine Spitze zu stellen. Ein gütiges Schicksal hat ihm diese letzte Verstrickung erspart. Der beabsichtigte Kreuzzug gelangt nicht mehr zur Durchführung. Drei Jahre später, am 20. August 1153, stirbt Bernhard, noch in seinem letzten Lebensjahr rege tätig und sich, bereits zu Tode erkrankt, nach Lothringen schleppend, um zwischen dem Bischof von Metz und dessen Feudalherren Frieden zu stiften.

10 Fragment einer Darstellung der Himmelfahrt Christi: die Muttergottes im Kreis der Apostel. Hofschule Karls des Großen, Anfang 9. Jh.

Bernhard von Clairvaux und Hildegard von Bingen: In vielem unterscheiden sie sich, in vielem sind sie ihrer Zeit verpflichtet und gleichen sich. Beiden ist das Kloster Heimat, oder besser, die vorläufige Heimat auf einem als Pilgerschaft verstandenen Lebensweg. »Das Herz hat seine Heimat in der Höhe, mag auch der Leib noch auf Erden wallen« (Predigten 1, S. 122), schreibt der hl. Bernhard und gibt zugleich die Sicht Hildegards wieder. Dennoch binden beide ihr Herz mehr an einen nahestehenden Menschen, als es nach ihrer eigenen Überzeugung zulässig ist. Beide fördern nach Kräften ihre Klöster, kämpfen bisweilen mit harten Bandagen für deren Nutzen. Beide befragt man wie Orakel, denn in Zeiten der Bedrängnis offenbart sich in ihnen – so ist man überzeugt – der zur Umkehr mahnende Wille Gottes, der aus ihrem Mund oft genug den Herrschenden ein wenig schmeichelhaftes Zeugnis über ihr Handeln ausstellt.

> »Die Königstochter Gerechtigkeit«, schreibt Hildegard an Papst Anastasius IV., »die himmlische Braut, die dir anvertraut ward, vernachlässigst du. Denn du duldest, daß diese Königstochter zu Boden geworfen wird. Ihr Diadem und der Schmuck ihres Gewandes werden zerrissen durch die Sittenroheit der Menschen.« (Briefe, S. 39)

Auch Bernhard findet harsche Worte der Kritik für einen Klerus, der prachtvoll gewandet und wohlgenährt einherstolziert und seinen Prunk durch den Raub an der Braut (Kirche) finanziert:

> »So kommt es, daß sie dann arm, hilflos und nackend dasitzt, die Braut, mit bemitleidenswertem, ungepflegtem, struppigem, blutlosem Antlitz. Heute heißt es somit nicht die Braut schmücken, sondern berauben; nicht schützen, sondern verderben … Heute heißt es nicht die Herde weiden, sondern abschlachten und verschlingen.« (Predigten 6, S. 253)

Die Bilder gleichen sich und auch die Anliegen. Sowohl Hildegard als auch Bernhard sind von brennendem Eifer für die Reform der Kirche erfüllt, für sie eine drängende, keinen Aufschub duldende Aufgabe, denn die Welt neigt sich zu Ende, strebt auf den Tag der Entscheidung zu, da in der Wiederkunft Christi letztgültig und auf ewig über das jenseitige Schicksal der Menschen entschieden wird.

Leicht hat es der moderne Betrachter mit beiden nicht, doch schwerer wird er sich wohl mit der Gestalt Bernhards tun. »Es ziemt sich nicht für einen Mönch, so zu kämpfen«, schreibt Berengard und verleiht einem bleibenden Unbehagen an Bernhard Ausdruck. Doch zu bedenken ist, daß sich ihm – im Vergleich zu Hildegard – weitaus reichere Gelegenheit zur Verstrickung bietet. Hätte sie, wäre es ihr möglich gewesen, dem Willen Gottes zur machtvollen Durchsetzung zu verhelfen, nicht vielleicht auch alle verfügbaren Mittel genutzt? Gewiß ist, daß sie all das, woran das moderne Denken bei Bernhard am meisten Anstoß nimmt, ohne Einschränkung teilt. Bernhard predigt in Südfrankreich gegen den Ketzer Heinrich, Hildegard in Köln gegen die Katharer. Wie Bernhard ist auch sie von der Rechtmäßigkeit und Notwendigkeit des Kreuzzuges zutiefst überzeugt. »Mit dem Banner des Hl. Kreuzes«, schreibt sie an ihn, »fängst du voll hohen Eifers in brennender Liebe zum Gottessohn die Menschen, damit sie im Christenheer Krieg führen wider die Wut der Heiden.« (Briefe, S. 25). Kein Schatten von all dem, was das heutige Bild Bernhards verdunkelt, fällt für Hildegard auf eine Gestalt, die sieghaft um das eigene Seelenheil und sieghaft um das Heil der Welt ringt:

11 Der Tag der großen Offenbarung. Illumination aus Hildegard von Bingen, »Wisse die Wege (*Scivias*)«, 12. Jh.

> »Schreckenerregend bist du für die unziemliche Torheit dieser Welt … Ich sage dir: Du wirst nicht niedergeschlagen, sondern du richtest ständig den Baum empor und bist Sieger in deiner Seele. Und du richtest nicht allein dich selbst, sondern auch die Welt zum Heile auf. Du bist der Adler, der in die Sonne blickt.« (Briefe, S. 25 f.)

Als Charismatiker sind beide Träger von Begabungen, die dem modernen Betrachter höchst fragwürdig erscheinen. Dem mittelalterlichen Denken hingegen sind Visionen und Wunder selbstverständlich. Wiederum stehen sich nicht nur zwei Welten, sondern zwei miteinander unvereinbare Wirklichkeiten gegenüber. Sicher dürfen wir uns daher nur über die Antwort sein, die wir auf unsere zweifelnde Anfrage erhalten hätten. »Alles, was von ihm (Gott) ist«, schreibt Bernhard, »ist Wirklichkeit. Denn er selbst ist ja nichts anderes als die wesenhafte Wahrheit.« (Predigten 6, S. 236). Der allmächtige Gott offenbart sich jederzeit, überall und in vielfältiger Gestalt, d. h. auch in Zeichen und Wundern. Hieran zu zweifeln hätte sowohl Bernhard als auch Hildegard ebenso als Ausdruck der Unvernunft gegolten, wie uns heute ihr Glaube an Wunder und Visionen unvernünftig erscheinen mag.

Und an einem weiteren Punkt gleichen sie sich. Als Charismatiker überschreiten beide Grenzen in einer Gesellschaft, die ihr Ordnungsgefüge als seit alters gesetzt und auf ewig verbindlich begreift. Deutlich tritt an ihnen die lebendige Beziehung zu einem Glauben zutage, der nicht nur überliefertes Gut der Vergangenheit ist, sondern als zeitlos wirkende Allgegenwart Gottes jederzeit in die Wirklichkeit einzubrechen vermag. Entsprechend gestattet man ihnen, die für Werkzeuge des göttlichen Willens gelten, was anderen untersagt ist: die Überschreitung ihrer von Stand und Geschlecht gesetzten Grenzen. So überschreitet Bernhard die selbstgezogene Grenze des Klosters, Hildegard die gesellschaftlich gezogene Grenze der Frau. Deutlicher ist bei ihr die Grenzüberschreitung zu spüren, denn ihr sind als Frau die deutlicheren Grenzen gesetzt. Keinem von beiden fällt die Grenzüberschreitung leicht. Fremd, ja unverständlich erscheinen ihre Konflikte, denen man heute vorschnell die Ernsthaftigkeit absprechen mag. Der ein ganzes Leben bewegende Konflikt zwischen Welt und Kloster, der Bernhard antreibt, umtreibt und letztlich aufreibt, bewegt heute niemanden mehr. Vielleicht wird folgenden Generationen das, was uns antreibt, umtreibt und aufreibt, ähnlich absurd anmuten. Dies sollte man beim historischen Urteil mitbedenken, das schwerer fällt, wenn man weiß, daß man sich ihm selbst zu stellen hat.

Deutlich bleiben in verschiedenen Episoden der beiden Lebensläufe die persönlichen Beimischungen an dem, was sie als Willen Gottes erfahren, spürbar. Dennoch griffe es zu kurz, ihr Auftreten als Charismatiker auf den Nutzen zu reduzieren, der ihnen hieraus erwächst. Vieles spricht bei beiden für die Identität von Selbstbild und Person. Durch- und aufrechtgehalten erscheint das Selbstbild in beiden Fällen bis hin zum Ende. Die zeit ihres Lebens auf Eingebundenheit in die kirchliche Institution bedachte Äbtissin kann nicht anders, als mutig aufzubegehren. Dunkle Schlußakkorde umgeben das Ende des Abtes, den selbst das gottverfügte Scheitern des gottgefälligen Unternehmens nicht zweifeln läßt. Daß nicht er, sondern daß Gott seinen Ratschluß ändere, ist die letzte Hoffnung des Mannes, der nicht anders kann, als an seinem Selbstverständnis festzuhalten und darüber im Begriff steht, Gott und die Welt nicht mehr zu verstehen. Für die Identität von Selbstbild und Person sprechen weiter zwei Leben, die sich – jedes auf seine Weise – im Überblick als einziger Kraftakt an Aktivität und entfalteter Begabung darstellen, der aus einer inneren Spaltung heraus kaum erklärbar erscheint.

In vielem sind beide ihrer Zeit verpflichtet. Das historische Urteil hat den bisweilen verwinkelten Wegen des Zeitgeistes zu folgen, aber auch der schlichten Eindeutigkeit jenes »Du sollst nicht töten«, das – soll es über die Zeiten hinweg gelten – insbesondere Bernhard entgegenzuhalten ist. So mag man Irrtümer an ihren Lebensläufen erkennen, Leichtfertigkeit erkennen läßt sich nicht. Sowohl Hildegard als auch Bernhard haben die Grenzüberschreitung in einer eminent traditionsgebundenen Gesellschaft gewagt und sie zugleich auch durchlitten – Hildegard in Krankheit, Bernhard in seelischer Not. Innerlich erfahren und nach außen belegt haben beide in ihren Leiden das gleiche: »Wir können nichts anders.« Bernhard, der einfache Abt, gewinnt höchsten Einfluß auf die Mächtigen seiner Zeit,

Hildegard den Freiraum zur Entfaltung ihrer Begabung sowie Ansehen und Autorität wie kaum eine Frau ihres Jahrhunderts. Konnten sie nicht anders, oder wollten sie nicht anders? Wer wagte hier letztgültig zwischen Komponenten zu unterscheiden, die im Menschen nur allzu oft unentwirrbar ineinandergreifen. Freilich legen beide Lebenswege eine Antwort nahe, die sich – so verschieden die Jahrhunderte und die in ihnen lebenden Menschen auch sein mögen – in der historischen Betrachtung immer wieder gleicht. Wie so viele, die ihnen vorangingen und die auf sie folgten, glaubten sie, nicht anders zu können, tun zu müssen, was sie taten. Jede Gegenwart neigt dazu, sich absolut zu setzen, versteht es, den Zeitgenossen in ein Geflecht von Unbedingtheiten einzubinden. Leicht fällt die Klugheit im nachhinein, schwer hingegen die Klugheit in der Gegenwart, die immer am Zeitgeist bewährt und oft genug gegen ihn erstritten sein will.

Von der Tugend, dem rechten Maß und der Mitte des Menschen

Wer sich heute dem Thema der Tugend zuwendet, darf kaum noch auf Interesse hoffen, ja hat vielmehr mit einer breiten Front der Ablehnung zu rechnen. Man fürchtet den moralisch erhobenen Zeigefinger, den Angriff auf die Lebensfreude und vor allem den Versuch der Bevormundung. Die Sorge um die in langwierigen historischen Prozessen erworbene Freiheit ist verständlich, berechtigt auch die Weigerung, die oft in schmerzlichen Gewissenskonflikten erkämpfte Berufung auf die Eigenverantwortung preiszugeben. Und dennoch: Wer das ererbte Gedankengut zusammen mit seinen ungeliebten Vertretern über einen Kamm schert, läuft Gefahr, daß berechtigtes Unbehagen in unberechtigte Verallgemeinerung umschlägt. Denn das Erbe selbst erscheint der Mühe eines unvoreingenommenen Blickes wert. In der Tat stellt dieser Blick zwischenzeitlich eine Mühe dar. Mancherlei Verwundung, mancherlei Enttäuschung, die in Bitterkeit nach- und in zunehmender Gleichgültigkeit ausklingt, gilt es beiseite zu schieben, um Raum für neue Offenheit zu schaffen. Denn vielleicht läßt sich doch etwas finden, das mich nicht bezwingen und kleiner machen will, sondern das mir beisteht und mich wachsen läßt?

Im mittelalterlichen Verständnis beschreibt ›Tugend‹ einen weit umfassenderen Geltungsbereich, als man dem Begriff heute, da er im allgemeinen Sprachgebrauch auf den Bereich der

Sexualität eingeschränkt wird, zuordnet. Demgemäß ist in den mittelalterlichen Texten zumeist nicht von *der* Tugend, sondern von *den* Tugenden die Rede. Zu ihrer Kategorisierung stehen mehrere Tugendsysteme bereit, in denen über die Vermittlung der Kirchenväter das antike Erbe in die mittelalterliche Theologie Eingang findet. So geht das System der vier Kardinaltugenden Klugheit, Mäßigkeit, Starkmut und Gerechtigkeit auf Cicero zurück. Biblischen Ursprungs sind die Sieben Tugenden, die sich von den Sieben Gaben des Hl. Geistes ableiten: Weisheit, Einsicht, Rat, Stärke, Erkenntnis, Frömmigkeit und Gottesfurcht. Auf acht Tugenden weisen die acht Seligpreisungen der Bergpredigt hin.

Die mittelalterliche Lehre von den Tugenden ist kein festgefügtes System, sondern variiert die tradierten Vorgaben. Auch im Werk Bernhards gewinnt seine Tugendlehre am jeweiligen Predigtgegenstand Gestalt. In der Auslegung der Seligpreisungen nimmt die Armut jenen zentralen Rang ein, der an anderer Stelle der Liebe, der Demut oder aber der Mäßigkeit zukommt. Nie ist Bernhard an einer übergeordneten Systematik, sondern immer am Menschen gelegen, vor dem er die Lehre von den Tugenden in vielfältigen Schattierungen auffächert, die alle zur Praxis des rechten Lebens entzünden wollen.

Nicht anders verhält es sich im Werk der hl. Hildegard. Den fünf Sinnen des Menschen entsprechen fünf Tugenden, den sieben Schöpfungstagen eine nach der Siebenzahl aufgefächerte Tugendlehre. Die Tugenden treten in vielfältiger Gestalt und Konstellation auf. In ihrem Kern jedoch verweisen sie auf das immer Gleiche, denn sie sind Gnade und Aufgabe zugleich. Sie wirken als göttliche Kräfte im Menschen, der durch sein Zutun das gnadenhaft Gewährte durch das selbsttätig Errungene ergänzt. Das Streben nach den Tugenden entspricht in der Auffassung Hildegards der Natur des Menschen, denn den Tugendhaften umstrahlt der gleiche Glanz, durchwirkt die gleiche innere Wohlgefügtheit wie die gesamte Schöpfung Gottes. Alles, was der Hand des Schöpfers entstammt, trägt seine Handschrift, ähnelt sich, steht in Beziehung zueinander und kann folglich aufeinander bezogen werden. So stehen die sieben Planeten des Sternenhimmels im gleichen Abstandsverhältnis wie die sieben Punkte auf der Hirnschale des Menschen, die wiederum den Sieben Gaben des Hl. Geistes entsprechen, die den Menschen die siebenfache Tugend verwirklichen lassen (LDO, S. 92 ff.).

Nichts ist dem Menschen näher und natürlicher als jenes Eingebettetsein in die Harmonie der Schöpfung, als jene Gutheit, die vor allem anderen war, auch vor dem Sündenfall, da sich das Selbst der Fremdbestimmung durch die Sünde öffnete. Sanft und mild wirken daher die Tugenden, die den Menschen zu seinem Ursprung zurückgeleiten. Wie könnten sie auch anders, denn Gewalt, Zwang und Härte machen nach der Auffassung Hildegards das innerste Wesen der Sünde aus. So treten die Tugenden in einer ihrer Visionen in seidenen Gewändern auf, die – so die Auslegung der Schau – darauf hinweisen, daß die Tugenden den Menschen zart umkleiden, ihn aber nicht einzwängen.

> »Sie tragen in sich jene Lieblichkeit und Süßigkeit, kraft derer sie den Menschen nach keiner Richtung hin bedrücken oder beengen. Wie der Balsam leicht und lieblich aus seiner Staude träufelt, so wirken sie sanft die Süße des himmlischen Reiches in den Seelen der Menschen. Fern ist ihnen jene unlautere Härte der Ungerechtigkeit.« (Scivias, S. 231)

Mächtig wirken die Tugenden auf den Menschen ein, doch es ist eine »sanfte Macht« (Scivias, S. 235), die von ihnen ausgeht. Denn sie führen den Menschen zu sich selbst zurück und bedürfen hierin stets seines Einverständnisses und seiner Mitwirkung. Sie bezwingen den Menschen nicht, sondern befreien zu innerem Wachstum: »So erkennst du, wie aus all diesen ›Tugendkräften‹ die belehrende Güte Gottes mit sanfter Milde zu den Herzen der Menschen spricht und sie ermahnt, vom Bösen zu lassen und sich zum Guten zu erheben.« (Scivias, S. 236).

»Der wahre Reichtum sind also nicht die Erdengüter, sondern die Tugenden, die das Gewissen mit sich trägt«, schreibt der hl. Bernhard (Predigten 1, S. 48). Das, was für den Reichtum gilt, gilt nicht minder für das Streben nach Ruhm und Ehre: »Denn alle Ehre ohne Tugend ist fürwahr unverdiente Ehre, wird voreilig angestrebt und mit Gefahr erhascht. Die Tugend ist die Leiter zum Ruhm, die Tugend ist des Ruhmes Mutter.« Alles Handeln des Menschen bedarf somit der Einbindung in ein System ethischer Werte; allem äußeren Erfolg ist die Tugend als innere Meßlatte beigegeben: »Trügerisch ist der Ruhm und eitel die Schönheit, die jene nicht zur Mutter hat.« (Predigten 3, S. 27). Die Lehre von den Tugenden ist Lebenslehre, d. h., sie will den Menschen zum erfüllten Leben anleiten und zielt zugleich auf die jenseitige Erfüllung seines Schicksals. So sind die Tugenden Wegweiser auf dem irdischen Weg und doch auch Flügel, mit denen sich der Mensch in den Himmel emporschwingt (Predigten 1, S. 50 f.). Weiße Schuhe tragen sie in der Vision Hildegards, »denn sie wandeln den geraden Pfad der Gerechtigkeit in der schneeigen Weiße des himmlischen Reiches« (Scivias, S. 231).

Wie im Werk Hildegards sind auch in dem Bernhards die vielfältigen Ausführungen zu den Tugenden durch ein gemeinsames Bild vom Menschen miteinander verbunden. Die Tugenden sind, so Bernhard, »nichts anderes ..., als geordnete Gefühle« (Werke 1, S. 199). Im Kontext einer seiner Predigten führt er diesen Gedanken aus: »Erwäge also, wie geordnete Triebe zu Tugenden werden, ungeordnete dagegen zu Leidenschaften.« Vier Triebe wohnen dem Menschen inne: Liebe und Freude, Furcht und Trauer. Die Triebe bzw. Affekte sind dem Menschen naturhaft zu eigen: »Ohne sie gibt es keine Menschenseele.« Und dennoch unterscheiden sich die Menschen nach der Art und Weise, wie sie mit dem, was in ihrer Natur liegt, umgehen. Ein und dasselbe kann, je nachdem, wie sich der Mensch dazu verhält, zum Guten oder zum Bösen ausschlagen. Denn die Affekte »sind des einen Krone und des andern Schande. Gereinigt und geordnet schmücken sie die Seele mit der Ehrenkrone der Tugenden. Ungeordnet aber überhäufen sie die Seele mit Schmach und Schande.« (Predigten 4, S. 199). Die

Textstelle macht deutlich klar, daß das Wesen der Tugend – wie schwächere Geister dies zu verkennen pflegen – keinesfalls in der Unterdrückung der Affekte bestehen kann. Bereits die mittelalterlichen Theologen wußten hierum und bewerteten im Gegensatz zu verschiedenen Strömungen des antiken Denkens die Affekte des Menschen positiv: »Nicht die Verdrängung dieser Kräfte, sondern ihre rechte Ordnung ist dem Menschen aufgetragen. Ohne sie ist ein hochwertiges sittliches Leben überhaupt nicht möglich.« (Gründel, S. 121). Und so ist demjenigen entgegenzuhalten, der glaubt brechen zu können, was dem Menschen natürlich ist, daß er das Wesen der Tugend in seinem Kern verfehlt. Wer wüßte nicht um die fatalen Folgen solchen Handelns. Tief drückt es das, was zu ordnen wäre, in die Persönlichkeit zurück, wo es unbewußt, uneingestanden und sich jeglichem Zugriff entziehend erst recht Wildwuchs treiben kann.

Noch ein weiteres machen die mittelalterlichen Ausführungen zu den Tugenden deutlich. Der Begriff der Tugend ist untrennbar mit dem der Freiheit verbunden. Er setzt den in der Entscheidung, d. h. in Freiheit stehenden Menschen voraus, und er beschreibt einen Menschen, der im Ringen um die Tugend zugleich um seine Freiheit ringt. So mag an dieser Stelle ein Verdacht aufkeimen, der diejenigen trifft, die zu erzwingen suchen, was nicht erzwungen, sondern allein frei entschieden werden kann. Geht es ihnen letztlich gar nicht um die Tugend der Menschen, sondern um deren Gehorsam?

Freiheit und Knechtschaft beschreiben für Bernhard die unterschiedlichen Haltungen des Menschen zu den Affekten. Im einen Fall hält der Mensch die Zügel in der Hand, im anderen wird er von den zu ungezügelten Leidenschaften entarteten Trieben beherrscht. So gilt es, im Innen jene Ordnung zu errichten, die den Menschen im harmonischen Zusammenklang der Affekte seine Mitte finden und seine Freiheit bewahren läßt. Denn wenn sich die Affekte der Trauer und der Furcht miteinander verbinden, erzeugen sie Verzweiflung. Freude und Liebe führen zu Zügellosigkeit. Beides Leidenschaften, die den Menschen in Ketten legen.

Anders hingegen die innere Ordnung, die aus dem rechten Verhältnis der Affekte die vier Kardinaltugenden entstehen läßt. Furcht und Freude verbinden sich zur Klugheit. Freude und Trauer, die einander in klugem Gleichgewicht die Waage halten, bilden die Tugend der Mäßigkeit. Trauer und Liebe bilden den Starkmut, denn der Liebende weiß auch Trauriges zu ertragen. Auch Liebe und Furcht klingen harmonisch zusammen:

> »Denn nur wer sich über Umstände, die mit Recht zu fürchten geben, nicht hinwegsetzt, wird den Dingen eine geordnete Liebe entgegenbringen. Die Liebe ordne also die Furcht. Geordnete Furcht ist aber nichts anderes als Gerechtigkeit.« (Predigten 4, S. 199 f.).

Bernhards Definition der Tugenden als ›geordnete Triebe‹ verweist auf die enge Verbindung der Begriffe Tugend und Ordnung. Auch der Begriff der Ordnung ist in seiner mittelalterlichen Verwendung erklärungsbedürftig. Assoziiert der moderne Betrachter hier *law and order*, Recht und Ordnung, so ist auch in diesem Fall das moderne Verständnis um einen wesentlichen Aspekt verkürzt. Im mittelalterlichen Gebrauch hingegen tritt ›Harmonie‹ als weitere den Begriff bestimmende Komponente hinzu. Denn Ordnung ist das Wesen der Schöpfung, geschaffen aus der Hand des großen Werkmeisters, der alles nach Maß, Zahl und Gewicht (Weish 11,21), d. h. geordnet, zueinander gefügt hat: »Denn das eine erhielt seinen Platz oben, das andere unten, jenes in der Mitte, alles aber in wunderbarster Ordnung.« (Predigten 2, S. 281). In dieser inneren Wohlgefügtheit gründet die Schönheit der Schöpfung und des Menschen als des edelsten aller Geschöpfe. Durch den Sündenfall wurde die innere Ordnung verdunkelt und entstellt, verloren gegangen jedoch ist sie nicht. In den Übungen der Tugenden gilt es nunmehr, den Menschen zu jener Ganzheit und Unversehrtheit zurückzuführen, zu der er ursprünglich erschaffen war. Denn der Mensch steht nicht nur in der göttlichen Ordnung, auch die Verwirrung hat sich seiner bemächtigt. Wo er seine Bestimmung zur Gutheit verfehlt, herrscht

Sünde, die Bernhard stets mit Verwirrung gleichsetzt. Im Sünder »ist alles in Unordnung wie in einem Sohne Babylons« (Predigten 2, S. 108). Mehr und mehr kann der sich verstrickende Mensch in Verwirrung geraten, bis hin zu jenem Schlußpunkt, dem Chaos, das die Hölle ist, »wo keine Ordnung, wohl aber ewiges Grauen wohnt« (Predigten 4, S. 184).

Die Schöpfung nach Maß, Zahl und Gewicht bewirkt den harmonischen Zusammenklang der einzelnen Komponenten, aber auch deren wechselseitige Beschränkung. Das Jenseits hingegen kennt diese Beschränkung nicht. Das Wesen des Diesseits ist Begrenzung, das Wesen des Jenseits Fülle. Alle Sehnsucht Bernhards gilt daher jenem Zustand vollendeter Glückseligkeit, der durch das himmlische Jerusalem symbolisiert wird:

12 Der Sündenfall. Illumination aus Hildegard von Bingen, »*Scivias*«, 12. Jh.

»Ach wie lange empfange ich nach Gewicht, Maß und Zahl alle Güter des Leibes und der Seele? Wie viele Taglöhner haben im Haus meines Vaters Brot im Überfluß, während ich hier Hungers sterbe? O Jerusalem, Stadt des großen Königs, der dich mit dem feinstem Weizen sättigt ... (I)n dir gibt es weder Gewicht noch Maß, sondern nur Sättigung und reichsten Überfluß. Du kennst auch keine Zahl, da in dir alles eins und in sich geschlossen ist ... Wann werde ich gesättigt werden durch die Erscheinung deiner Herrlichkeit, o Herr? Wann werde ich trunken werden von der Überfülle dei-

> nes Hauses? Wann wirst du mich tränken aus dem Strome deiner Wonnen?« (Predigten 2, S. 11)

Nicht Maß sondern Übermaß ist das Kennzeichen alles Himmlischen. Freude wird sich auf Freude türmen, größter Reichtum wird herrschen und überströmende Lust. Die Wonnen des Jenseits sind unvorstellbar. Letztlich können keinerlei Kategorien, die dem menschlichen Auffassungsvermögen zugänglich sind, zur Beschreibung seiner Wonnen dienen, selbst die Kategorie der Ordnung nicht. Ordnung setzt Begrenzung voraus, die Wonnen des Jenseits jedoch sind grenzenlos.

Die mittelalterliche Theologie greift viele Gedanken aus dem Werk des Augustinus auf, der sich insbesondere in seiner Schrift »Über die Ordnung« eingehend mit dem Thema beschäftigt. Augustinus rückt darin gleich zu Beginn jene quälende Frage ins Zentrum des Interesses, die die Menschen keines Jahrhunderts je losgelassen hat: wie es denn stehe mit Gottes Ordnung angesichts einer außer Rand und Band geratenen Welt.

> »Denkt man also darüber nach, so fühlt man sich fast gezwungen zu glauben, daß sich entweder die göttliche Vorsehung nicht bis auf das Letzte und Tiefste dieser Welt ausdehnt oder daß tatsächlich alles Schlechte mit dem Willen Gottes vor sich geht.«

Beide Auffassungen scheinen Augustinus mit dem christlichen Glauben unvereinbar, so daß er eine andere Antwort gibt. Mitten auf einem gewaltigen Mosaikfußboden von unaussprechlicher Schönheit steht der Mensch, dessen Blick naturgemäß nur einen kleinen Ausschnitt des Bodens erfassen kann:

> »Er wird zweifellos den Künstler wegen der Einteilung und Anordnung seines Werkes tadeln, weil er in der Vielfalt jenes kleinen Feldes nur Unordnung und Unruhe entdecken wird, den ganzen Plan jedoch nicht übersehen kann, der aus den verschiedenen Steinchen ein

13 Der Schöpfer, die Welt messend. Bibelillustration, Champagne (?), Mitte 13. Jh.

passendes Ganzes von einer einzigen bewundernswerten Schönheit schuf.« (Über die Ordnung, S. 3 f.).

Der Mensch kann nie den das Erdreich umfassenden Blick für sich beanspruchen, so daß ihm die letzte Einsicht in die göttliche Ordnung versagt bleibt. Solange er aber auf dem Boden, d. h. im Diesseits, steht, steht er in der Freiheit und folglich in der Verantwortung. Er hat sich zu entscheiden und wird sich für seine Entscheidung zu verantworten haben. Von hier aus bringt Augustinus das zum Ausdruck, was der Kern christlicher Hoffnung ist – daß irgendwann auf das himmelschreiende Unrecht doch noch eine himmlische Antwort erfolge.

Auf diese Weise sind die Tugenden tief in die Ordnungsvorstellung des mittelalterlichen Weltbildes eingebunden. Der Gedanke der Ordnung wohnt jeder Tugend inne und bestimmt auch das Verhältnis der Tugenden zueinander, die des inneren Gleichgewichts, der gegenseitigen Ergänzung bedürfen. Bereits der Kirchenvater Gregor der Große weiß, daß der äußere Anschein und die innere Überzeugung der Tugendhaftigkeit nicht gleichbedeutend mit der Tugend an sich sind, denn Menschen neigen dazu, »sich ihre Laster als Tugenden vorzulügen«. Allein die aufrechte Selbstprüfung sowie die regulierende Kraft, die die Tugenden aufeinander ausüben, vermögen hier Abhilfe zu schaffen (Homilien, S. 461 f.). Eben diesem Thema gelten Bernhards Ausführungen in der an Papst Eugen gerichteten Schrift über die Besinnung, die »den wunderbaren Einklang und inneren Zusammenhang zwischen den Tugenden sowie ihre gegenseitige Abhängigkeit« zum Inhalt haben. So ist die Klugheit die Mutter des Starkmuts, der ohne ihre Lenkung Gefahr läuft, in Leichtsinn und Tollkühnheit zu entarten. Auch ist es die Klugheit, die zwischen den Gelüsten und den Bedürfnissen zu unterscheiden lehrt. Den Gelüsten verweigert sie das Übermaß, den Bedürfnissen hingegen gewährt sie das ihnen zukommende Maß, so daß als dritte Tugend die Mäßigkeit entsteht: »Daher gehört es nicht nur zur Mäßigkeit, daß sie den Überfluß beschneidet, sondern auch, daß sie das Nötige gewährt.« So lehrt die Mäßigkeit die kluge Mitte zwischen dem Zuviel und dem Zuwenig. Sehr konkret ist Bernhards Sorge darüber, daß sich manche das Notwendige versagen könnten. Dies ist die Sünde der jungen Mönche, deren Übereifer – wie Bernhard in einer seiner Predigten auf das Hohelied ausführt – dem Geist der Mäßigkeit widerspricht:

> »Sie tadelt euer wenig besonnenes, von uns schon oft bekämpftes Ungestüm, eure übermäßig hartnäckige Maßlosigkeit. Ihr wollt mit dem gemeinsamen Leben nicht zufrieden sein. Euch genügt das reguläre Fasten nicht, nicht der feierliche Nachtgottesdienst, nicht die auferlegte Buße, nicht das Maß, das wir euch in Kleidung und Nahrung zuweisen.«

So bitter ernst ist es diesen jungen Mönchen mit ihrer Entscheidung zum Klosterleben, daß sie durch strengste Askese ihre

Gesundheit ruinieren. Doch wichtiger noch sind Bernhard die aus dieser Haltung erwachsenden Gefahren für das Seelenheil. Ein ungebrochener Eigenwille läßt sie den Rat der Älteren ausschlagen, das Gemeinschaftsleben stören und einen Eifer entwickeln, der eher von »eitlem Tugendstolz« als von wahrer Gottesliebe zeugt (Predigten 5, S. 144 f.). Bernhard kennt dererlei Versuchungen nur allzu gut. Er selbst ist ihnen in seinen frühen Klosterjahren erlegen.

Wie die Tugend der Mäßigkeit aus der Weisheit entsteht, so wirkt die Mäßigkeit wiederum auf die Tugend der Gerechtigkeit ein: »Strebe nicht nach allzu großer Gerechtigkeit!«, spricht der Weise und zeigt damit, daß eine Gerechtigkeit abzulehnen ist, die nicht durch die Zügel der Mäßigkeit gezähmt wird (Werke 1, S. 649 ff.), denn ein Übermaß an Gerechtigkeitssinn macht den Menschen selbstgerecht, sein Urteil erbarmungslos. Ja, selbst die Weisheit unterwirft sich der Lenkung durch die Mäßigkeit. Paulus spricht: »Wollt nicht weiser sein als nötig, sondern laßt euch von der Weisheit zur Nüchternheit anleiten!« (Röm 12,3). Nur schwer mag es dem modernen Betrachter einleuchten, daß ein Übermaß an Weisheit und Wissen von Schaden sein kann. Zu Recht fürchtet man hier den Mißbrauch, der Menschen in Unwissenheit und daher in Abhängigkeit hält. Kritische Zeitgenossen stimmt die Warnung freilich nachdenklich, denn die biblische Forderung setzt dem Erkenntnisstreben des Menschen die Selbsterkenntnis als unverrückbare Grenze. Nie wird – um auf Augustinus zurückzukommen – der Mensch den das Erdreich umfassenden Blick Gottes für sich beanspruchen können. Hierum zu wissen zeugt von Nüchternheit, hiernach zu handeln von Weisheit. Trunken hingegen von der Fülle der Möglichkeiten erscheinen diejenigen, die der Faszination des Machbaren erliegen und hierüber die Einsicht in das Lebbare verlieren.

Im folgenden stellt Bernhard das Maß ins Zentrum seiner Betrachtung: »Da es keine Tugend ohne diese innere Mitte gibt, bildet diese die eine innere Kraft und den Wesenskern aller Tugenden.« Maß bildet den Bezugspunkt des Starkmuts, denn er ist es, der vor allem »jene reine Mitte vor den anstürmenden

Lastern, die sie von allen Seiten zu ersticken versuchen, machtvoll rettet«. Dem Maß gilt die Sorge und Umsicht der Klugheit, denn sie »(e)ntdeckt ... als erste das rechte Maß wieder, wenn es durch Nachlässigkeit lange vergessen«. Auf Maß zielt die Gerechtigkeit, die jedem nach seinem Maß beimißt, d. h. jedem das Seine gibt (Werke, S. 653 ff.). Das moderne Denken versteht unter Gerechtigkeit, daß gleiches Recht für alle gilt. Anders hingegen die Rechtsvorstellungen in einer ständischen Gesellschaft, die nicht vom Gedanken der Gleichheit der Menschen, sondern von dem der Verschiedenheit ausgeht und folglich jedem Stand ein eigenes Recht zuordnet. Auch im mittelalterlichen Rechtsverständnis ist der Ordnungsgedanke wirksam. Demjenigen, der die gesellschaftlichen Grenzen zu überschreiten sucht, schiebt er den Riegel vor.

Vieles an seinen Überlegungen verdankt Bernhard den Ausführungen Gregors des Großen. Die Betonung des Maßes, die besondere Wertschätzung für »die Mutter der Tugenden, die weise Maßhaltung« (Predigten 5, S. 183) zeichnet jedoch ihn aus. Ausgerechnet er, werden die denken, die Bernhards Biographie kennen. Er selbst hatte sich im Übereifer des frühen Klosterlebens das Nötige verwehrt und so seine Gesundheit bleibend geschädigt. Seine Reaktion erscheint in vielen Konfliktfällen maßlos und überzogen.

Auch im ritterlichen Tugendsystem gewinnt die Tugend der *temperantia* in ihrer mittelhochdeutschen Übertragung *mâze* einen bestimmenden Rang. Ausgerechnet die, sagt sich der kundige Beobachter, der um die Maßlosigkeit derer weiß, die immer wieder blutig über die Stränge schlugen. Doch kann die Tatsache, daß man die Tugend der Mäßigkeit so wenig zu verwirklichen verstand, deren Wert mindern? Nicht *ausgerechnet* er, sondern *gerade* er, mag man im Falle Bernhards feststellen, der immerhin wußte, wovon er sprach, und wohl auch darum, wie leicht die Tugend gesagt und wie schwer sie getan ist:

> »Es gehört nämlich innere Kraft, viel innere Kraft dazu, sein Wollen und Nichtwollen auf dem engen Pfad zwi-

> schen dem Zuviel und dem Zuwenig festzuhalten, so daß der Wille mit jenem knappen, reinen, einzigen, sich treu bleibenden, völlig in sich ausgeglichenen und nach allen Seiten hin abgerundeten Mittelmaß zufrieden ist, das bekanntlich allein der Tugend entspricht.« (Predigten, S. 653)

Eng verwandt mit Bernhards Verständnis der Tugend *temperantia* ist der Stellenwert, den die Tugend *discretio*, d. h. das weise Unterscheidungsvermögen, im Werk Hildegards einnimmt. Diese Tugend ist dem zweiten Schöpfungstag zugeordnet, an dem Gott das Firmament erschuf, das Himmel und Erde voneinander scheidet. Entsprechend trennt die Tugend der Unterscheidung die Sorge um Irdisches und die Sehnsucht nach Himmlischem, die beide das Leibseelewesen Mensch kennzeichnen. Wie man den Spreu vom Weizen trennt, »so würfelt sie mit der größten Sorgfalt alle Dinge durch, hält fest, was festzuhalten ist und scheidet aus, was ausgeschieden werden soll« (Scivias, S. 261). Allem weist sie das rechte Maß zu und stellt in dieser Funktion den inneren Bezugspunkt der übrigen Tugenden dar, die sie »lenkt und zusammenhält« und somit ins Gleichgewicht bringt (LDO, S. 214 f.). In einer der Visionen Hildegards erscheint sie als Gestalt, die im Gewand auf ihrem Schoß viele kleine Edelsteine hält, die sie wie ein Kaufmann sorgsam prüft;

> »das bedeutet, daß sie alles Entsprechende und Geziemende, selbst in den kleinsten Plänen und Künsten des Menschen, mit dem Schoße des Geistes umfängt. Jegliche von Gott geforderte Gerechtigkeit und alle Tugendwerke unterzieht sie gleich Edelsteinen einer bedächtigen und sorgfältigen Prüfung, damit sie in allen Dingen entsprechend und gerecht in den Herzen der Menschen vorgehe.« (Scivias, S. 262)

Daher kann sie von sich sagen: »Ich bin die Mutter der Tugenden. In allen Dingen handhabe ich die Gerechtigkeit Gottes.«

14 Der Kosmosmensch, eingebunden in die Elemente des Weltenrades, das von der dreifaltigen Gottheit gehalten wird. Illumination aus Hildegard von Bingen, »*Liber divinorum operum*«

(Scivias, S. 252). Im Geist der weisen Unterscheidung, der allem das rechte Maß zuordnet, antwortet das Geschöpf auf die Anrede des Schöpfers, indem es sich als Teil der Schöpfung begreift und deren innerstes Wesen handelnd nachvollzieht. »Wie Gott alle seine Werke unter seinen mannigfaltigen Geschöpfen mit gerechter Berücksichtigung der Verhältnisse verfügt, so sollen auch sie in der Kraft der Diskretion alle ihre Taten wohl und richtig abwägen.« (Scivias, S. 262). Und so liebt die Seele des Menschen und mit ihr zusammen alles Geschaffene das rechte Maß:

> »Und wie durch allzu große Sonnenglut die Erde aufgerissen wird und durch übermäßige Regengüsse die Saat nicht nutzvoll sprießen kann, wie vielmehr nur in richti-

> ger Verbindung von Hitze und Feuchtigkeit die Erde ihre Nutzkräuter wachsen läßt, so werden auch in richtig ausgewogener Mischung alle Verrichtungen der irdischen und himmlischen Dinge maßvoll und gut geordnet und vollendet.«

Alle Geschöpfe streben nach ihrem Maß, nur nicht der Störer der Ordnung, der kein Maß und folglich keine innere Mitte kennt: »Der Teufel aber wollte dies und will es nicht haben, weil er immer nur in extreme Höhen oder extreme Tiefen strebt, weshalb er auch fiel und sich nicht wieder erhebt.« (LDO, S. 99).

Bernhards Ordensbruder und Zeitgenosse Aelred von Rievaulx teilt dessen Wertschätzung für die Tugend der Mäßigkeit und erhebt sie im Rückgriff auf Cicero in zentralen Rang:

> »Die Besonnenheit ist nämlich Maß und Mäßigung im Leben des Menschen, sie vermeidet klug jedes Übermaß und lenkt unseren Lauf auf dem königlichen Weg zwischen rechts und links. Diese Tugend wird von den Gelehrten dieser Welt Mäßigkeit genannt, deren hervorragende Stellung der Beredteste von ihnen ganz klar ausspricht: ›Jeder soll es halten, wie er will, ich jedoch halte die Mäßigkeit, das heißt das Maß und Maßhalten, für die größte Tugend.‹« (S. 175 f.)

Die Tugend der Mäßigkeit leitet den Menschen, der stets an der Wegscheide zwischen dem Zuviel und Zuwenig steht, auf den mittleren, königlichen Weg. Sie zielt auf das innere »Ebenmaß« (S. 175) des Menschen, auf das harmonische Zusammenspiel seiner Affekte ab, das immer wieder aus dem Gleichgewicht zu geraten droht. Die Beispiele, die Aelred anführt, entstammen der Welt des mittelalterlichen Mönchs. Die Sinnlichkeit solle man mit Einschränkung im Essen zügeln; das umherschweifende Herz mit Nachtwachen beruhigen; den Zorn mit Schweigen meistern und dem geistigen Überdruß mit eifriger Arbeit entgegentreten (S. 181). Doch auch unvermutet Aktuelles findet in die Betrachtungen Aelreds Eingang. Zwei Haltungen hat der Mensch bei seinem Werk zu fürchten:

> »Im Verzagtsein wird die Freude des Geistes verbittert, in der Geschäftigkeit geht ihm die Ruhe verloren. Von Verzagtsein spricht man, wenn ein Mensch wegen einer Sache, die er nicht vermag, von Ungeduld gequält wird; von Geschäftigkeit, wenn er bei der Ausführung dessen, was er vermag, vom Unmaß getrieben wird. Damit also der Geist nicht dem Übel der Bitternis verfällt, soll er seine Unfähigkeit geduldig ertragen, um aber das Übel der Geschäftigkeit zu meiden, soll er seine Fähigkeit nicht ohne Maß einsetzen.« (S. 184)

Daß Verzagtheit den Übeln zuzurechnen ist, wird niemanden überraschen, aber die Geschäftigkeit? Der streßgeplagte Zeitgenosse antwortet hierauf mit einem vielfach wohlbegründeten ›ja, aber‹. Die Zügel allerdings hat er längst aus der Hand gegeben.

Auf diese Weise ist die Tugend der Mäßigkeit an keinen festen Inhalt gebunden, sondern beschreibt die vom Menschen gegenüber dem einzunehmende Haltung, was ihn innerlich treibt und was ihn von außen zu treiben sucht. Diese Tugend zielt auf die Stiftung der inneren Ordnung des Menschen, auf die Bewahrung der Persönlichkeitsmitte, und zeichnet sich somit, wie Thomas von Aquin betont, vor allen anderen Tugenden durch den inneren Frieden aus, den sie im Menschen schafft.

> »Das, worum es bei der Maßhaltung geht, kann den Geist am meisten beunruhigen, weil es sich um Dinge handelt, die dem Menschen wesentlich sind. Und deshalb wird Ruhe des Geistes in einem ausgezeichneten Sinne der Maßhaltung zugeteilt, obwohl sie im allgemeinen Sinne allen Tugenden zukommt.« (S. 234)

Nicht Maß, sondern Übermaß ist das Kennzeichnen alles Himmlischen. Überströmende Lust und Fülle wird herrschen, nicht Begrenztheit und Mangel. Ewige Freude wird an die Stelle der täglichen Sorge treten. So alt wie der Mensch ist diese Sehnsucht. So alt auch wie das Wissen des Menschen um seine Bedrohtheit. Daß ihn nur nicht die Entbehrung anfalle, die Not packe, der Mangel ihn zu einem Häuflein Elend zerreibe. Nicht genug von allem, sondern mehr als genug ist nötig, um das wehe Herz zu besänftigen, den Brand der Sorge einzudämmen. Dieses Mehr-als-genug, die Fülle, verhießen vergangene Jahrhunderte für das Jenseits. Nun soll es bereits für das Diesseits gelten. Die Überflußgesellschaft verspricht den Himmel auf Erden, doch nicht Übermaß, sondern Maß, nicht Fülle, sondern Begrenzung ist das Wesen alles Irdischen. Die vom Himmel auf die Erde herabgezogene Fülle kippt das Gleichgewicht, zerrüttet den Ein- und Zusammenklang der Komponenten und stiftet jene Verwirrung, als deren Endpunkt das Chaos droht. Der Himmel auf Erden steht im Begriff, die Erde in die Hölle zu verwandeln. Und wenn dem so ist, kann die logische Konsequenz nur darin bestehen, sich erneut auf die Tugend der Mäßigkeit zu besinnen.[F3] Unvermutet beginnt vor diesem Hintergrund der Begriff von der Umkehr sein fahles, von Kargheit zeugendes Antlitz zu verwandeln. Der Verzicht, den man uns zumutet, erfährt seine Ergänzung in der Hoffnung auf Gewinn. »Umkehr«, schreibt Martin Buber, »ist das Wiedererkennen der Mitte, das Sich-wieder-hinwenden. In dieser Wesenstat ersteht die verschüttete Beziehungskraft des Menschen auf, aller Beziehungssphären Welle schwillt in lebendigem Strömen und erneuert unsre Welt.« (S. 102).[F3]

Wer heute die Mäßigkeit als Lebenshaltung anmahnt, stößt meist nur auf mäßige Begeisterung. Der mäßige Trinker läßt sich immerhin noch einige Zeit bis an sein frühes Grab. Wer will allerdings noch etwas Positives am mäßigen Schüler, dem mäßigen Erfolg und allen vergleichbaren Formulierung entdekken, die das Desaster nur scheinbar verkleinern. Die Tugend der *temperantia* bzw. der *mâze*, die mit dem Begriff der Mäßigkeit nur unzulänglich übersetzt ist, besitzt in der heutigen Sprache kein Äquivalent mehr. Sie kann nicht mehr ausgesprochen, folglich nicht mehr gedacht und daher schon gar nicht mehr bewußt gelebt werden. Nur in einem Gebrauch des Begriffs ist noch etwas von der alten Bedeutung bewahrt. »Mäßige dich«, hält man denjenigen entgegen, die sich vor Wut nicht mehr kennen, die vor Zorn außer sich sind. Unausgesprochen klingt ein Weiteres in dieser Mahnung mit: »Du wirst vom Zorn beherrscht. Du hast deine Freiheit und somit dich selbst verloren. Mäßige dich, d. h., kehre zurück zu deiner Mitte, werde wieder zu dem Menschen, der du eigentlich bist.«

Josef Pieper schlägt in seinem Buch über die vier Kardinaltugenden »Zucht und Maß« als Übertragung von *temperantia* vor, da dem Maß der Bezug zum Ordnungsgedanken und der Zucht die positive Beziehung zu ›aufziehen‹ und ›erziehen‹ innewohne. Manch eine Leserin und manch ein Leser mag bei ›Zucht‹ allerdings auch an Zuchthaus oder Züchtigung denken und vor allem an diejenigen, die für sich das Recht auf Züchtigung in Anspruch nehmen. Im ursprünglichen Wortsinn bedeutet das griechische *sophrosyne* ordnende Verständigkeit, d. h. das geistige Vermögen des Menschen zur richtigen Mischung der in ihm wirkenden und nur allzu oft an ihm zerrenden Kräfte. Wie keiner anderen Tugend wohnt *temperantia* der Begriff der Ordnung und somit die Idee der Harmonie inne. Für Radulfus Ardens ist *temperantia* die *virtus aequilibratrix*, die Tugend, die Gleichgewicht schafft. Eben dieser auf Harmonie und innere Ausgewogenheit abzielende Aspekt geht in der Übertragung Piepers weitgehend verloren. Noch nie hat Harmonie sich herbeizwingen lassen, die Zuchtrute Ausgewogenheit geschaffen. Die Tugend tritt in herrischer Gestalt auf, zu der wohl paßt, daß der Autor sie aus unerfindlichen Gründen für eine »männliche Tugend« (S. 201) hält und hierüber recht unmäßig ins Schwärmen gerät:

> »Die Schönheit der Zucht hat ein geistigeres, strengeres, männlicheres Gesicht. Es gehört zum Wesen dieser Schönheit, daß sie der Verbindung mit wirklichem Mannestum nicht widerstrebt, daß sie ihr vielmehr gerade gemäß ist. Zucht ist ja, als die Quelle und Vorausset-

zung der Tapferkeit, die Tugend reifer Mannhaftigkeit.« (S. 279)

Das Unbehagen an der mit ›Zucht und Maß‹ gleichgesetzten Tugend der Mäßigkeit nimmt einen in der Tat problematischen Aspekt der Verwendung des Begriffs wahr. Symptomatisch kann hier nur erscheinen, daß ein Vokabular, das ursprünglich Kindern galt, auf die Welt des Erwachsenen übertragen wird. So wohnen der als ›Zucht und Maß‹ verstandenen Tugend normative Tendenzen inne, vertreten von denjenigen, die sich von Amts wegen zur Normsetzung berufen fühlen.

Diese normativen Tendenzen drängen in vielfältiger Hinsicht auf Geltung, beziehen sich aber insbesondere auf die Fragen der Sexualmoral. Bereits Thomas von Aquin läßt seinen Ausführungen zur *temperantia* ausführliche Darlegungen zur Sexualität folgen. Bernhard Häring beschreibt etwa 700 Jahre später, in Anlehnung an Pieper ebenfalls unter der Überschrift »Zucht und Maß«, die heutige Bedeutung dieser Tugend. Häring legt die Notwendigkeit zur Mäßigung in der Konsumgesellschaft dar und läßt diesen Überlegungen restriktive Ausführungen zur Sexualität folgen. Als ob sich der unverantwortliche Raubbau an der Natur und die Bereicherung auf Kosten der Armen, die selbstverständlich niemand um Erlaubnis bat, so einfach mit der selbstverantworteten, auf gegenseitigem Einverständnis beruhenden Beziehung zweier Menschen vergleichen ließe. So kann man sich kaum des Eindrucks erwehren, daß weiterhin die Sexualität selbst der Dorn im Auge ist. Auf diese Weise schlagen diejenigen, die sich im Elfenbeinturm letztgültiger Wahrheiten verschanzt haben, immer noch die Schlachten von vorgestern und wundern sich, daß kaum noch jemand auf sie hört. Denn nicht Einrede, sondern Anrede ist der Wesenskern der Botschaft, die nunmehr selbst im Begriff steht, ungehört zu verhallen. Mehr noch als den Tauben hat daher die Kritik denjenigen zu gelten, die Mitverantwortung dafür tragen, daß sich die Ohren verschließen. »Wer mir eine Antwort so einsagt«, schreibt Martin Buber, »daß es mich am Vernehmen hindert, ist der Hinderer, er sei sonst, wer er sei.« (S. 245).

Da die Tugend der Mäßigkeit den Affekten gilt, besitzt sie notwendigerweise auch für den Bereich der Liebesbindungen Geltung. So alt wie der Mensch ist seine Sehnsucht nach Bindung. So alt auch wie das Wissen des Menschen um seine Einsamkeit. Daß ihn nur nicht die Verlassenheit anfalle, ihn in den Abgrund innerer Leere stürze, daß nur nicht die Einsamkeit ihn zu einem Häuflein Elend zerreibe. Doch die Liebesbande sind brüchig geworden, als Schlachtfeld erscheint das gemeinsam zu bestellende Feld der Liebe. In Zeiten, da die Bindungen an Familie und Gruppe in den Hintergrund treten, sich oft genug die Bindung an einen Beruf lockert, der nicht mehr als Berufung verstanden werden kann, und da sich die religiösen Bindungen lösen, ist die Liebe als weitgehend einzige Bindung geblieben, die Geborgenheit, Sinn und Lebensglück verheißt. Erfüllung wird von der Partnerschaft erwartet und somit jene Fülle, die von allem, was der Beschränkung und Begrenztheit des Irdischen unterliegt, nicht gegeben werden kann. Die vom Himmel auf die Erde herabgezogene Fülle kippt das Gleichgewicht, zerrüttet das Miteinander der Partner und stiftet jene Verwirrung, als deren Endpunkt das Chaos droht. Man erwartet von der Liebe den Himmel auf Erden und bewirkt, daß die Liebe zur Hölle wird. Unter dem Übermaß an Ansprüchen, der Überlast an Hoffnung wird die Bindung brüchig und bricht oft genug zusammen. Und wenn dem so ist, kann die logische Konsequenz nur in einem bestehen: sich erneut auf die Tugend der Mäßigkeit zu besinnen.[F3]

Liebe macht blind, sagt der Volksmund und irrt sich. Glaubt man hingegen der christlichen Tradition, so ist es gerade die Liebe, die den Menschen sehend macht. Mit Blindheit hingegen schlägt ihn jener Zustand der Verliebtheit, der nicht das Gegenüber, sondern in ihm die Erfüllung aller Wünsche und Sehnsüchte wahrnimmt. Mit der Zeit beginnen sich die Nebel zu lichten und geben eine Gestalt frei, die ganz anders ist, als eben noch geglaubt: ein Augenblick der Ent-Täuschung und zugleich auch der Möglichkeit zu einer neuen Sicht. Dieses Gewahrwerden ist heute ein guter Grund zu gehen. Wäre es nicht ein noch besserer Grund zu bleiben? Und dies nicht um einer äußeren Moral, sondern um der vielzitierten Selbstverwirklichung und Selbstfindung willen, die nicht allein darin bestehen kann, absolut gesetzten Wünschen nachzujagen, sondern auch daran, sich am Entgegengebrachten zu relativieren und neu zu erfahren.

Auch beim Thema der Liebe stehen die Haltungen des Zuviel und Zuwenig, denen beiden das rechte Maß fehlt, in engem Zusammenhang. Übergroße Hoffnung, der die Erfüllung versagt bleibt, schlägt in Resignation um. So steht der überzogenen Erwartung der einen die Enttäuschung der anderen gegenüber, die zusammen mit ihren Hoffnungen das Wissen um ihren Wert begraben haben. Ihre Haut zu Markte tragen beide, allein im Preis unterscheiden sie sich.

Unsicherheit herrscht in Liebesdingen. Tradierte Werte haben ihre Verbindlichkeit verloren. Vieles ist im Umbruch begriffen. Das neue Maß, die neue Mitte wird erst noch zu finden sein. Doch freilich auf anderer Basis als der, die in absurder Konstellation die alten Moralapostel und die neuen Propheten unbegrenzter Freiheit miteinander teilen. Beide halten für Zeichen der Lust, was oft genug nur Ausdruck des Elends ist.

Dem normativen Verständnis der Mäßigkeit ist entgegenzuhalten, daß sich diese Tugend in besonderer Weise auf das Innen des Menschen bezieht. Und Menschen sind bekanntlich verschieden. Hierin gründet, so Aelred von Rievaulx, die Schwierigkeit, über die Tugend der Mäßigung zu sprechen:

> »Es gibt ebensoviele Begabungen, wie es Menschen gibt, und kaum je findet man zwei, für die alles in gleicher Weise passen würde. Was für den einen genügt, ist für einen zweiten zu wenig, was diesem voranhilft, wirft jenen zurück, und was der eine braucht, ist für einen anderen überflüssig.« (S. 1761)

Was dem einen recht ist, ist eben dem andern noch lange nicht billig. Muß man folglich nicht denen, die sich selbst am besten kennen müßten, die größte Kompetenz zur Beurteilung des eigenen Maßes zusprechen? Allerdings setzt diese Kompetenz die Bereitschaft zur ernsthaften Selbstprüfung voraus. Denn nicht jeder Wunsch, der auf seine Erfüllung dringt, nicht jeder Antrieb, der seine Umsetzung einfordert, löst die Selbstverwirklichung ein, die er verspricht. Es könnte auch sein, daß er vom Selbst wegführt. Dies zu unterscheiden, lehrt die Tugend der Mäßigkeit. Sie darf weder um das Element der Freiheit noch um die Strenge ihrer Anforderungen verkürzt werden. Ihre Verwirklichung bedarf der freien Entscheidung des Menschen und nicht minder seiner Bereitschaft, sich Grenzen aufzuerlegen. Von hier aus zielt die Tugend der Mäßigkeit auf die Mitte des Menschen, die erst einmal errungen und in stetigem Ringen bewahrt werden will. Die Warnung Gregors, daß sich Menschen ihre Laster als Tugend vorlügen, unterstreicht die Ernsthaftigkeit der abzulegenden Rechenschaft. Denn der Königsweg der Mitte ist von tausend Abwegen umsäumt, die der tausendfachen Bereitschaft des Menschen entsprechen, eher den eigenen Lügen zu glauben als nur einen ungeschönten Blick in sein Innen zu wagen.

Auch Hildegard von Bingen wendet sich in ihrem Buch der Lebensverdienste dem Themenkreis Maß und Maßlosigkeit zu. Symbolisiert wird das Laster der Maßlosigkeit durch einen Wolf, der darauf lauert, alles, was er nur packen kann, an sich zu reißen. Die Wolfsgestalt spricht:

> »Was immer ich wünschen und suchen kann, das will ich auch genießen. Warum sich enthalten, wo einem dies nichts einbringt? Sollte ich etwa vergessen, was ich bin, wo doch jedes Wesen auf seine Eigenart pocht? Wollte ich so leben, daß ich kaum zum Atmen käme, was wäre mein Leben dann noch wert? Was mir an Spiel und Lust entgegenkommt, das will ich auch packen. Wenn mein Herz vor Freude springt, soll ich es festbinden? ... Und wie ich geartet bin, so lebe ich mich auch aus. Warum sollte ich mich in etwas anderes verwandeln, als was ich

nun einmal bin? Ein jedes Geschöpf wächst nach seiner Natur, und wie es ihm paßt, so handelt es auch. Und grad so halt ich's auch!« (LVM, S. 94)

So läßt Hildegard das Laster scheinklug und halbvernünftig daherreden, sich hier des gesunden Menschenverstandes, da der Versatzstücke aus Theologie und Philosophie bedienen, gerade wie es ihm bequem ist und in den Kram paßt. Am erstaunlichsten wohl ist, daß 700 Jahre zwischen dem sich rechtfertigenden Laster und denjenigen liegen sollen, die noch heute so daherreden: »Was bringt es mir ein? Es ist eben meine Natur; was mir das Leben bietet, das will ich auch genießen; greif ich nicht zu, dann tun's die andern!« Der Wolf tritt als munterer, lebenslustiger Geselle auf und ist doch in der Beurteilung Hildegards von gänzlich anderer Natur. Die Gestalt des Wolfs »bezeichnet die Maßlosigkeit, die im Einklang mit der Schwermut steht und so ihr folgen muß« (LVM, S. 113). Am Wolf mag seine blinde Gier nach Leben abschrecken, der Wurm jedoch, der an ihm nagt, sitzt tiefer. In der Abfolge der Laster steht vor der Maßlosigkeit die Schwermut, die einem Aussätzigen gleicht:

»Wie nämlich die Aussätzigen von den Gesunden und Reinen isoliert leben, damit sie mit ihnen in keinerlei Berührung kommen, so haust auch der Schwermütige abgetrennt von allen Gotteskräften und leuchtet in keinerlei Glanz mehr.« (LVM, S. 113)

Selbstisolierung und Freudlosigkeit kennzeichnen den Schwermütigen. Bereits in der Schwermut hat sich der Wolf vereinzelt, die Bindungen an Gott und die Welt gekappt und somit auch die Bindung an sich selbst verloren.[F4]

»Du aber«, hält die Tugend der Seligkeit der Schwermut entgegen, »bist geradezu süchtig auf Peinigung und willst wohl nichts anderes mehr. Gott will angerufen sein, und seine Güte sollte man aufsuchen. Du miß-

> gönnst dir dich selbst, da du nicht auf Gott vertraust ... Du aber hast kein Vertrauen zu Gott, du ersehnst nicht seine Huld. Daher passiert dir auch immer nur das Schlimmste.«

Anders hingegen das Verhalten der Seligkeit: »Ich aber rufe laut zu Gott und bekomme Antwort von ihm.« (LVM, S. 93). Auch das Schweigen, das um den Wolf herum herrschen wird, umgibt bereits die Schwermut. Sie fragt nicht und erhält deshalb keine Antwort, sie bindet sich nicht und bleibt deshalb isoliert. Sich erneut einzubinden, sich als Teil des Ganzen und somit als gehalten zu begreifen, wäre der Ausweg für die Gestalt des Schwermütigen, die freilich nach anderem sinnt und sich »mit der Unbeständigkeit jeder Art von Eitelkeit umgibt, um so durch das Wechselspiel ihrer Haltung jenes Glück zu erzwingen, das sie doch nicht haben kann« (LVM, S. 113). So hockt sie weiterhin im Käfig der Einsamkeit und Freudlosigkeit und sucht nun – gleich nach welcher Richtung – auszubrechen.[F4] Fließend ist die Schwermut in die Maßlosigkeit übergegangen. Nicht die Lebenslust, die sich der wölfische Mensch selbst vorlügt, sondern Trauer und Bindungslosigkeit bilden seinen innersten Wesenskern. Denn weder im Himmel noch auf der Erde hat er eine Heimat, seine Schritte führen ins Ungewisse. Eigentlich will er nirgendwo hin, sondern nur »überall dabeisein«. Ist es nicht die Angst, etwas zu versäumen, die ihn umtreibt, keinen Frieden finden läßt? Doch die Maßlosigkeit »will weder ... noch ersehnt sie gar den Frieden, weshalb sie auch wie ein Rad immer von neuem herumgedreht wird, um sich in sich selber zu wälzen« (LVM, S. 130). Gleich, wohin der Wolf rennt, findet er immer nur sich selbst. Rastlos läuft er umher und kommt letztlich doch nicht vom Fleck, denn alles äußere Tun ändert sein inneres Wesen nicht. »Du aber reibst dich auf« (LVM, S. 94), hält die Tugend des Maßes dem wölfischen Menschen entgegen, denn er ist der Willkür seiner maßlosen Wünsche ausgeliefert und verliert darüber mehr und mehr seine Mitte. Gemeinsam mit Maß und Mitte gehen auch die Wertmaßstäbe und das Urteilsvermögen verloren. Allzu leicht verfällt der Wolf »allem Minderwertigen und sinnt nur auf lauter Nichtigkeiten, die (er) sich aneignen will« (LVM, S. 113). Ein bunter Fetzen im Wind kann genügen, um sein Interesse und seine Gier zu wecken.

Diese Versuchung, die den Menschen bei seiner Gier packt, scheint zeitlos. Auch Faust, der Grübler, erliegt ihr und tritt nun aus seinem Kerker der Schwermut die Flucht nach vorne an:

»Vor mir verschließt sich die Natur.
Des Denkens Faden ist zerrissen,
mir ekelt lange vor allem Wissen.
Laß in den Tiefen der Sinnlichkeit
uns glühende Leidenschaften stillen!« (V. 1747 ff.)

Erfreut greift Mephistopheles Fausts Wunsch auf:

»Euch ist kein Maß und Ziel gesetzt.
Beliebt's Euch, überall zu naschen,
im Fliehen etwas zu erhaschen,
bekommt Euch wohl, was Euch ergetzt.« (1760 ff.)

Der Teufel gibt die Maßlosigkeit als Schlüssel zum Leben aus und verschweigt den furchtbaren Zauber eines Schlüssels, der nie öffnet, sondern immer nur verschließt. So glaubt sich Mephistopheles nach dem Pakt mit Faust seiner Sache sicher.

»Laß nur in Blend- und Zauberwerken
Dich von dem Lügengeist bestärken,
So hab ich Dich schon unbedingt –
Ihm hat das Schicksal einen Geist gegeben,
Der ungebändigt immer vorwärtsdringt
Und dessen übereiltes Streben
Der Erde Freuden überspringt.
Den schlepp ich durch das wilde Leben,
Durch flache Unbedeutendheit,

Er soll mir zappeln, starren, kleben,
Und seiner Unersättlichkeit
Soll Speis und Trank vor gier'gen Lippen schweben;
Er wird Erquickung sich umsonst erflehn,
Und hätt er sich auch nicht dem Teufel übergeben,
er müßte doch zugrunde gehen!« (1850 ff.)

Der Teufel hat gut lachen. Alles, worauf der Mensch in seinem »übereilten Streben« fortan abzielt, muß er notwendigerweise verfehlen. Er eilt zum nächsten Ziel, dann zum übernächsten und ist hierbei zu beschäftigt, um auch nur zu ahnen, was mit ihm geschieht. Doch unversehens finden in die Triumphrede des Teufels die Worte des Menschenkenners Eingang: »Und hätt' er sich auch nicht dem Teufel übergeben, er müßte doch zugrunde gehen!« Vieles läßt sich gegen den Teufel einwenden, doch man muß ihm zugute halten, daß er sich keine fremden Federn ansteckt. Der wölfische Mensch ruiniert sich selbst. Der Mithilfe des Teufels bedarf er letztlich nicht.

Dem Laster der Unmäßigkeit stellt Hildegard die Tugend des Maßes gegenüber, die mit Worten von fremdartiger Schönheit die Gegenrede auf die Rechtfertigung des wölfischen Menschen führt:

»Alles nämlich, was in der Ordnung Gottes steht, antwortet einander. Die Sterne funkeln vom Licht des Mondes, und der Mond leuchtet vom Feuer der Sonne. Jedes Ding dient einem Höheren, und nichts überschreitet sein Maß. Du aber nimmst weder auf Gott Rücksicht noch auf seine Geschöpfe. Du hängst vielmehr in der Luft wie eine leere Scheide, die im Wind baumelt.

Ich aber wandle auf den Pfaden des Mondes und in den Bahnen der Sonne; ich achte auf jede Satzung Gottes, und mit allen Dingen wachse ich in ehrenvoller Gesittung. Ich zähle sie alle in Liebe voll und ganz. Denn ich bin im Palast des Königs eine Fürstin und erforsche alle seine Geheimnisse. Nichts lasse ich leer davon zurück, sondern fasse alles zuzusammen. Ich habe das alles sehr lieb, und ich leuchte mit allem wie der Strahl der Sonne.« (LVM, S. 94)

Alles ist nach Maß, Zahl und Gewicht geschaffen, steht in Ordnung zueinander und somit in innerer Bezogenheit. Der Maßlose hingegen hat sich außerhalb dieser Ordnung gestellt, seine Bindungen gelöst, steht allein und hängt daher in der Luft. Nichts wird im harmonischen Wechselspiel von Geben und Nehmen leer hinterlassen. Der wölfische Mensch hingegen gibt nicht. Ja, in Wahrheit versteht er sich noch nicht einmal auf das Nehmen. Gleich, wohin er läuft, trifft er nie auf das Gegenüber, sondern immer nur auf sich selbst. Der wölfische Mensch weiß zu gebrauchen, zu lieben versteht er nicht. So kennzeichnet jene Leere, die er nach außen hinterläßt, auch sein Innen. »Alles nämlich«, schreibt Hildegard, »was in der Ordnung Gottes steht, antwortet einander.« Der Maßlose hingegen überhört die Anrede und verweigert die Antwort. Nichts von all der raschen Beute wird ihn je über das Schweigen hinwegtrösten können, das um ihn herum herrscht.

Mehr noch als der Schwermütige hat sich der Maßlose in sich selbst verstrickt, weiter noch als dieser ist er von der nach Maß, Zahl und Gewicht geschaffenen Schöpfungsordnung entfernt. Das Leiden scheint überwunden, und eher wird er sich die Seele aus dem Leib rennen als sich dem Abgrund in seiner Seele stellen. Daher ist sein Rückweg, der über die Trauer führt und von hier aus die Wegstrecke der Umkehr des Schwermütigen teilt, weiter. Die Verstrickung in sich selbst zu lösen und die gelösten Bande in neuer Bezogenheit zu binden, sich als Teil eines Ganzen und somit als gehalten zu begreifen, wäre der Ausweg, der allein über die Rückbesinnung auf das rechte Maß beschritten werden kann. »Echte Verantwortung«, schreibt Martin Buber, »gibt es nur, wo es wirkliches Antworten gibt.« (S. 161). Wiederum mag man den Verzicht durch auferlegte Grenzen fürchten, doch auch der Nutzen will bedacht sein. In der Verantwortung ist die Anrede der Schöpfung

15 Die Schöpfung der Tiere am sechsten Tag. Illumination im MS Ashmole, England, ca. 1210

neu vernehmbar. Antwortend durchbricht der Mensch das mörderische Schweigen, das überall dort herrschen muß, wo an die Stelle der lebendigen Beziehung das verdinglichende Verhältnis des Gebrauchens getreten ist, das auch den Gebrauchenden entseelt, er wisse darum, oder er wisse es nicht.

So ist es ein Seltsames um die Tugend der Mäßigkeit, die gerade noch die Eltern – oder waren es bereits die Großeltern? – uns anrieten und deren Mahnung wir so nachhaltig in den Wind schlugen, daß er selbst das Wissen um die Bedeutung des Begriffs mit sich forttrug. Geblieben ist das allseits gefürchtete Mittelmaß. Etwas gänzlich anderes hingegen meint die Tugend der Mäßigkeit, der das Wissen darum innewohnt, daß der Mensch mit seinem Maß seine Mitte verliert und dadurch zugleich seine Stellung in der nach Maß, Zahl und Gewicht geschaffenen Schöpfungsordnung bedroht. Keiner behauptet, daß die alten Antworten zur Lösung der neuen Fragen genügen. Und dennoch: Gut zu Gesichte stünde uns der alte Hut und wäre wohl passend zum neu zu schneidernden Gewand.

Nicht Mord, sondern die Tötung des Bösen

»Schauerlich war es anzusehen, wie überall Erschlagene umher lagen und Teile von menschlichen Gliedern und wie der Boden mit vergossenem Blut ganz bedeckt war. Und nicht nur die verstümmelten Leichname und die abgeschnittenen Köpfe waren ein furchtbarer Anblick. Den größten Schrecken mußte es erregen, daß die Sieger selbst vom Kopf bis zu den Füßen mit Blut bedeckt waren.«

Wo hat sich dies zugetragen, und wann ist es geschehen? Man ahnt, daß der Bericht einem fernen Jahrhundert entstammen muß. In Zeiten hochtechnisierter Kriegsführung pflegt das Blut der Opfer nicht mehr an den Händen der Täter zu kleben. Für den Augenblick des Erschreckens jedoch, da das Bild im Innen Raum greift, blitzt noch ein anderer Gedanke auf. Es könnte sich heute zutragen, und es könnte mitten in Europa sein. Erneut wird von Blutbädern an der Zivilbevölkerung berichtet. Von Belagerung, Raub und von Vergewaltigung, sei es im zügellosen Rausch des Sieges oder als Mittel einer umfassenden Vernichtungsstrategie, die dort, wo sie die Leiber nicht zu zerschlagen vermag, die Seelen zu zerstören sucht.

Zustände wie im finsteren Mittelalter herrschen mitten in Europa. Dieser Vergleich sagt nur wenig über das Mittelalter aus, viel aber über eine Gegenwart, die weit weniger licht ist, als eben noch geglaubt. In dem Maß, in dem das Denken von Fortschrittsvorstellungen bestimmt ist, wird man dies als wenig schmeichelhaft empfinden: Kann es sein, daß wir uns seit dem Mittelalter so wenig fortentwickelt haben?

Eine unerfreuliche Antwort auf diese Frage gibt zu Beginn dieses Jahrhunderts der weitgehend in Vergessenheit geratene Philosoph und Geschichtsdenker Theodor Lessing. Gleich einem blutroten Faden durchziehen Krieg und Gewalt die Jahrhunderte, in schier ununterbrochener Abfolge, stets bitter ernst und doch von tragisch anmutender Absurdität. Seinen symbolischen Ausdruck findet dieses Geschehen für Lessing in einer flandrischen Zuckerfabrik, die während des Ersten Weltkrieges hart umkämpft war. 50mal sei sie von den Franzosen, 50mal von den Deutschen eingenommen worden. Jedesmal unzählige Tote, jedesmal ›Hurra‹ auf der siegreichen Seite; sodann erneute Kämpfe, die erneute Eroberung. All dies das Sinnbild einer

> »sinnlosen Hölle nie endenwollender Machtstreitigkeiten, dieser unaufhörliche Kampf aller gegen alle, auf den eine so riesige Summe von Kraft und Talent, Arbeit und Wert vergeudet wird, daß der zehnte Teil dieser Energien, in den Dienst des Geistes gestellt, genügen würde, um die Erde zum Paradies zu wandeln ... Wann endet diese Qual?« (S. 821)

Noch heute klingt der Titel des Werks, dem das Bild der Zukkerfabrik entstammt, provozierend: »Geschichte als Sinngebung des Sinnlosen«. Wie sehr erst muß dieses Werk zur Zeit seines Entstehens, dem Ersten Weltkrieg, provoziert haben. Weite Teile der Geschichtswissenschaft beschäftigen sich mit Deutschtum, historischer und nationaler Größe und tragen so ihr Scherflein zu den nationalen Großtaten bei, die man auf dem Schlachtfeld zu vollbringen glaubt. Eben diesen Beitrag verweigert Lessings Geschichtsreflexion. Nicht der Sinn der Leiden, sondern die Leiden selbst stehen für ihn im Vordergrund. Die Arbeit der Historiker jedoch beginnt erst, wenn die

Schlachten geschlagen, die Toten von den Schlachtfeldern getragen sind. Entwicklungslinien werden gezogen, Kausalketten bis weit in die Vergangenheit geknüpft. Das derart in seiner Vorgeschichte verankerte Geschehen gewinnt leicht den Charakter des Unausweichlichen, des Notwendigen und folglich Sinnvollen. Doch war es das wirklich? Hätten nicht auch andere Möglichkeiten bestanden? Vor allen Dingen aber, unter welchem Aspekt war es sinnvoll? Ist der Sinn, den man im Aufstieg der Imperien und Nationen, in der Erfüllung historischer Gesetze erkennen mag, mit dem Erleben der Menschen identisch? Sicher jedenfalls scheint, daß sich der Sinn im nachhinein leichter stiften läßt. Der unmittelbare Eindruck des Geschehens beginnt zu verblassen. Ein begütigender Sinn bedeckt dessen Schrecknisse wie die Erde die Toten.

Wir dürfen im Falle Lessings auf das Urteil der Militärzensoren vertrauen, die – wie alle Zensoren – die Liebe zur Wahrheit durch ein sicheres Gespür dafür ersetzen, was ihren Zielen abträglich ist. Denn von Sinn zeugende Worte begleiten die Soldaten auf dem Weg in die Schlacht und ihre Hinterbliebenen auf dem Weg in die Trauer. Der Zweifel am Sinn der Geschichte, am Sinn all diesen Sterbens über die Jahrhunderte hinweg, könnte schnell zum Zweifel am Sinn an der eigenen historischen Sendung, am Sinn des Sterbens in der Gegenwart werden. Sehr zu Recht fürchtet man dieses Denken als zersetzend und verbietet das Werk eines Autors, der konsequent die Opfer zum Maßstab seines Urteils macht. Weitaus Schlimmeres sollte folgen. Sehr bald schon schwang man gegen ihn, den ›Lügenjuden‹, die aus Dünkel und Dummheit gewirkte Keule deutschen Empfindens. Kaum an die Macht gelangt, schlug man zu. Im Jahr 1933 wurde Theodor Lessing im tschechoslowakischen Exil von nationalsozialistischen Sudetendeutschen ermordet.

In der Auffassung Lessings folgt nicht Krieg auf Krieg, sondern Schlacht auf Schlacht innerhalb eines die Zeiten umspannenden Krieges, den der Mensch gegen den Menschen führt. Sollte diese düstere Sicht, die man treffend mit dem Ausdruck »Geschichtspessimismus« belegte, auch nur einen Teil der

Wahrheit beschreiben, rückt sie das mittelalterliche Thema in den Rang unvermuteter Aktualität. Betrachten wir also die mittelalterliche Auffassung vom Krieg und verlieren wir uns selbst dabei nicht aus den Augen.

> »Schauerlich war es anzusehen, wie überall Erschlagene umher lagen und Teile von menschlichen Gliedern und wie der Boden mit vergossenem Blut ganz bedeckt war. Und nicht nur die verstümmelten Leichname und die abgeschnittenen Köpfe waren ein furchtbarer Anblick. Den größten Schrecken mußte es erregen, daß die Sieger selbst von Kopf bis zu den Füßen mit Blut bedeckt waren«.

Mit diesen Worten schildert Wilhelm von Tyros die Zustände in der Hl. Stadt nach ihrer Eroberung durch die Kreuzfahrer. Am 15. Juli 1099 waren sie siegreich in Jerusalem eingedrungen. Die hierauf folgende Jagd auf die Bevölkerung beschreibt Albert von Aachen:

> »Weiber, die in betürmten Palästen und Gebäuden Zuflucht gesucht hatten, machten sie nieder mit der Schärfe des Schwerts; Kinder, Säuglinge noch, traten sie mit dem flachen Fuß den Müttern vom Busen oder rissen sie aus den Wiegen, um sie sodann gegen Mauern oder Türschwellen zu schmettern und ihnen das Genick zu brechen. Andere schlachteten sie mit den Waffen hin, wieder andere erschlugen sie mit Steinen. Nicht Alter noch Geschlecht der Heiden ward geschont.«

Es muß ein furchtbares Wüten gewesen sein. Dies zeigt die Beschreibung aller Chronisten, deren Aussagen nur im Ausmaß der Schrecknisse und der Schilderung der Details voneinander abweichen. Bis an die Knöchel sei man im Blut gewatet, schreibt der eine, während ein anderer davon berichtet, daß in den Vorhallen des Tempels Salomos die Pferde der Kreuzfahrer bis zu den Knien in Sarazenenblut gestanden hätten. Über und über sei die Stadt mit Leichen und abgeschlagenen Gliedmaßen bedeckt gewesen, so daß die erste Sorge der Sieger der hygienischen Maßnahme der Leichenbeseitigung galt.

An einem Ort, wo dergleichen geschieht, kann es auch in der Folgezeit keinen Frieden gegeben. Nicht anders verhält es sich im Hl. Land. Mit Entsetzen und Empörung reagiert die islamische Welt auf den Massenmord und bewahrt ihn über lange Zeit als von Barbaren verübten Akt des Vandalismus im Gedächtnis. Jahrhunderte des Konflikts, des Krieges und des Kleinkrieges folgen.

Mehrtägiges Fasten und eine feierliche Bußprozession um die belagerte Stadt waren der Einnahme vorangegangen. Nicht nur von den Mordtaten, Vergewaltigungen und Plünderungen der in Jerusalem eingedrungenen Kreuzfahrer, sondern auch von ihren Tränen der Freude und Rührung wird berichtet, als sie zum Hl. Grab ziehen. Denn, so Papst Urban II. in seinem Kreuzzugsaufruf des Jahres 1095 im französischen Clermont, »besonders bewegen möge euch das Heilige Grab unseres Herrn und Erlösers, das von unreinen Völkern besetzt ist, und die heiligen Stätten, die jetzt ohne Ehrfurcht behandelt und mit dem Unrat dieser Leute frech beschmutzt werden«. Von weiteren unerhörten Freveltaten der Heiden ist die Rede, die die Altäre schänden und die Christen beschneiden, um deren Blut in die Taufbecken zu gießen. Ihren Gefangenen schlitzen sie die Bäuche auf, um ihnen die Gedärme herauszuziehen, an einen Pfahl zu binden und sie so lange um den Pfahl zu treiben, bis sie tot zusammenbrechen. Papst Urbans Predigt ist weniger der Wahrheit als ihrem Ziel verpflichtet. Sie will Ritter zu einer weiten, kostspieligen und gefährlichen Reise bewegen. Bei der Wahl der Beispiele, die die Empörung derjenigen erregen sollen, die selbst für ihre Brutalität gefürchtet sind, darf er daher nicht zimperlich sein.

Diese oder vergleichbare Worte anderer Prediger mögen manchen Kreuzfahrern bei der Einnahme Jerusalems noch in den Ohren geklungen und jeden möglichen Zweifel über ihr Handeln zerstreut haben:

»Glücklich und vor übergroßer Freude weinend«, so die »Gesta Dei per Francos«, »zogen die Unseren alsdann zu unseres Erlösers Jesu Grab, es zu verehren, und trugen ihre Dankesschuld ab. Da es aber Frühe ward des anderen Tages, stiegen sie getrost auf das Dach des Tempels und drangen auf die Sarazenen ein und köpften sie mit dem bloßen Schwerte, Männer und Frauen.«

Die Kreuzzüge sind heilige Kriege gegen die inneren und äußeren Feinde der Christenheit. Sie führen in den folgenden Jahrhunderten nicht nur ins Hl. Land, sondern auch an andere Kriegsschauplätze, so gegen die Muslime auf der iberischen Halbinsel, oder aber gegen die heidnischen Völkerschaften im Osten Europas. Auch innerhalb der Christenheit unternimmt man Kreuzzüge – gegen die Ketzer in Südfrankreich oder als Mittel päpstlicher Politik gegen die Staufer in Italien. Trotz dieser Verschiedenheit kennzeichnet das Erscheinungsbild der Kreuzzüge immer wieder jene spezifische Verbindung von Frömmigkeit und Brutalität, in der sich die religiöse Euphorie jederzeit im Blutbad entladen kann, wie es bereits bei der Einnahme Jerusalems zu beobachten ist. Denn nun sind keinerlei jenseitige Quittungen mehr für Mord und Totschlag zu befürchten, da Gewalt durch den göttlichen Willen legitimiert, ja sogar in den Rang eines vor Gott erworbenen Verdienstes erhoben ist.

16 Marmorgrabmal des Tempelritters Gilbert Marshal, des vierten Earl of Pembroke, Temple Church, London, 13. Jh.

»Ein Ritter Christi«, schreibt der hl. Bernhard etwa im Jahr 1130, »tötet mit gutem Gewissen, noch ruhiger stirbt er. Wenn er stirbt, nützt er sich selber (d. i. seiner Seele); wenn er tötet, nützt er Christus.« (Werke 1, S. 277). Nichts anderes besagt die Predigt Papst Urbans, der laut dem Bericht des Chronisten die religiösen Gefühle seiner Zuhörer zu einem einzigen begeisterten Aufschrei der Masse zusammenfügt: »Gott will es! Gott will es!«

Daß die Taten der Kreuzfahrer mit christlichen Motiven zu vereinbaren seien, ist für uns nur schwer vorstellbar und dennoch die mittelalterliche Auffassung. »Schlagt also diesen Weg ein zur Vergebung eurer Sünden; nie verwelkender Ruhm ist euch im Himmelreich gewiß.« Himmlischen Gewinn stellen Papst Urban sowie die Prediger der folgenden Kreuzzüge in Aussicht. Offenbar ist dieser Lohn verlockend genug, um in den ersten sechs Jahren nach dem Aufruf zu Clermont etwa 130 000 Menschen zum Zug ins Hl. Land zu bewegen. Nicht nur geordnete Heere, auch bunt zusammengewürfelte Gruppen brechen auf. Plündernd und oft genug mordend durchziehen sie Europa und Kleinasien – ein Alptraum für die Bevölkerung der Regionen, die sie gerade durchqueren. Nur einem geringen Teil von ihnen gelingt es überhaupt, bis ins Hl. Land vorzudringen. Die Spur der übrigen verliert sich irgendwo auf der langen, gefährlichen Wegstrecke.

Vornehmlich religiöse Motive bewegen zum Aufbruch der Massen. Freilich weiß so mancher Kreuzfahrer seine hohen Ideale mit einem Sinn fürs Praktische zu verbinden, den Gewinn für die Seele dort, wo sich ihm die Gelegenheit bietet, durch irdischen Gewinn zu ergänzen. Besonders in byzantinischen und arabischen Quellen ist neben der Mordlust der Kreuzfahrer immer wieder von ihrer schier unstillbaren Beutegier die Rede. Untrennbar greifen hehre Ziele und niedrige Beweggründen ineinander. Dies empfindet man um so weniger als Widerspruch, je stärker an die Stelle des Menschen, an dem das offenkundige Unrecht begangen wird, das Bild des Feindes tritt, dessen ruchlose Untaten bewirken, daß es letztlich kein Recht mehr gibt, auf das er sich berufen könnte.

Bernhard von Clairvaux, von dem im weiteren die Rede sein wird, ist die Zentralgestalt des Zweiten Kreuzzugs der Jahre 1146-48. Nach dem Ersten Kreuzzug, der seinen Erfolg nicht zuletzt der Zerstrittenheit der islamischen Welt verdankte, sind Rückschläge unausweichlich. Im Jahr 1144 fällt Edessa in die Hände der Truppen Zengis, des Herrn von Mossul und Aleppo. Dem hierauf folgenden Kreuzzugsaufruf Papst Eugens III. ist jedoch erst Erfolg beschieden, als er die Kreuzzugspredigt in die Hände des hochangesehenen Abtes von Clairvaux legt, dessen Wort, so der Bericht seines Ordensbruders Otto von Freising, bei den Großen seiner Zeit als göttliches Orakel gilt. Bernhards Predigtreise führte ihn durch Frankreich, Flandern und über das Rheinland zurück nach Frankreich – eine gewaltige Anstrengung für den bereits 56jährigen Mann, der zeit seines Lebens über Krankheit und körperliche Schwäche klagte. Wie schon bei Papst Urban begleiten Begeisterungsstürme der Massen die Predigt. In Vézelay, der ersten Station auf Bernhards Reise, zerreißt er sein Gewand, damit die Menschen aus dessen Stoff Kreuze herstellen, um sie als Abzeichen der Kreuzfahrer an ihr Gewand zu heften. Auch die Großen des französischen Reichs ergreift die allgemeine Begeisterung. Zusammen mit seinen Fürsten nimmt König Ludwig VII. in Vézelay das Kreuz.

Bernhard selbst hat nicht nur als Kreuzzugsprediger gewirkt. Er ist zugleich Zisterzienserabt, Kirchenpolitiker, Theologe und Mystiker: ein tieffrommer und hochgebildeter Mann. Um so überraschender ist heute noch für viele Bernhards Losung »Tod oder Taufe«, die er den Rittern mit auf den Weg gibt, die sich dem Zweig des Zweiten Kreuzzuges anschließen, der gegen die heidnischen Wenden im Osten Europas führt. Aus dem Mund eines theologisch ungebildeten Laien wäre diese Losung verständlich, nicht aber aus dem Bernhards, der es eigentlich besser wissen müßte. Generationen von Forschern haben sich daher über die Parole den Kopf zerbrochen: darüber, daß Bernhard den Tod noch vor der Taufe nennt, und darüber, daß Bernhards Forderung eigentlich keinen Sinn macht. Denn seit jeher ist die Freiwilligkeit ein unverzichtbares Element der christlichen Bekehrung. Das weiß man seit der Frühzeit des Christentums, das weiß man im 12. Jh., und, was das Erstaunlichste ist, das weiß auch Bernhard selbst. In einer seiner Predigten nimmt er auf den Umgang mit Ketzern Bezug: »Zum Glauben muß man überzeugen, darf man nicht zwingen.« (Predigten 6, S. 160). Warum aber sollte dies im Falle der Heiden keine Gültigkeit besitzen? Letztlich muß man davon ausgehen, daß Bernhards Parole in der Tat den Tod und nicht die Bekehrung in den Vordergrund stellt, denn eine Bekehrung unter Androhung des Todes ist weder in der Praxis der Schlacht umsetzbar noch theologisch haltbar. Hinzu kommt, daß in Bernhards übrigen Kreuzzugsbriefen von Heidenbekehrung keine Rede ist, sehr wohl aber von der Heidentötung als einer heilsverheißenden Tat, durch die die Ritter das Himmelreich erwerben werden. So muß Bernhard als Verfechter eines in aller Härte zu führenden Heidenkampfes angesehen werden. Bernhard – ein tieffrommer Mann und zugleich Kreuzzugsprediger. Wie läßt sich dies vereinbaren?

Kriege bedürfen der Legitimation. In einem ethischen Umfeld, das Krieg und Gewalt im allgemeinen verwirft, gilt es, den Grund zu stiften, der Gewalt zum legitimen Mittel macht. Die Inhalte der Argumentation wechseln im Lauf der Jahrhunderte, der Vorgang selbst jedoch bleibt sich gleich. Wir befinden uns im Mittelalter: Die Argumentation wird sich der Kategorien des christlichen Glaubens bedienen. Das Interesse gilt im folgenden der Art und Weise, wie Bernhard vor dem Hintergrund der Vorgaben des christlichen Glaubens sein Denken der Gewalt öffnet. Es geht um die Stiftung des guten Grundes, der Gewalt als legitimes Mittel erscheinen läßt. Und dies in einem ethischen Rahmen, der die Gewalt eigentlich verwirft. Dieser Rahmen ist biblisch und daher auch Bernhard wohlbekannt: das Gebot der Nächstenliebe sowie das Gebot der Feindesliebe, das – zum steten Ärgernis über die Jahrhunderte hinweg – den jeweils Verhaßtesten nicht ausnimmt, sondern gerade meint; die Seligpreisung der Friedfertigen und das Gebot: »Du sollst nicht töten.«

Die Gebote der Nächsten- und Feindesliebe

»Du sollst deinen Nächsten lieben wie dich selbst.« Der biblischen Forderung zur Nächstenliebe ist zugleich die Maßeinheit ihrer Verwirklichung beigegeben: »wie dich selbst«. Diesem Maß wohnt ein tiefes Wissen um den Menschen inne. Da Menschen nun einmal nur in der eigenen Haut stecken und nicht in der des anderen, wird das Wissen, das sie um sich selbst haben, werden die Erfahrungen, die sie mit sich selbst machen, zur lebendigen Basis eines verantwortlichen Umgangs mit dem Nächsten. Wie wichtig dieser Rückbezug auf das Selbst ist, wird am umgekehrten Fall deutlich; dort nämlich, wo die Nächstenliebe nicht gilt, im Fall des Krieges.

Jeglicher Legitimation von Krieg und Gewalt ist zu eigen, daß sie am Nächsten, am Feind, das ›Selbst‹ unkenntlich macht. Dies kann unter Zuhilfenahme verschiedenster Kategorien geschehen: Man kann Zivilisierte und Barbaren unterscheiden, rassisch Hoch- und Minderwertige oder eben Rechtgläubige und Heiden. Die Reihe ließe sich fortführen, um all die Kategorien ergänzen, die in unterschiedlicher Variation Licht von Dunkel, Gut von Böse scheiden. Es ist nicht viel dazu nötig, daß das ihnen innewohnende Gewaltpotential zum Ausbruch kommt. Rasch geht gewalttätiges Denken in gewalttätiges Handeln über. Gegen unser Spiegelbild wagen wir im allgemeinen nicht, die Hand zu erheben, sehr wohl aber gegen den radikal anderen, gegen das eindimensional Böse, das vom Menschen geblieben ist, nachdem wir uns selbst nicht mehr in ihm wiedererkennen. Ob sich in dieser erhobenen Hand ein Schwert oder eine Maschinenpistole befindet, bleibt sich, denkt man an Lessings Bild von der Zuckerfabrik, letztlich gleich. Freilich ließe sich nach dem Vernichtungspotential unterscheiden, was das um das Element des technischen Fortschritts ergänzte Geschichtssymbol Lessings in zusätzlich verdüstertem Licht erscheinen läßt.

Bernhard nun unterlegt seinen Ausführungen zur Nächsten- und Feindesliebe eine Definition des Selbst, die typisch für ihn, den Frommen, ist, der alles von Gott her sieht. Auch den Menschen sieht und bestimmt er folglich allein von seinem Verhältnis zu Gott her: Der Mensch ist, sofern er bei Gott ist. In Gott gründet sein Wert, den er in dem Maße verliert, in dem er nicht bei Gott ist. Außerhalb Gottes ist der Mensch ein Nichts. Daher liebt der Fromme sich selbst allein um Gottes willen und den Nächsten in dem Maße, in dem dieser bei Gott ist:

> »Damit ferner auch der Nächste, den du lieben mußt wie dich selbst, dir schmecke, wie er ist, darf er dir in der Tat nicht anders schmecken als du dir selbst ... Und da du dich nur liebst, weil du Gott liebst, so liebst du folgerichtig alle, die ihn ebenfalls lieben, wie dich selbst.«

Allein auf den Gleichen und nicht auf den anderen erstreckt sich somit das Gebot der Nächstenliebe. Nur folgerichtig kann daher der Nächste, sofern er nicht bei Gott ist, auch nicht geliebt werden.

Bernhard fährt in seinen Überlegungen fort, indem er sie auf das Gebot der Feindesliebe ausdehnt. Der Feind, der ein Nichts ist, weil er Gott nicht liebt, kann – da man ein Nichts nicht lieben kann – auch nicht geliebt werden. Er kann allein dafür geliebt werden, daß er Gott einmal lieben wird, d. h. für das, was er zukünftig vielleicht einmal ist. »Und das«, so Bernhard, »ist beinahe nichts, weil es noch zweifelhaft ist.« Sollte allerdings von jemandem feststehen, daß er nicht zur Gottesliebe zurückkehrt und daher auf Ewigkeit ein Nichts ist, so muß dieser aus dem Gebot der Feindesliebe ausgeschlossen werden:

> »Ausgenommen also die, die nicht nur nicht zu lieben, sondern vielmehr zu hassen sind nach dem Ausspruch der Schrift: ›Sollte ich die nicht hassen, Herr!, die Dich hassen, und über Deine Feinde mich härmen?‹ (Ps 138,21) – diese ausgenommen läßt fortan die Liebe, die in dieser Hinsicht eifersüchtig ist, nicht zu, daß man einem Menschen, und wär's der größte Feind, jedwede Liebe versagt.« (Predigten 6, S. 34 f.)

Einem jeden gilt das Gebot der Feindesliebe, nur dem einen, dem Verhaßtesten, nicht. Bernhard übergeht an dem biblischen »Liebet eure Feinde« (Lk 6,27) die Bestimmung ›eure‹, so daß das Gebot für eine Auslegung geöffnet wird, die den Feind mit dem Gottesfeind gleichsetzt. Nicht dem persönlichen Feind gilt daher der Haß, sondern dem Gottesfeind, d. h. demjenigen, der aus dem für Bernhard objektivsten aller Gründe der Feind ist. Bernhard behält das Gebot bei und setzt es zugleich doch, da nun der objektive Grund konstruiert ist, der dies erfordert, an seinem Kernpunkt außer Kraft.

Bernhard bestimmt den Wert des Menschen von Gott her und erkennt somit im Gottlosen zugleich den Wertlosen. Allein für die Möglichkeit, daß er sich zum Guten wendet – d. h. für Bernhard, daß er sich bekehrt – ist er der Liebe wert. Das ist nun wenig genug – fast nichts, sagt Bernhard –, aber immerhin: Solange der Mensch als in der Hoffnung stehend begriffen wird, ist sein Leben unantastbar. Denn der Tod löscht nicht nur aus, was der Mensch ist, sondern auch das, was er vielleicht sein könnte. Um einer Möglichkeit willen, die in Gottes Hand ist, darf auf Erden nicht die Hand gegen ihn erhoben werden.

Sehen wir einmal von dem Drängen auf Bekehrung ab, das heute aus Gründen der historischen Erfahrung nicht mehr geteilt werden kann, so kreisen Bernhards Überlegungen um Probleme, die auch die unseren sind. Auch uns bleibt gegenüber denjenigen, die uns unerträglich werden, die sich jeglicher Einflußnahme entziehen, die auf kein gutes und erst recht auf kein böses Wort hören, als Letztes nur die Hoffnung auf die Zukunft; Menschen können sich ändern. Im übrigen gilt auch hier, was bereits für die Bekehrung galt: Man kann nach Kräften auf diese Änderung hinwirken, erzwingen kann man sie nicht. Diese Hoffnung auf Änderung ist wenig genug – fast nichts –, aber immerhin: Werden Menschen aus dieser Hoffnung ausgenommen, ist der Weg eingeschlagen, den Bernhard im weiteren beschreitet.

»Wenn von jemandem feststeht, daß er nicht zur Gottesliebe zurückkehrt«; Bernhard löst an dieser Stelle die letzte Sicherung, die demjenigen, der in seinem Denken als unerträglich erscheinen muß, wenigstens das Recht auf Leben zugesteht. Bernhard tilgt die Möglichkeit auf Besserung. Hierzu zieht er ein Urteil in die Welt hinein, das nicht in die Welt gehört: Denn daß von jemandem feststeht, daß er außerhalb der Hoffnung ist, weiß bestenfalls Gott allein. Menschen hingegen können hiervon keine Kenntnis haben. Bernhard jedoch ist sich sicher. Wären die Heiden nicht so bösartig und aggressiv, müßten sie geschont werden. Da sie sich aber gegen die Christenheit erheben, haben sie bewiesen, daß sie sich nicht ändern werden. Sie stehen außerhalb der Hoffnung. Das Gebot der Feindesliebe hat für sie seine Gültigkeit verloren.

Bernhards Ausführungen zur Nächsten- und Feindesliebe entstammen den Predigten, die er vor seinen Mitbrüdern hält. Vor den Rittern spricht er anders. Bereits unter den Zeitgenossen ist Bernhard für seine Beredsamkeit berühmt. Den Kreuzfahrern, die im Vergleich zu ihm und seinen Mönchen eher schlichte Gemüter sind, mutet er solch komplizierte Ausführungen nicht zu, zumal für sie andere Werte als für die Mönche verbindlich sind. Dies weiß niemand besser als Bernhard, der selbst aus ritterlichem Geschlecht stammt. Entsprechend führt er den Rittern in eindringlichen Worten die durch den Fall Edessas verursachte bedrohliche Lage im Hl. Land vor Augen. In die Erblande Christi, des obersten Herrn und Königs, seien die Heiden eingebrochen. Ihr weiheloses Haupt erhebend, suchten sie mit ihrem schändlichen Rachen Jerusalem, den Augapfel der Christenheit, zu verschlingen und dessen Heiligtümer, an denen zahlreiche christliche Pilger die Vergebung ihrer Sünden erlangten, zu besudeln:

> »Was tut ihr, tapfere Männer? Was tut ihr, Diener des Kreuzes? Wollt ihr so das Heilige den Hunden und die Perlen den Säuen preisgeben? Wie viele Sünder haben dort ihre Sünden unter Tränen bekannt und Vergebung gefunden, nachdem mit dem Schwert der Väter der Unrat der Heiden ausgemerzt war!« (Werke 3, S. 653)

17 Kämpfende Ritter, Darstellung vom Beginn des 13. Jh.

Ein unheilbarer Schmerz, ein unersetzlicher Schaden, der, sollte er eintreten, dem gegenwärtigen Geschlecht zur ewigen Schmach und Schande gereichen würde. Bernhard erzeugt Empörung über die frevelhaften Untaten der Heiden und appelliert massiv an die Ehre, die den Rittern über alles geht. Und er rührt im weiteren an ihr Innerstes, ihre Hoffnung und ihre Furcht: Werden sie einst vor ihrem höchsten Richter bestehen können?

Manchen Rittern dürfte bei diesem Gedanken recht bang geworden sein. Mit der Frömmigkeit der Mönche können sie sich nicht messen. Zur Ehelosigkeit taugen sie nicht. Auf ihre eigene Weise fromm, leben sie doch in vielem gegen die strengen Gebote der Kirche. Raubgier und Rauflust treiben sie an; ein unbedachtes, als ehrrührig empfundenes Wort genügt, um ihren ungezügelten Zorn zu erregen. Sie sind bis weit über die Grenzen der Christenheit hinaus wegen ihrer Brutalität gefürchtet. In schonungsloser Offenheit äußert sich Bernhard in seiner Schrift zum Lob auf den Templerorden über sie. Die Ritter, d. h. vormalige »Verbrecher, Gottlose, Räuber, Kirchenschänder, Mörder, Meineidige und Ehebrecher«, hätten sich bekehrt und zögen nun ins Hl. Land, um für Christus zu streiten. So erwachse der Christenheit aus ihrem Aufbruch ein doppelter Vorteil:

> »Die Freude ist zweifach, denn sie erfreuen sowohl die Ihren durch ihren Abgang als auch die, welchen sie durch ihre Ankunft schnelle Hilfe bringen. Sie nützen also überall, nicht nur, indem sie diese schützen, sondern auch, indem sie jene nicht mehr bedrücken.« (Werke 1, S. 289).

Diesen Männern nun macht Bernhard ein verlockendes Angebot. Sie müssen keine anderen Menschen werden und dürfen dennoch auf den Himmel hoffen. Sie müssen allein ihre kriegerischen Energien umlenken. Nicht mehr untereinander sollen sie sich bekriegen, sondern gemeinsam gegen die Heiden zu Felde ziehen. Bernhard versichert einem jeden von denen, die zuvor durch ihr kriegerisches Tun ihr Seelenheil verwirkten, den himmlischen Lohn, den sie nun im Krieg erwerben können:

> »Jetzt, tapfrer Soldat, jetzt, streitbarer Mann, hast du ein Feld, wo du ohne Gefahr kämpfen kannst, wo der Sieg Ruhm, der Tod aber Gewinn ist. Wenn du ein kluger Kaufmann bist, ein Mann des Erwerbs in dieser Welt, dann prophezeie ich dir reiche Märkte, laß sie dir ja nicht entgehen!«

Denn Christus selbst, der mit einem Wink zwölf Legionen Engel senden könnte, ja, der nur ein Wort zur Befreiung des Hl. Landes zu sprechen brauchte, habe diese einzigartige Gelegenheit zur Seelenrettung der Menschen gewirkt: »Denn Gott erbarmt sich seines Volkes und reicht denen, die schwer gefallen sind, ein heilbringendes Mittel.« Christus, der nicht der Hilfe durch die Erdenwürmer bedürfe, habe seine Notlage im Hl. Land entweder vorgetäuscht, oder aber selbst bewirkt, um den Seinen den Weg zum Heil zu eröffnen: »Er tut es, um denen,

18 Christus krönt Heinrich II. und Königin Kunigunde, die Völker zollen Tribut. Aus dem Perikopenbuch Heinrichs II., 11. Jh.

die für ihn kämpfen, Sold zu zahlen, Verzeihung für ihre Sünden und ewige Herrlichkeit.« (Werke 3, S. 649 ff.).

Christus als Schuldner seiner mit himmlischem Lohn zu besoldenden Truppen – für uns ein befremdlicher, für die Ritter hingegen ein überaus einleuchtender Gedanke. Ihrem weltlichen Herrn gegenüber haben sie sich zu treuem Dienst verpflichtet und erhalten dafür dessen Schutz und Lohn. Etwas schuldig zu bleiben, gilt in diesem System des wechselseitigen Gebens und Nehmens als treulos und folglich als große Schande. Wie auf ihren weltlichen Herren, so vertrauen sie nun auf Christus als ihren obersten Kriegsherrn und König. Ziehen sie treu für ihn in die Schlacht, wird auch er ihnen die Treue halten und seine Schuld mit dem Lohn des Himmelreichs begleichen.

Nicht minder geschickt argumentiert Bernhard gegenüber dem zögernden König des Deutschen Reiches, Konrad III. Die

Verhältnisse im Reich sind ungeordnet, so daß ihm die mit einer Kreuznahme verbundene lange Abwesenheit nicht ratsam erscheint. In Speyer jedoch hebt Bernhard zur Predigt an, die Konrad mit den Worten Christi konfrontiert, die er, falls er beim jüngsten Gericht mit leeren Händen vor dem Weltenherrscher erscheint, vernehmen wird: »O Mensch, was hätte ich dir tun sollen und tat es nicht?« Bernhard zählt Konrads Herrscherwürde, seinen Reichtum, seine Weisheit und seinen Mannesmut auf, bis ihm der König ins Wort fällt. Freigebigkeit und Treue sind die Eigenschaften, die jeder von ihm, dem König, erwartet. Keinesfalls will er etwas schuldig bleiben, die Gaben des höchsten Königs unvergolten lassen. So ruft er in die Predigt hinein: »Ich erkenne die göttlichen Hulderweise durchaus an und möchte, mit seiner Gnade, künftig nicht undankbar erscheinen. Ich bin bereit, ihm zu dienen, da er mich mahnt.« Tief bewegt, so der Bericht des Chronisten, ja unter Tränen habe Konrad den Entschluß zum Kreuzzug gefaßt (Leben, S. 260). Wenig später setzt er Papst Eugen durch ein Schreiben von seiner Kreuznahme in Kenntnis, das zugleich darüber Aufschluß gibt, wie er die Geschehnisse in Speyer erfahren hat. Der Hl. Geist, der wehe wo er will, der unvermittelt den Menschen zu ergreifen pflege, habe sein Herz auf wunderbare Weise berührt.

Die Zeitgenossen berichten von den Begeisterungsstürmen, die Bernhard entfesselt. Wie hätte es auch anders sein können? Bernhard spricht im Auftrag des Papstes, ja, er gilt als Sprachrohr Gottes, denn die Gottgefälligkeit des Unternehmens wird an den Wundern offenbar, die er nach dem Bericht der Zeitgenossen gewirkt haben soll. Hinzu tritt seine Beredsamkeit, die auf das Zentrum des Denkens und Empfindens der zu Werbenden abzielt und trifft. Bernhard besitzt das Wissen aller Demagogen um die Bedürfnisse der Menschen und somit den Zugriff auf ihre Herzen. Der Jubel, den er erzeugt, hallt durch die Jahrhunderte. Seine Kreuzzugsbriefe sind historisches Zeugnis und doch zugleich auch Beleg für die Kriegspropaganda aller Zeiten, die die Schlacht mit dem Großangriff auf die Emotionen derjenigen eröffnet, die sie zu schlagen haben werden.

Der Zweite Kreuzzug endet in der militärischen Katastrophe. Etwas Unbegreifliches ist geschehen: die Niederlage in einem nach göttlichem Willen geführten Krieg. Zwangsläufig muß das fatale Unternehmen auf Bernhard, seinen Exponenten, zurückfallen, so daß er sich zu einer Rechtfertigung gezwungen sieht. Schuld an allem sei die Sündhaftigkeit der Kreuzfahrer. Aber er gesteht auch zu, daß dieses Geschehen zu jenen unergründlichen Ratschlüssen Gottes gehöre, an denen der Mensch verzweifeln möchte. »Doch wie kann ein Mensch trotz allem so verblendet sein, daß er das anzugreifen wagt, was er nicht zu begreifen vermag?« Einen Zweifel an der Gottgewolltheit des Kreuzzugs (und somit der Gottgesandtheit seines Predigers) läßt Bernhard allerdings nicht aufkommen und führt Beispiele aus dem Alten Testament für Unternehmungen an, die gottbefohlen waren und dennoch fehlschlugen. Moses führte so sein Volk aus Ägypten, auch wenn er das verheißene Land selbst nicht erreichte:

> »Dieser traurige und unerwartete Ausgang kann aber keineswegs der Unbesonnenheit des Anführers zur Last gelegt werden, machte er doch alles unter der Anleitung und Mithilfe Gottes, der das Werk durch die Zeichen, die er geschehen ließ, auch bekräftigte.«

Ebenso ziehen die Stämme Israels vergeblich aus, um den Stamm Benjamin zu züchtigen: »Gerechte Männer beginnen also, zuerst mit Gottes Zustimmung, dann aber sogar auf sein Geheiß, einen gerechten Krieg – und unterliegen dennoch.«

Aber der Glaube der Israeliten ist stärker, als ihre Schwäche im Kampf. Einmal, ja zweimal sei Israel unterlegen, ehe Gott endlich den Sieg gewährte (Werke 1, S. 665). Letztlich seien daher die Angriffe der Zweifler und Verdreher der Wahrheit, »die das Gute böse nennen und das Böse gut, die das Licht zur Finsternis machen und die Finsternis zum Licht«, auf Christus selbst gerichtet, auch wenn sie auf ihn abzielen:

»Wenn schon eines von beidem geschehen muß, so ist es mir lieber das Murren der Menschen richtet sich gegen uns als gegen Gott. Wohl mir, wenn er sich herabläßt, mich als Schild zu benutzen! Gerne fange ich die Schmähungen der Verleumder und die Giftpfeile der Lästerer auf, damit sie nicht ihn treffen.« (Werke 1, S. 667)

Bernhard schreibt diese Worte gegen Ende seines Lebens. Er steht im Ruf höchster Begnadung, in seiner Rede bekundet sich der göttliche Wille. Dies glauben viele Zeitgenossen, und dies glaubt auch er selbst. Zu bedrängend erscheint allein der Gedanke an die Möglichkeit eines Irrtums, der zusammen mit seiner Rolle während des Kreuzzugs Lebenswerk und Selbstbild in Zweifel ziehen würde. Bernhard, der sich nicht mehr ändern kann, bleibt allein das Drängen auf Änderung der äußeren Umstände, damit an ihnen offenbar werde, daß er doch im Recht war. Daher sein an Starrheit grenzendes Beharren, das in den zweiten Anlauf auf gleicher Basis führt. Erneut setzt er sich für einen Kreuzzug ein, hat aber diesmal keinen Erfolg mit seinen Bemühungen. Nehmen wir sein Beispiel vom dreifachen Auszug des Volkes Israel ernst, steht zu befürchten, daß ihn auch eine zweite Niederlage nicht eines Besseren hätte belehren können.

Für Bernhards Verständnis von Frieden sind die Eingangsworte seiner Rechtfertigung von Interesse, in denen er das Geschehen – den Kreuzzug und die Niederlage – zusammenfaßt: »Diximus ›Pax‹, et non est pax« – »Wir sagten ›Friede‹, doch es gibt keinen Frieden.« (Werke 1, S. 663). Der Begriff des Friedens gehört zum unverzichtbaren Instrumentarium der Kriegslegitimation. Nicht anders verhält es sich bei Bernhard: Die Beziehung zwischen beiden Begriffen ist so eng, daß er sie synonym setzt, daß er von Frieden spricht, wo er doch eigentlich Krieg sagen müßte. Nicht in Opposition zu Krieg darf daher Bernhards Verwendung des Friedensbegriffes verstanden werden, sondern sie erfolgt in spezifisch gewerteter Form. Frieden, das ist für Bernhard Christus, der den Menschen mit Gott, die Erde mit dem Himmel versöhnte. In seiner Bedeutung für den Einzelnen ist der Begriff eng mit einem Leben in den Tugenden verbunden, die allein das sündhafte Innen des Menschen befrieden. Für die Bösen hingegen, kann es keinen Frieden geben, denn Aufruhr und Verwilderung beherrschen sein lasterhaftes Innen.

In seiner auf den Lauf der Heilsgeschichte bezogenen Bedeutungsdimension beschreibt ›Frieden‹ den Geltungs- und Herrschaftsbereich des christlichen Glaubens. In der Ankunft Christi auf Erden ist dieser Friede Wirklichkeit geworden. Seit dieser Zeit verbreitet er sich über die ganze Erde, um sich in der Wiederkunft Christi zu erfüllen. Unverzichtbare Vorbedingung der erneuten Ankunft Christi ist somit die Erfüllung des biblischen Missionsauftrages, die Bekehrung der Heiden, die Verbreitung des Friedens Christi über die ganze Welt.

Wie alle seine Zeitgenossen begreift Bernhard die Gegenwart als Endzeit, als Zeit kurz vor der erneuten Ankunft Christi. Mag für uns die Vorstellung von einem nahen Ende der Welt der Inbegriff aller Schrecken bedeuten, so ist sie für Bernhard das Ziel seiner Sehnsucht. Das Diesseits gilt ihm als Ort schmerzlicher Pilgerschaft, das Jenseits hingegen als Heimat, als Ort der ersehnten Gemeinschaft mit Christus: »Utinam et nunc sit!« (S. 69) – »Wenn es doch bereits soweit wäre!«

Diese Sehnsucht nach der Wiederkunft Christi ist die Triebfeder von Bernhards Handeln, denn die Bekehrung der Heiden, die Verbreitung des Friedens Christi über den gesamten Erdkreis, ist die drängende Aufgabe der Gegenwart angesichts einer sich ihrem Ende zuneigenden Welt. Da sich die Heiden nun aber gegen die Christenheit erheben, beweisen sie, daß sie sich nicht bekehren wollen. Ja, mehr noch, sie stellen sich der Verwirklichung des Heilsplanes Christi entgegen. Entsprechend macht Bernhard im Teufel, der der siegreichen Ankunft Christi entgegenwirke, den eigentlichen Urheber des heidnischen Aufbegehrens aus. Denn vor allem anderen fürchtet er,

> »daß die Heiden in voller Zahl das Heil erlangen werden und auch ganz Israel (d. i. die erwählten Christen)

gerettet werden soll. Diese Zeit scheint ihm jetzt bevorzustehen, und mit aller Täuschung sucht seine listige Bosheit einen Weg, wie er einer so segensreichen Entwicklung begegnen könnte.« (Werke 3, S. 891)

So sind die Heiden die Werkzeuge des Bösen, die getötet werden müssen, damit der Friede Christi auf Erden Wirklichkeit werden kann. Nur folgerichtig erscheint der Kreuzzug daher für Bernhard als ein Werk des Friedens.

Bernhards Gewaltvorwurf gegen die Heiden stellt einen unverzichtbaren Bestandteil der in christlicher Tradition nur aus defensiven Motiven ableitbaren Rechtfertigung des Krieges dar. Überprüft man jedoch den Gewaltvorwurf an seinem Heidenbild, bestätigt sich für Bernhard im Kriegsfall nur das, was er zuvor schon wußte. Jenen, die außerhalb des Friedens Christi stehen, wohnt bereits das Merkmal der Aggressivität inne. Sie gleichen den Barbaren, deren Roheit und wildem Toben Einhalt geboten werden muß. Ganz im Sinne Bernhards schildert Wilhelm von St. Thierry, sein Biograph und enger Vertrauter, jene heidnischen Völkerschaften an den Rändern des Erdenkreises, bis zu denen sich die Ausbreitung des Zisterzienserordens erstreckt:

»Über die Menschheit hinaus, bis zu den Barbarenvölkern, deren naturhafte Wildheit gewissermaßen die Menschennatur abgestreift hat, ist dieser Orden vorgedrungen, wo er aus wilden Waldtieren wieder Menschen macht, wo er sie an den Umgang mit Menschen gewöhnt und dem Herrn ein neues Lied singen lehrt.« (Leben, S. 90)

Bernhards Heidenbild ist von der Anlage her Feindbild. Die Menschen, über die er spricht, kennt er nicht, und er bemüht sich auch nicht, sie kennenzulernen. Als Petrus Venerabilis, der Abt von Cluny, eine Koranübersetzung anfertigen läßt, um den Unglauben mit dem Schwert des Wortes Gottes zu bekämpfen, bittet er Bernhard um seine Unterstützung. Wir wissen von keiner Reaktion Bernhards, der wie immer vielbeschäftigt ist. Auf den Kreuzzug hingegen verwendet er alle seine Energien.

Auf dem Reichstag zu Frankfurt schlagen sächsische Adlige vor, im Rahmen des Kreuzzugs gegen ihre slawischen Nachbarn im Osten zu ziehen. Bernhard stimmt zu. Einige Historiker stellen seinem politischen Sachverstand wegen dieser Entscheidung kein gutes Zeugnis aus. Wußte er nicht, daß manche nicht nur nach Gewinn für ihre Seelen, sondern auch nach Gewinn für ihre Ländereien strebten? Für Bernhard, dem materielle Motive fremd sind, wird die Ausweitung des Kreuzzuges aufgrund der weltumspannenden heidnischen Bedrohung notwendig. Der Teufel selbst habe die Heiden aufgehetzt, sich gegen die Christenheit zu erheben:

> »Er hat also den Samen des Bösen erweckt, die lasterhaften Söhne, die Heiden, die, wie ich mit eurer Erlaubnis sagen möchte, die Stärke der Christen schon allzu lange ertragen hat (denn sie will nicht sehen, wie sie verderblich Böses sinnen, und zertritt nicht die Gifthäupter mit ihrer Ferse).« (Werke 3, S. 891)

Die Heiden des Ostens lägen im Hinterhalt, um den christlichen Erfolg im Orient zu verhindern. Die Völker des Ostens freilich sind slawische Heiden, die des Orients Muslime. Sie stehen in keinerlei Verbindung, ja haben noch nicht einmal voneinander gehört. Feindbilder öffnen dem Wahn Tür und Tor. Gegenüber dem universell gewordenen Bösen kann kein Schritt mehr zurückgewichen werden, ohne das Heilswerk Christi in seiner Gesamtheit preiszugeben. Mit aller Härte gilt es den Kampf zu führen, der zur endzeitlichen Schlacht zwischen den Mächten des Lichts und denen der Finsternis geworden ist.

Wie der Orientzug endet auch der Wendenzug im Mißerfolg. Die Christen brechen bestehende Verträge, die nun, da es um die Angelegenheit Christi geht, keine Gültigkeit mehr besitzen. Sie verlieren die Stadt Lübeck und über Jahrzehnte hinaus das Vertrauen ihrer Nachbarn.

Kriegslegitimation macht im Nächsten, im Feind, das Selbst unkenntlich. Es geht um die Rechtfertigung der Kainstat, die – um mit den Worten Hilde Domins zu sprechen – besagt, daß Abel nicht der Bruder ist. Nahtlos geht die Tilgung des eigenen Abbilds in die Tilgung des menschlichen Antlitzes über.

Die Kategorien der Argumentation Bernhards sind bereits bekannt: Der Gottlose ist der Wertlose. Er ist ein Nichts. Der Rückschluß auf das Recht zur Vernichtung liegt nahe. Bernhard zieht diesen Schluß im Rahmen eines Wortspiels, das sich für ihn im Lateinischen anbietet. In seiner Schrift zum Lob auf den Templerorden unterscheidet er zwischen *homicida* und *malicida*. Das Wort *homicida* bedeutet Mörder. Es setzt sich aus den Worten *homo* (Mensch) und *caedere* (töten) zusammen. *Malicida* hingegen beschreibt denjenigen, der das Böse tötet. Diesen Begriff gibt es eigentlich gar nicht, es ist eine Wortschöpfung Bernhards zu seinem Zweck. Bernhard gelangt zu diesem Wort, indem er in *homicida homo*, den Menschen, gegen *malum*, das Böse, austauscht. Wenn daher ein Tempelritter im Hl. Land »einen Übeltäter umbringt, ist er nicht ein Menschenmörder, sondern sozusagen ein Mörder der Bosheit, und mit Recht wird er als Christi Rächer gegen die Missetäter und als Verteidiger der Christenheit angesehen«. (Werke 1, S. 277). Die Tötung des Heiden ist nicht Mord, sondern die Tötung des Bösen. Der Mensch im Feind wird getilgt, das Tötungsverbot außer Kraft gesetzt. Ohne Bedenken können die Tempelritter gegen die Heiden zu Felde ziehen, denn sie morden nicht, sondern sie töten das Böse im Dienste Christi. Wie zu allen Zeiten geht der leiblichen Tötung die Tötung durch Sprache voran.

Die Ausführungen zu Bernhard von Clairvaux sind mit einer Bemerkung zu schließen, die vermutlich kaum noch glaubhaft erscheinen kann: Es ist nicht der Schlechteste, der hier spricht. Dem Kreuzzugsprediger, dessen gewalttätiges Denken erschreckt, steht ein sensibler Mystiker gegenüber, ein Mann von höchster Frömmigkeit und Bildung. Diese Feststellung kann keinesfalls zur Entlastung eines Mannes dienen, der, selbst wenn man die allgemeine Kreuzzugsbegeisterung als Vorgabe des Zeitgeistes in Rechnung stellt, als Eiferer zu betrachten ist. Festzuhalten (und auch auszuhalten) bleibt dennoch, daß ausgerechnet der Sensible in Rabiatheit entgleist, der Differenzierte sein Denken in Eindimensionalität abschließt. Verkürzen wir ihn auf das eindeutig Böse, werden wir ihm nicht gerecht und – vor allen Dingen – machen wir uns selbst in ihm unkenntlich. Halten wir hingegen dieses Nebeneinander von Zartheit und Gewalttätigkeit, von Differenziertheit und Eindimensionalität aus, ist zu folgern, daß es offenbar nichts gibt, was den Menschen verbindlich davor schützt, daß sich sein Herz in Feindbildern verschließt, daß sein Denken mörderisch wird. Auch dies ist alles andere als ein spezifisch mittelalterliches Problem, sondern historische Erfahrung über die Jahrhunderte hinweg, die mahnend in die Gegenwart hineinreicht.

Wolfram von Eschenbach

Wolfram von Eschenbach ist vor allem als Dichter des »Parzival« bekannt. Von ihm stammt ein weiteres Fragment gebliebenes Werk: der Roman »Willehalm«, der einen großen Krieg zwischen der Heidenschaft und der Christenheit zum Inhalt hat. Zahlreiche Kreuzzugsmotive finden in die Dichtung Eingang. Kreuzzeichen sind auf die Gewänder der Ritter genäht, die als Söldner Gottes kämpfen und – sollten sie in der Schlacht sterben – *endelôsen solt* (K. 31, 13) empfangen werden. Nicht um irdischen Gutes willen, sondern für himmlischen Lohn ziehen sie in die Schlacht. Die Motive sind aus der Kreuzzugspredigt Urbans und den Kreuzzugsbriefen Bernhards bekannt und erfahren dennoch im Kontext des höfischen Romans eine an wesentlichen Punkten gewandelte Bewertung.

Wolfram von Eschenbach und Bernhard von Clairvaux haben nur wenig miteinander gemein. Ungefähr 70 Jahre trennen sie. Bernhard stirbt 1153, Wolfram um 1220. Weitaus trennender wirkt sich jedoch aus, daß sie verschiedenen Ständen angehören: Bernhard ist Mönch, Wolfram Laie.

Und noch auf einen weiteren Unterschied muß aufmerksam gemacht werden. Bernhard steht inmitten des politischen Geschehens seiner Zeit, seine Haltung entspringt einer von Gewalt und Krieg geprägten Wirklichkeit. Wolfram hingegen, der Dichter, entwickelt seine Position im Rahmen einer literarischen Fiktion. Ihre Beziehung zur Wirklichkeit ist nicht leicht zu klären. Vielleicht fand das 1215 von Friedrich II. verkündete Kreuzzugsvorhaben im zwischen 1210 und 1220 verfaßten Roman seinen Niederschlag. Mit Sicherheit jedoch findet ein gewandelter Zeitgeist Eingang, der Friedrich II. im Jahr 1229 verwirklichen läßt, was zuvor undenkbar erschien: die Rückgewinnung Jerusalems durch einen mit Sultan al-Malik al-Kamil geschlossenen Friedensvertrag – ein von weiten kirchlichen Kreisen als skandalös empfundenes Geschehen, denn Friedrich befindet sich im päpstlichen Bann. Doch auch das Vertragswerk selbst wird für die Radikalen beider Seiten zum Stein des Anstoßes, denen ein auf wechselseitigen Zugeständnissen basierender Friedensschluß unerträglich ist. So soll Jerusalem den Christen für zehn Jahre überlassen werden, während die Omar-Moschee (Felsendom) und die al-Aqsa-Moschee in muslimischer Hand bleiben. Keine Beschuldigung läßt Gerold, der Patriarch von Jerusalem, in seinem Schreiben an Papst Gregor IX. aus, um die Verworfenheit des kompromißbereiten Kaisers zu brandmarken, der die Christen verrate, mit den Muslimen paktiere und sich des Nachts in ungeheuerlichen Gelagen mit deren Frauen vergnüge. Man muß die von hohem herrschaftlichem Selbstbewußtsein getragene Gestalt Friedrichs nicht idealisieren, um den Pragmatismus eines Handelns zu schätzen, das mit einem Federstrich erreicht, was Ströme vergossenen Blutes nicht bewirken konnten. Eben jenen Pragmatismus mag man der Haltung des Laien zurechnen, die uns bei Friedrich als Chance des politischen Handelns und im Werk Wolframs als Chance des Denkens entgegentritt.

Verglichen mit Bernhard, dem es mit allen Dingen des Glaubens so unerbittlich ernst ist, erscheint Wolfram weit weniger fromm. Nehmen wir z. B. die Taufe von Parzivals heidnischem Halbbruder Feirefiz. Gegen Ende des Romans wäre eine feierliche Szene zu erwarten; immerhin wird Feirefiz dem Höllenschlund entrissen. Doch anders bei Wolfram. Er verschränkt die Motivkreise von Heirat und Taufe, so daß eine Szene von kunstvoller Doppelbödigkeit entsteht: Feirefiz, der angehende Täufling, befindet sich in einem beklagenswerten Zustand. Er hat sich bis über beide Ohren in die schöne Gralshüterin Repanse verliebt und seitdem keine ruhige Sekunde mehr. Parzival eröffnet ihm, daß er, wenn er sich taufen läßt, Repanse für sich gewinnen kann. Feirefiz ist begeistert. Unter dem schallenden Gelächter der Anwesenden bietet er an, sofort zum nächsten Turnier zu ziehen, um im ritterlichen Zweikampf die Taufe zu erwerben. Offenbar hat Feirefiz vom Christentum keinen blassen Schimmer, und auch die erbaulichen Worte des Priesters am folgenden Tag seiner Taufe scheinen keinen tieferen Eindruck zu hinterlassen. Feirefiz entgegnet: »Wenn's nur gegen meinen Kummer hilf! Tut's das, dann glaube ich, was ihr wollt.« (Band II, K. 818, 1-3). Es scheint, als ob sich Feirefiz mit seinen Gedanken bereits bei der schönen Repanse befindet und daß es wohl nicht allein die Taufe ist, nach der ihn so dringlich verlangt.

Für Bernhard bestimmt sich der Wert eines Menschen allein aus seinem Verhältnis zu Gott. Bei Wolfram, dem Laien, treten weitere, dem Leben der Ritter entstammende Werte hinzu: Tapferkeit, Treue, die Minne in ihrer idealen, aber auch durchaus in ihrer handfesten Form sowie die Einbindung des Menschen in ein Geflecht von Verwandtschaftsbeziehungen. Im Epilog des Romans »Parzival« benennt Wolfram dieses Programm, gemäß dem der Mensch sowohl den Anforderungen Gottes als auch den Anforderungen der Welt Genüge zu leisten hat:

> »Wer am Ende seines Lebens sagen kann, daß er seine Seele Gott bewahrt und sie nicht durch Sündenschuld verloren hat, und wer es außerdem versteht, sich durch

würdiges Verhalten die Gunst der Menschen zu bewahren, der hat seine Mühen nicht vergebens aufgewandt.« (Band II, K. 827, 19-24)

Der Erfüllung dieser Forderung gilt Parzivals Lebensweg. Seiner Tapferkeit und seiner Treue wegen bewährt er sich in der höfischen Welt der Artusritter. In seinem wechselvollen spirituellen Werdegang durchschreitet er die tiefsten Abgründe der Gottferne und erweist sich am Ende doch des Gralskönigtums würdig.

Gänzlich anders hingegen ist Bernhards Verhältnis zur Welt. Den Lebensweg der Mönche beschreibt er als schmalen Steg, der über das Meer der Welt zum himmlischen Ufer gespannt ist. Wehe dem, der sich nur den kleinsten Fehltritt erlaubt! Die Welt ist für Bernhard Meer, das den Menschen zu verschlingen droht, sie ist Abgrund, der den Menschen in die Tiefe reißt, über und über ist sie mit dem Schmutz der Sünde bedeckt, in dem der Mensch sein Seelenheil verwirkt. Entsprechend ist ihm die Welt Objekt der Furcht und der Überwindung. Zeit seines Lebens bekämpft er sie: sei es am eigenen Leib, dem er alle weltlichen Genüsse versagt, sei es in der Kirche, die er von weltlichen Einflüsse zu reinigen versucht, oder sei es in den Heiden, die ein Haupthindernis dafür darstellen, daß sich die Welt in der zweiten Ankunft Christi vollendet und erfüllt.

Im Gegensatz zur monastischen Theologie Bernhards ist Wolframs Theologie die des Laien. Sie mag ihre Schwächen haben, nicht in die Tiefen einer differenzierten, begrifflich exakten theologischen Wissenschaft vordringen und sich auch nicht zu den geistigen Höhenflügen der Mystiker emporschwingen. Mit Sicherheit aber besitzt sie ihre Stärken, denen die erweiterte Wertebasis zuzurechnen ist, von der aus Wolfram argumentiert. Sie öffnet das Denken zur Welt hin und bewirkt zugleich eine Öffnung des Denkens gegenüber den Heiden.

Beginnen wir mit dem Tötungsverbot, auf das Wolfram im Roman »Willehalm« mit jenem bösen Wort Bezug nimmt, das man auch heute noch im Falle des Krieges nicht ohne weiteres aus-

19 Wächter am Hl. Grab, Freiburg i. Brsg., Münster, um 1350

zusprechen wagt: Mord. Wolfram schildert in seinem Roman zwei große Schlachten zwischen der Christenheit und der Heidenschaft. Christen und Heiden töten sich. Für Wolfram ist das Mord, gleich ob ein Heide oder ein Christ sein Leben läßt: »Ôwê nu des mordes, der dâ geschach ze bêder sît.« (K. 401, 30 - 402, 1).

Wie kann Wolfram zu dieser Ansicht gelangen? Wurde im vorangegangenen die Unkenntlichmachung des Selbst am Heiden, ja die Tilgung von dessen Menschsein beschrieben, so daß seine Tötung zur Tötung des Bösen wurde, geht Wolfram den umgekehrten Weg. Er macht den Menschen, das Selbst, am Heiden kenntlich und bewertet dessen Tötung folglich als Mord. Dies gelingt, indem er die Welt der Heiden analog zur Welt der Christen beschreibt. Die Heiden sind höfisch gesinnt wie die Christen. Wie die Christen sind sie tapfere und tugendhafte Ritter. Sie dienen der Minne. Ihre Damen bangen um sie und werden sie beklagen, wie auch die christlichen Damen um ihre Ritter bangen und sie beklagen werden. Die Heiden kämpfen treu und ergeben für ihre Götter, töten und sterben – wie die Christen – für ihren Glauben. Gleichwertige Gegner stehen einander im Kampf gegenüber. So Vivianz, der Neffe des Willehalm, und der edle Heide Nöupatris, beide von jugendlicher Schönheit, Tapferkeit und tugendhafter Gesinnung. Keiner überlebt ihr Zusammentreffen im ritterlichen Zweikampf. Vivianz tötet

Nöupatris und erliegt wenig später selbst seinen schweren Verwundungen. Ein tragisches Geschehen, das Wolfram als schmerzlichen doppelten Verlust beschreibt:

> »Selbst ich beklage, wo man davon erzählt, noch heute herzlich ihren Tod, den des einen um seines Ruhmes willen und weil er ein Christ war, den Tod des andern wegen seiner Unermüdlichkeit, mit der er trotz seiner jungen Jahre nach hohem Ruhm strebte.« (K. 23, 15-19)

An einem Punkt jedoch besteht ein gravierender Unterschied zwischen Christen und Heiden: Anders als die christlichen Ritter werden die Heiden für ihre Tapferkeit und Treue mit der Hölle bezahlen. Auch für Wolfram scheidet die Taufe Heiden und Christen, trennt sie die Menschen angesichts der Ewigkeit in Verworfene und Erwählte.

Ebenso wie bei Bernhard entscheidet die Taufe über das jenseitige Schicksal, sie entscheidet jedoch – anders als bei Bernhard – nicht über den diesseitigen Wert. Dieser Unterschied aber ist, da Menschen nun einmal im Diesseits leben, erheblich. Denn im Diesseits fällt bekanntlich die Entscheidung über Krieg, oder aber über die Möglichkeit eines friedlichen Zusammenlebens, zu der Wolframs Konzeption diesseitiger Wertschätzung eine gedankliche Basis schafft.

Daß Wolfram an der Taufe festhält, ist für ihn, einen mittelalterlichen Menschen, nicht verwunderlich. Es erstaunt vielmehr, daß man verschiedentlich den Eindruck gewinnt, daß er an dieser Grenze, wenn er sie schon nicht durchbrechen kann, Anstoß nimmt. So in der seltsamen Episode der Taufe des Feirefiz. Zu erwarten wäre eine feierliche Szene, die in der Darstellung Wolframs jedoch zur Burleske gerät. Zuvor hatte Wolfram die von der vorzüglichen Tugendhaftigkeit des Heiden zeugenden Tränen als Taufe gewertet. Dennoch bekehrt sich Feirefiz am Ende des tiefen, oft genug rätselhaften Romans, denn erst durch das von einem Priester gespendete Sakrament der Taufe werden Feirefiz die Augen für den Gral geöffnet, dessen Anblick dem Heiden verwehrt war. So bleibt die Taufe im Werk Wolframs letztlich doppeldeutig, zeugt von Heil und Spaltung zugleich. Im Roman »Parzival« trennt sie Parzivals Vater Gachmuret von seiner ersten Frau, der heidnischen Mohrin Belakane. Gachmuret zieht fort und hinterläßt einen Brief: »Gebieterin, wenn du dich taufen ließest, könntest du mich zurückgewinnen.« (Band I, K. 56, 25-26). Ohne Zögern könne dies geschehen, ruft sie aus, als er bereits über alle Berge ist. Noch im Kummer hält die Heidin ihm die Treue, dem Christen und treulosen Patron, der bei ihr blieb, »bis sich seine Abenteuerlust kaum noch bezähmen ließ« (Band I, K. 54, 19-20), um sodann an der Verschiedenheit des Glaubens Anstoß zu nehmen und seine schwangere Frau zu verlassen. Auch im »Willehalm« bleibt die Taufe doppeldeutig, ist Zeichen des Heils und des Unheils zugleich. Sie erlöst das Menschengeschlecht und spaltet es doch auch in zwei einander bekriegende Parteien. Gleichwertige sterben in der Schlacht. Doch während die Seelen der einen in die höchste Höhe gehoben werden, verschlingt die anderen der tiefste Abgrund. Eben dies beklagt Gyburc, von der noch zu berichten sein wird: »Die Guten muß es sehr schmerzen, wenn der Vater seine eigenen Kinder dem Verderben anheimgibt.« (K. 307, 26-27).

Gyburcs Schmerz entspricht der Haltung Wolframs, der an mehreren Stellen in Gyburcs Klage einstimmt, daß die als edel und tapfer geschilderten Heiden in die Hölle kommen sollen: »Es ist mir ein schmerzlicher Gedanke, daß ihr Gott Tervigant sie zur Hölle bestimmt haben soll.« (K. 20, 10-11). ›Der Vater, der seine eigenen Kinder dem Verderben überantwortet‹ – Wolfram kann diesen Widerspruch nicht lösen, denn er gründet im christlichen Glauben selbst. Letztlich kollidiert hier das Bild vom barmherzigen Gott mit dem Anspruch, der einzige Weg zum Heil zu sein, der allein über die doch recht unbarmherzige Ausgrenzung von Menschen aufrechterhalten werden kann.

»Willehalm« ist ein *Kriegsroman*. Was ihn von einem *kriegsverherrlichenden* Roman unterscheidet, ist, daß er den Preis vor Augen führt, der für den Krieg gezahlt werden muß. In der ersten Schlacht wird das Christenheer vernichtend geschlagen. Allein eine Handvoll Getreuer ist Willehalm geblieben. Erst jetzt, da die Schlacht beendet ist, nimmt er das Ausmaß der Verluste wahr: »Glück und Hochgefühl, ihr verlaßt mich nun ganz. Wie wenige von den Meinen sind mir geblieben!« Und ihm wird bewußt, was diese Verluste für ihn bedeuten: »Wenn meine Verwandten tot sind und meine tapferen Vasallen, mit wem soll ich noch glücklich sein?« (K. 51, 1-6). Doch es kommt noch schlimmer für Willehalm.

Auf den Rat der Getreuen hin, die wenig später selbst ihr Leben lassen, sucht sich Willehalm allein zur Burg Orange durchzuschlagen. Unterwegs trifft er auf seinen sterbenden Neffen Vivianz. Unter Tränen hebt er zur Klage an:

> »Ach, edler, unschuldiger Knabe, mein Herz ist krank vor Schmerz, und kein Glück kann es mehr heilen. Wäre ich doch mit dir erschlagen worden, so hätte ich nun Ruhe ... Warum verschlingst du mich nicht, weite Erde? ... Könnte ich mich doch wie ein Fuchs verkriechen, daß mich das Tageslicht nicht mehr erblickte ... Alles Glück, das je in meinem Herzen wohnte, ist gestorben und hat mich verlassen. Ach, Tod, wie kannst du mich noch schonen! Ich lebe noch und bin doch schon gestorben. Ach, daß so ungeheures Leid mein Herz nicht sprengt!« (K. 60, 21 ff.)

Willehalm stürzt ohnmächtig vom Pferd. Vivianz ist ihm der Liebste von allen. Wieder zu sich gekommen, preist er die Vortrefflichkeit des Knaben. Er überlegt, wie er die Nachricht seiner Frau Gyburc überbringen soll, die Vivianz gehegt hat wie ein Vogel sein Junges und ihn liebt, als wäre er ihr eigenes Kind. Und er macht sich Vorwürfe: Er selbst war es gewesen, der den Knaben mit sich in die Schlacht nahm: »In deinem hellen Antlitz wuchs noch kein Barthaar, warum also hieß ich dich Mann?« (K. 67, 14-16). Und er weiß, daß er fortan an dem Verlust und an seiner Schuld zu tragen haben wird.

20 Willehalm küßt den sterbenden Vivianz. Illustration des Wolfenbütteler Willehalm-Codex. © Wolfenbüttel, Herzog August Bibliothek: Cod. Guelf 30.12 Aug. 2°

> »Gott wird mich deinetwegen zur Rechenschaft ziehen, denn ich und kein andrer hat dich hier erschlagen. Dein Tod wird mir für meine Torheit einen fortzeugenden Kummer bereiten, der immer neue Schmerzen gebären wird, bis mein Leben einmal endet.« (K. 67, 21-26)

Vivianz stirbt in seinen Armen. Immer wieder umarmt er weinend den toten Neffen. Sodann packt er dessen Leichnam auf sein Pferd und reitet trockenen Herzens davon: Trockenen Herzens, d. h., dieser Mann hat alle Tränen geweint, die er besaß.

Unterwegs trifft Willehalm auf Arofel, einen edlen heidnischen Ritter. Ein Kampf zwischen Gleichwertigen entbrennt. Doch Arofel trifft ein Mißgeschick. Die Lederriemen an seiner Beinrüstung reißen, und Willehalm durchhaut ihm den Oberschenkel. Arofel liegt schwer verwundet vor ihm. Er bittet um Schonung, bietet Lösegeld und freies Geleit für sein Leben an. Es wird ihm nichts nutzen, Willehalm erschlägt ihn.

21 Willehalm schlägt Arofel kampfunfähig. Illustration des Wolfenbütteler Willehalm-Codex. © Wolfenbüttel, Herzog August Bibliothek: Cod. Guelf 30.12 Aug. 2°

Es wurde viel um das Verhalten Willehalms gerätselt. Immerhin ist er der Held des Romans, ein Muster an Tapferkeit und ritterlicher Tugend. In dieser Szene jedoch erschlägt er einen Wehrlosen – eine auch im Mittelalter schändliche Tat; sie ist unbarmherzig und widerspricht dem ritterlichen Verhaltenskodex. Entsprechend appellierte Arofel an Willehalms Ehrgefühl: »Tapferer Held, du erwirbst dir keinen Ruhm, wenn du mich halbtoten Mann erschlägst; mein Glück hast du schon so erschlagen.« (K. 79, 22-24). Doch Willehalm denkt an Vivianz, und daran, so Wolfram, »wie der jetzt gerächt werden könnte, daß seine eigene Schmerzenslast ein wenig leichter würde« (K. 79, 28-30).

Wolfram beschreibt das, was Krieg war und ist – den nicht enden wollenden Kreislauf der Gewalt, die um so erbarmungsloser wird, je schmerzlicher die Verluste sind, die man sich zufügt. Was interessiert Willehalm noch das ritterliche Tugendsystem, was interessiert ihn die Tatsache, daß Arofel nichts mit dem Tod des Neffen zu tun hatte. Er schlägt ihn einfach tot.

22 Die Frau des Zollvorstehers beklagt bei Graf Arnalt den Tod ihres Mannes. Illustration des Wolfenbütteler Willehalm-Codex. © Wolfenbüttel, Herzog August Bibliothek: Cod. Guelf 30.12 Aug. 2°

Und damit nicht genug: Er köpft den Leichnam. Ob ihm dies jene Erleichterung bringt, die er sich erhofft, ob es ihm hilft, die übergroße Schmerzenslast zu tragen? Der Tod des Arofel wird ihm seinen Vivianz nicht mehr lebendig machen. Was bleibt, ist ein erneuter Mord – die blindwütige Tat eines Mannes, der halb wahnsinnig ist vor Schmerz.

Auch in der Folgezeit gebärdet sich Willehalm wie ein Wilder. Auf dem Weg zum Hoftag des Königs erschlägt er den Zollvorsteher. In einem weiteren ritterlichen Zweikampf erkennt er erst im letzten Moment in seinem Gegner den leiblichen Bruder. Ihm gesteht er seine Not: »Ich bin so unglücklich, daß der Tod mir lieber wäre.« (K. 119, 4-5). Er berichtet vom Tod all der Getreuen und Verwandten, vom Tod des Vivianz und von der verzweifelten militärischen Lage. Seine Truppen sind geschlagen, während das Heer der Heiden die Burg Orange belagert, die von seiner Frau Gyburc und den wenigen, die ihr verblieben sind, gehalten wird.

Auf dem Hoftag angelangt, beträgt er sich wider alle höfischen Sitten, und als ihm seine Schwester, die römische Königin, die Unterstützung verwehrt, packt er sie bei den Zöpfen und hätte sie, wäre nicht die Mutter dazwischengetreten, fast erschlagen. Erst der Auftritt seiner jugendlich liebreizenden Nichte Alyze besänftigt den Zornbebenden. Sie wirft sich vor ihm auf die Knie: »Ach, wo blieb dein Edelmut, der doch noch nie versagt hat? ... Ach, Oheim, dein Herz hat sich zu sehr verkehrt.« (K. 157, 5-11). Sie bittet um Vergebung für ihre Mutter und mahnt ihn zu einem ehrenvollen Verhalten, in dem er den Sitten des Hofes und den Familienbanden Rechnung trägt. Von Tränen der Rührung ist die Rede – das erste Mal, daß Willehalm weint, nachdem er mit dem Leichnam seines Neffen trokkenen Herzens davongeritten war.

Den gesamten Roman Wolframs durchzieht ein Grundgedanke, ein gewichtiges Argument gegen das Morden: die Idee der Verwandtschaft. Für den mittelalterlichen Menschen ein schlagendes Argument, für uns hingegen erklärungsbedürftig.

Daß wir dieses Argument nicht mehr verstehen, hat mit dem gewandelten Selbstverständnis des modernen Menschen zu tun. Begreift sich der moderne Mensch als Individuum, so nimmt für den mittelalterlichen Menschen die Gruppenzugehörigkeit einen zentralen Rang für sein Selbstverständnis ein. Es können unterschiedliche Gruppen sein, denen Menschen angehören. Bernhard z. B. fühlt sich seinen Mönchen zugehörig und – mit atemberaubender Selbstgewißheit – der Gruppe der zur Himmelsbürgerschaft Erwählten. Für den adligen Laien hingegen spielt die Einbindung in des Geflecht der Verwandtschaft eine bestimmende Rolle. Verwandtschaft stiftet Identität. Das Selbst ersteht aus dem Beziehungsgeflecht der Verwandten, das die lebenden und nicht minder die toten Verwandten umfaßt. Daher enthält der Brief Gachmurets nicht allein die Abschiedsworte an seine Frau, sondern auch den Bericht über seine Ahnen und den Ursprung seines Geschlechts (Parzival, Band I, K. 59, 1 ff.). Denn der Sohn, den sie unter dem Herzen trägt, soll einst wissen, wer er ist.

Weil nun die Verwandten Teil des Selbst sind, gibt es nichts Schlimmeres, als einen Verwandten zu töten. Entsprechend beschreibt Wolfram in seinen Romanen Kämpfe zwischen Verwandten als Szenen von höchster Dramatik. Außer sich vor Wut und Schmerz hätte Willehalm fast seinen Bruder Arnalt erschlagen. Parzival tötet zu Beginn seines Weges Ither, seinen Blutsverwandten, und lädt, auch wenn er nicht um die Verwandtschaft wußte, schwerste Schuld auf sich – ein untrügliches Zeichen dafür, wie weit er noch von seinem Ziel entfernt ist. Gegen Ende des Romans stehen sich Parzival und sein Halbbruder Feirefiz im Kampf gegenüber, wiederum ohne um ihre Verwandtschaft zu wissen. Doch diesmal zerspringt Parzivals Schwert – ein Fingerzeig Gottes. Als sich die Brüder erkennen, sagt Feirefiz:

> »Du hast hier gegen dich selbst gekämpft, und ich bin gegen mich in den Kampf geritten! Mich selber wollte ich erschlagen, doch du hast mutig mein Leben verteidigt.« (Band II, K. 752, 15-19)

Vergleichbare Worte spricht Willehalm, als er seinen Bruder Arnalt erkennt: »Als ich zum Zweikampf gegen dich anritt, da kämpfte ich mit mir selbst.« (K. 119, 16). Wehe dem, der die Hand gegen einen Verwandten erhebt! Es ist, als wenn er die Hand gegen sich selbst erhöbe.

Auch im »Willehalm« gehört die Verwandtschaftsthematik zu den bestimmenden Motiven des Romans. Das Werk hat einen großen Glaubenskrieg zwischen Heiden und Christen zum Inhalt, der zugleich der Krieg um eine Frau ist. Gyburc, die vormals Arabel hieß, hat ihren Mann, den Heidenkönig Tybalt, um Christi und Willehalms willen verlassen. Die Heiden fallen in die christlichen Lande ein, um diese Schmach für ihre Götter zu rächen. Zwei gewaltige Heere stehen sich gegenüber, deren Kern von Familienverbänden gebildet wird. Auf der einen Seite die heidnischen Verwandten Gyburcs, ihr ehemaliger Mann, ihr Vater, ihre Söhne, ihre Brüder, ihre Onkel und Neffen. Auf der anderen Seite die Blutsverwandten ihres Mannes Willehalm. Das Geschehen gewinnt somit eine zusätzliche tragische Dimension. In Arofel hat Willehalm zugleich den Onkel seiner Frau erschlagen. Unter Tränen beklagt Gyburcs Vater, daß er, wird er der Tochter habhaft, das eigene Kind töten muß. Eindringlich bittet er Gyburc, nicht starrsinnig an ihrem christlichen Unglauben festzuhalten: »Ach liebe Gyburc, tu es nicht. Was ich dir angetan habe oder noch antun werde, schmerzt mich selbst. Am liebsten ginge ich für dich in den Tod.« (K. 217, 15-18). Er beteuert, daß er sich zuerst der Bitte Tybalts, des verlassenen Ehemanns, verweigert habe, mit ihm gegen Gyburc in die Schlacht zu ziehen. Aber seine Priester hätten ihm aufgetragen, sie, kehre sie nicht zu ihrem Glauben zurück, zur Buße für seine Sünden zu töten.

> »Doch soweit habe ich mich als Vater noch nicht vergessen: Du bist mein Kind. Wenn noch Segen auf Dir ruht, so bekenne dich zu deinem Geschlecht und diene den Göttern.« (K. 217, 26-30)

Gyburc allerdings bleibt unbeirrt. Sie verteidigt die Wahrheit des christlichen Glaubens gegen den Unglauben des Heiden und versäumt es dennoch nicht, Terramer als »vater hôh unde wert« (K. 218, 1), ihren edlen und lieben Vater, anzureden.

Aber die Verwandtschaftsthematik ist nicht nur Grund für die höchste Tragik des Geschehens, sondern zugleich auch Chance. Am Ende der zweiten, mit der Vernichtung des Heidenheeres endenden Schlacht entschließt sich Willehalm, die getöteten Heidenkönige ehrenvoll aufzubahren und sie einbalsamieren zu lassen, um sie in ihre Heimat zu überstellen. Eine große Geste der Versöhnung und des Respekts vor der Tapferkeit seiner Gegner. Zugleich auch eine Geste des Respekts vor deren Trauer, die es den Heiden ermöglicht, ihre Toten zu ehren. Dem Heidenkönig, den er mit der Überführung der Leichname beauftragt, begründet er, warum er sich so verhält: »Wir wollen uns würdig ihrer annehmen, um deretwillen, die aus ihrem Geschlecht ist.« (K. 462, 24-26). Willehalm ehrt mit dieser Geste die toten Verwandten seiner Frau.

Gyburc ist das tragische Bindeglied zwischen beiden Sippen. Durch die Bande der Verwandtschaft und der Liebe bleibt sie mit beiden Seiten verbunden. Heimrich, dem Vater Willehalms, der auch ihr zum Vater geworden ist, öffnet sie ihr Herz: »Ach, ich Geißel der Schöpfung dessen, der Christen und Heiden geschaffen hat und erhält. Ich war ihrer aller Unglück. In mir erwuchs ihnen und uns Leid.« (K. 253, 9-13).

Zweifach glaubt sie ihre Schuld, zweifach ist ihr Grund zur Klage. Vor dem Fenster sei ihr Vater gestanden und habe ihr unter Tränen von all den getöteten Verwandten berichtet. »Die muß ich mit Recht beklagen«, gesteht sie Heimrich, »obwohl sie keine Christen waren – ich beklage sie als meine Verwandten.« (K. 254, 18-21). Und sie beklagt weiter die toten Christen, vor allem Vivianz, »dem vor allen mein tränenreicher Gruß statt lachenden Gedenkens von nun an gelten muß« (K. 253, 25-28). Nie mehr, so ruft sie aus, könne sie ihres Lebens froh werden. Gyburc, die doppelte Frau, wie Wolfram sie nennt, d. h. doppelter Verlust, doppelte Verzweiflung, doppelte Klage.

Wenn es nun wahr ist, daß es im Krieg keine Gewinner gibt, so kann dies kaum sinnfälliger ausgedrückt werden als in der Gestalt Gyburcs. Gleich, wer in den ritterlichen Zweikämpfen siegreich das Feld verläßt – Gyburc verliert immer. In der Versammlung der christlichen Kriegsherren ergreift sie, eine Frau, die hier eigentlich nichts zu suchen und erst recht nichts zu sagen hat, das Wort. Alle wissen, daß die zweite Schlacht unausweichlich geworden ist. Aber nur Gyburc, die der einen Seite angehört und dennoch die Gegenseite nicht hassen kann, weiß um das Ausmaß des menschlichen Dramas, das sich ereignen wird. Sie bekennt ihre Liebe zu Christus und Willehalm und betont weiter, daß sie auch dort, wo sie herkomme, geliebt habe, daß sie ihre lieben Kinder und einen Mann zurückgelassen habe, den sie niemals schlecht handeln sah: »Tybalt von Arabi ist ein ehrenwerter Mann.« (K. 310, 15-16).

Tief sind die Wunden, die sich die Gegner bereits schlugen. Neue werden folgen. Vor allem weiß Gyburc um den Kreislauf, in dem Menschen auf das Übermaß von zugefügtem Leid mit maßloser Gewalt antworten. Eindringlich ermahnt sie daher die christlichen Ritter, sich im Sieg nicht hinreißen zu lassen:

> »Was die Heiden euch auch angetan haben, so sollt ihr dennoch nicht vergessen, daß Gott selbst denen verziehen hat, die ihn töteten. Wenn Gott Euch den Sieg schenkt, so seid im Kampf barmherzig.« (K. 309, 1-4)

Und sie führt ein weiteres Argument an, dem aus ihrem Mund besondere Glaubwürdigkeit zukommt. Ihr, die an beide Seiten gebunden ist, gebührt es, auf die grundsätzliche Verbundenheit von Christen und Heiden hinzuweisen: »Hoert eins tumben wîbes rât, schônt der gotes hantgetât.« – » Hört auf den Rat einer törichten Frau, schont die Gottesgeschöpfe.« (K. 306, 28-30).

Gyburc ist die eigentliche Zentralfigur des Romans. Mit ihr entwickelt Wolfram eine Frauengestalt, die in der höfischen Epik ihresgleichen sucht. Schön ist sie und tapfer zugleich. Während der Abwesenheit Willehalms leitet sie die Verteidigung der Burg Orange und greift dabei eigenhändig zum Schwert. Wolfram läßt sie in der Versammlung der Kriegsherren zur Mäßigung mahnen und, was fast noch erstaunlicher ist, sie, eine Frau, im Religionsdisput mit ihrem heidnischen Vater die christliche Position vertreten. Am beeindruckendsten jedoch ist ihr Format. Gyburc, die doppelte Frau, d. h. doppeltes Leid, aber auch doppeltes Wissen und doppelte Lebenserfahrung. Keine der sie umgebenden Personen reicht an sie heran, teilt ihre Erfahrung und folglich ihr Wissen. Fast zwangsläufig müssen daher ihre Worte weitgehend ungehört verhallen. Trotzdem sind sie von besonderem Gewicht, denn Gyburc spricht an wesentlichen Punkten aus, was Wolfram denkt. Durch sie ergänzt und vollendet er seine Konzeption der diesseitigen Wertschätzung, indem er nun auch auf der theologischen Ebene Wert und

23 Schlacht. Illustration des Wolfenbütteler Willehalm-Codex. © Wolfenbüttel, Herzog August Bibliothek: Cod. Guelf 30.12 Aug. 2°

Würde der Heiden bestimmt. Wie die Christen sind sie Gotteskinder. Als Geschöpfe ein und desselben Vaters sind sie in elementarer Weise mit den Christen verwandt. Niemand könnte dies glaubhafter versichern als Gyburc. Denn sie allein weiß, von wem sie redet, wenn sie über die Heiden spricht.

Die zweite Schlacht beginnt. Mehrmals betont Wolfram die äußerste Härte des Kampfes. Inmitten der Schlachtbeschreibung ruft er aus: »Ey got daz dus verhanctes!« – »Herr Gott, daß Du das geschehen ließest!« (K. 419, 5).

Der Kampf endet mit der vernichtenden Niederlage des Heidenheeres. Nur wenigen gelingt es, sich auf ihre Schiffe zu retten. In wilder Flucht, so Wolframs Bericht, verläßt der Vater den Sohn, der Sohn den Vater. Für den mittelalterlichen Menschen ein erschütternder Vorgang – die Auflösung der Familienbande als Symbol einer aus den Fugen geratenen Welt.

Aber auch die Sieger werden ihres Sieges nicht froh. Zwar freut sich mancher, der das Schlachtfeld nach Beute durchkämmt, über das kostbare Gut der Heiden, an dem er sich bereichern kann. Andere suchen das leichenübersäte Schlachtfeld nach den Ihren ab. Der Herr findet seinen Vasallen, der Vasall seinen Herrn. Keiner, so Wolfram, der nicht seinen Vater, Bruder oder sonst einen Verwandten tot aufgefunden hätte. Auch hier ist die Welt aus den Fugen geraten, sind die Familienbande und die sozialen Bindungen mit dem Schwert zerschlagen.

Beim abendlichen Siegesmahl überwiegen die düsteren Töne. Manch einer habe sich betrunken, so daß

> »sich sein ganzer Schmerz ... in stilles Glück auflöste. Was all die Heiden ihm im Gefecht auch angetan hatten, darüber klagte er nun nicht mehr. Ihm schien, er allein habe sie alle erschlagen, und alle Helden seien Feiglinge gewesen, verglichen mit seinem Mut ... Um keinen einzelnen weinte er mehr, sei es sein Vater oder sonst ein Verwandter. Ihn kümmerte nicht mehr, wer gefallen war, und auch nicht, wer noch lebte.« (K. 448, 16-30)

Was bleibt, ist Willehalms Entschluß, die toten Heidenkönige in ihre Heimat zu überführen. Vielleicht die Tat eines Menschen, der sich im eigenen Schmerz nicht abschließt, sondern sich auch dem Schmerz des Gegners öffnet und somit eine jener von Großherzigkeit zeugenden Gesten, die zu allen Zeiten notwendig bleiben, um den Kreislauf der Gewalt zu durchbrechen. Wir dürfen es annehmen, wissen können wir es nicht. An dieser Stelle bricht das Fragment gebliebene Werk ab.

Was weiter bleibt, ist das abschließende Urteil Wolframs:

> »Ist es nicht Sünde, daß man die, die nicht getauft worden waren, wie Vieh erschlug? Für große Sünde halt ich

es. Denn alle Menschen sind Gottesgeschöpfe.« (K. 450, 15-19)

Noch einmal greift Wolfram das mahnende Wort Gyburcs von den Gottesgeschöpfen auf und verleiht ihm nun, da es offenkundig so wenig fruchtete, zusätzlichen Nachdruck. Christen und Heiden sind die Kinder ein und desselben Vaters. Dieser Wert gründet in Gott und ist daher unverrückbar. Handelt der Mensch ihm entgegen, so handelt er gegen den Willen Gottes. Das aber ist Sünde, wie Wolfram nur folgerichtig feststellt.

Warum sich dies so verhält, wird seinen mittelalterlichen Zuhörern unmittelbar eingeleuchtet haben, denn Wolfram hat seinen Gedanken an einem Kernpunkt ihrer Vorstellungs- und Gefühlswelt, anhand der Idee der Verwandtschaft, entwickelt – für den mittelalterlichen Menschen ein gleichermaßen überzeugendes wie anrührendes Argument. »Ein Herz, so steinern selbst wie ein Donnerkeil, müßte durch diese Geschichte erweicht werden.« (K. 12, 14-17). Denn gegen einen Verwandten die Hand zu erheben, das ist ein entsetzliches Unglück, ist Sünde, ist, als wenn man die Hand gegen sich selbst erhöbe. Und hierfür kann es nur ein Wort geben, das ist Mord.

Wolfram von Eschenbach – ein großer deutscher Dichter. Was aber hindert uns daran, in ihm zugleich einen großen christlichen Dichter zu sehen? Eigentlich nichts. Außer vielleicht seine humoristische Ader, seine derben, bisweilen unanständigen Späße, die an kalten Wintertagen manchem alten Rittersmann das Herz erwärmt haben dürften.

Dererlei, das von Bernhard in der Tat nie zu befürchten war, können wir nur schwerlich mit unserer Vorstellung von Christentum vereinbaren. Allzuleicht gilt noch immer Fanatismus für Ernsthaftigkeit, Hartherzigkeit für Prinzipientreue und Freudlosigkeit für Frömmigkeit. Bis in die Gegenwart hinein wirkt daher eine Tradition christlichen Denkens fort, die auf die angebliche Frivolität leiblicher Lust weitaus empfindlicher reagiert als auf die tatsächliche Frivolität der leiblichen Auslöschung.

Geschichte ist fern und doch so nah zugleich. Geschichtsschreibung bewahrt die Toten im Gedächtnis der Lebenden. Ihre Stimmen klingen von fern und sind doch, treffen sie auf unsere Bereitschaft zu hören, deutlich vernehmbar. Geschichtsschreibung ist im besten Fall Anrede, die mahnen oder ermutigen kann, in beiden Fällen aber auf Umsetzung ins Leben dringt.

> »Gedächtnis«, schreibt Friedrich Ohly, »macht bescheiden und getrost, ist eine Bedingung von Kultur, der Einsicht in das Wandel Überdauernde, der Möglichkeit des Gegenwärtighabens von Gewesenem, das prägend lebt. Sein Anspruch ist nicht leicht. Rilke sah den Torso des Apoll: ›Du mußt dein Leben ändern.‹« (S. 136)

24 Pablo Picasso, *Guernica*, 1937. © VG Bild-Kunst, Bonn 1994

Gedächtnis macht bescheiden: Es bindet in die Generationenfolge der Vorfahren ein, und zeigt in ihrem Scheitern die Möglichkeit des eigenen Scheiterns auf.

Gedächtnis macht getrost: Über die Jahrhunderte hinweg ist auch ein Gelingen möglich. Dies kann und soll Mut machen für jene alte Schlacht um Krieg oder Frieden, die in den Herzen der Menschen immer neu geschlagen wird und von der wir nicht wissen können, ob wir in ihr bestehen werden.

Mitten im Leben vom Tod umfangen

Niemand wird bestreiten, wie wichtig es für das Bestehen gerade auch in den sogenannten Krisensituationen des Lebens ist, daß man auf Erfahrungen zurückgreifen kann, die Maßstäbe zur Orientierung und zum Handeln liefern. Daß dies auch für Erfahrungen gilt, die andere Menschen vor uns gemacht haben, leuchtet erst ein, wenn an die Stelle blinder Fortschrittsgläubigkeit der offene Blick in vergangene Zeiten tritt. Doch auch dann muß man eigene Erfahrungen machen, können und sollen fremde Erfahrungen diese nicht ersetzen. Stets muß der Weg persönlich durchschritten werden und dennoch nicht allein, denn die Erfahrungen vorangegangener Generationen können zu Begleitern werden, deren Rat wir nicht vorschnell ausschlagen sollten, zumal in jenen alten Fragen des Menschseins, die über die Jahrhunderte hinweg gleich geblieben sind und dennoch immer neu beantwortet werden wollen.

Kaum ein Thema macht die Notwendigkeit der Einbindung des Menschen in ein Netz persönlich erlebter oder gesellschaftlich und historisch vermittelter Erfahrungen so deutlich wie die Todesthematik. Denn die kollektive Verdrängung des Todes bedeutet auf der Ebene des Einzelnen die Trennung von den Erfahrungen mit der Sterblichkeit. Eben diese Erfahrungen fehlen bitter in dem Augenblick, da der Tod aus der Verdrängung ins Leben tritt.[F6] Gleich einem furchtbaren Mißgeschick bricht er über den einzelnen Menschen herein, plötzlich und unvermittelt, als sei das Geschehen überraschend und man selbst der einzige, dem das Verhängnis widerfährt. Dies ist heute das Erleben vieler Menschen. Es war auch das meine, als meine Mutter mit einer schweren Erkrankung ins Krankenhaus eingeliefert wurde. Wie vor den Kopf geschlagen, wurde ich in das Geschehen gestellt, wortlos, ratlos und noch im Aufbegehren dumpf die Gewißheit spürend, daß ich mich zu fügen hatte. Inzwischen ist über ein Jahr vergangen. Meine Mutter lebt zu Hause und ist weiterhin krank. An die Stelle des ersten Schocks ist eine neue Normalität getreten, die alles andere als leicht, dennoch nicht von jener erdrückenden Schwere ist, die man ihr in der Vorstellung zuordnen mag. Denn wie so oft im Leben unterscheiden sich ein befürchtetes und ein erlebtes Geschehen an dem wesentlichen Punkt, daß an die Stelle lähmender Phantasien die Fähigkeit zur Neubewertung und zum Handeln treten kann. Dies allerdings setzt voraus, daß wir uns auf die Situation einlassen, daß wir unseren Widerstand aufgeben und nicht die Verdrängung zur Verleugnung steigern. Erst dann kann sich das Herz für die Freude öffnen, die ein Tag bringt, an dem es einem schwerkranken Menschen gut geht und er ohne Schmerzen ist.

Ich habe im vergangenen Jahr die Erfahrung gemacht, daß die Auseinandersetzung mit der mittelalterlichen Auffassung vom Tod auch für den modernen Menschen hilfreich sein kann. Dem blinden Fleck, den die Verdrängung des Todes im modernen Bewußtsein hinterläßt, steht die intensive Auseinandersetzung mit der Sterblichkeit des Menschen im Mittelalter gegenüber. Man muß die Antworten des Mittelalters nicht teilen, um die Tatsache zu schätzen, daß hier über ein Thema gesprochen wird, über das wir schweigen, und um in diesem Sprechen vielleicht sogar eine Chance zu erkennen, die eigene Sprachlosigkeit zu überwinden.

Im Krankenzimmer meiner Mutter lag eine sehr alte Frau im Sterben. Aus Platzmangel beließ man sie bis kurz vor ihrem Tod im Mehrbettzimmer. Ihr Bett war mit einem weißen Tuch vom restlichen Zimmer abgetrennt. Dennoch wurde ihre Anwesenheit als bedrückend empfunden. Im Vorbeigehen wagte ich einen Blick: Die Frau war nicht mehr bei sich, ihr Körper zusammengekauert, klein geworden, der Körper eines alten Menschen und eines Kindes zugleich. Meine Mutter erzählte mir, daß sie in der Nacht mit klarer Stimme gesprochen habe: »Auf Wiedersehen, meine lieben Kinder.« Die Kinder allerdings waren nicht da. Die letzten Worte ins Leere gesprochen – für uns die Normalität, für einen mittelalterlichen Menschen der Inbegriff des Schreckens.

Kurz vor ihrem Tod wurde sie in ein Einzelzimmer geschoben. Hier ist sie dann nach wenigen Tagen gestorben. Ihre Entfernung aus dem Zuhause, aus dem Kreis der Familie, das Fernhalten der Blicke und dann ihre Entfernung aus der Gruppe der Kranken macht deutlich, wie wir uns den Tod vom Leib halten, indem wir die Sterbenden aus unserer Mitte schaffen. Zugleich beschreibt ihre Entfernung aus dem Kreis der Lebenden die in die Gegenwart hineinreichenden Folgen eines historischen Wandels, der die Entfernung des Todes aus dem Leben zum Inhalt hat.

Lagen die alten Friedhöfe im Zentrum der Siedlungen, wurden sie später außerhalb der Orte angelegt. Das Wohnhaus als Ort der Krankheit, des Sterbens und der Rituale, die den Tod begleiteten und auf ihn folgten, wurde durch das Krankenhaus und die Totenhalle ersetzt. An die Stelle des im Leben gegenwärtigen Todes trat die Entfernung der Sterbenden, des Todes und der Toten aus der Mitte der Lebenden.

Wie so oft in historischen Dingen wäre es auch bezüglich der Todesthematik falsch, komplexe Prozesse historischen Wandels auf monokausale Entwicklungslinien zu verkürzen. Ereignisse und die von ihnen berichtenden Zeugnisse sind nicht Wende-, sondern Kristallisationspunkte, an denen sich der historische Entwicklungsgang offenbart. Als ein solches Zeugnis darf man den Bericht über den angesichts der Umgestaltung eines Friedhofs entbrennenden Streit betrachten, von dem in Goethes »Wahlverwandtschaften« die Rede ist. Im Auftrag Charlottes sind die Grabsteine an die Mauer der Kirche versetzt

Farbtafel 1
Die Kirche führt den Zug der Gläubigen zu Christus. Illumination aus einer Sammelhandschrift, Reichenau, Ende 13. Jh.
(zu Seite 12)

Farbtafel 3
Gisela Geue, Paar, 1988
(zu Seite 87)

Farbtafel 2
Hildegard empfängt ihre Vision und hält Wachstafeln und Griffel bereit, um das Offenbarte aufzuschreiben. Ein Mönch verfertigt die Reinschrift auf Pergament. Illumination aus Hildegard von Bingen, »Scivias«, Salem, erstes Viertel des 13. Jh.
(zu Seite 28)

Farbtafel 4
Rainer Fetting, Figur und Mauer, 1981
(zu Seite 93)

Farbtafel 5
WOLS (1913-1951), Komposition, 1947
(zu Seite 121)

Farbtafel 6
James Ensor, Masken dem Tod gegenübergestellt, 1888
(zu Seite 142)

Farbtafel 7
Auszug der Seele aus ihrem Zelt. Illumination aus Hildegard von Bingen, »Scivias«, Salem, erstes Viertel des 13. Jh.
(zu Seite 164)

Farbtafel 8
Helmut Middendorf, Großstadteingeborene, 1980 (Mittelteil)
(zu Seite 185)

Farbtafel 9
Gustav Klimt, Der Park, 1910
(zu Seite 209)

Farbtafel 10
Die himmlische Hierarchie. Sakramentarfragment, Hofschule Karls des Kahlen, um 870
(zu Seite 222)

Farbtafel 11
Paula Modersohn-Becker, Mutter und Kind, 1906
(zu Seite 240)

Farbtafel 12
Alexej Jawlensky, Meditation auf Goldgrund, 1936
(zu Seite 246)

und ist so der vormalige Friedhof in ein idyllisches blütenübersätes Grün verwandelt worden. Manche Gemeindemitglieder jedoch mißbilligen dies. Nicht nur auf das ›Wer‹ des Begrabenen, das in den steinernen Zeugnissen erhalten bleibe, komme es an, sondern auch auf das ›Wo‹. Entsprechend führen sie Klage, »daß man die Bezeichnung der Stelle, wo ihre Vorfahren ruhten, aufgehoben und das Andenken dadurch gleichsam ausgelöscht« habe. Der mit ihrer Angelegenheit betraute junge Rechtsgelehrte führt vor Charlotte die Argumente der aufgebrachten Gemeindemitglieder aus. Gerade die Begräbnisstätte sei den Menschen ein Trost, die der Arme mit einem Holzkreuz und der Reiche mit einem steinernen Denkmal versehe.

> »Aber«, so der Rechtsgelehrte weiter, »dieser Stein ist es nicht, der uns anzieht, sondern das darunter Erhaltene, das daneben der Erde Vertraute. Es ist nicht sowohl vom Andenken die Rede als von der Person selbst, nicht von der Erinnerung, sondern von der Gegenwart. Ein geliebtes Abgeschiedenes umarme ich weit eher und inniger im Grabhügel als im Denkmal, aber um dasselbe her sollen sich wie um einen Markstein Gatten, Verwandte, Freunde selbst nach ihrem Hinscheiden noch versammeln.« (S. 101 f.)

Die Worte des Rechtsgelehrten machen deutlich, daß man Charlottes Vorgehen als Zerstörung der an den Ort des Grabes gebundenen rituellen Gemeinschaft mit den Toten empfindet und darüber hinaus – wie der Rechtsgelehrte noch hinzufügt – als Raub an der tröstlichen Hoffnung, einst selbst neben den Geliebten begraben zu sein.

Gegenüber den traditionsverbundenen Gemeindemitgliedern vertritt Charlotte die moderne Position. Sie zeigt keinerlei Verständnis für deren Haltung:

> »Das reine Gefühl einer endlichen allgemeinen Gleichheit, wenigstens nach dem Tode, scheint mir beruhigen-

der als dieses eigensinnige, starre Fortsetzen unserer Persönlichkeiten, Anhänglichkeiten und Lebensverhältnisse.« (S. 102)

Wenig später freilich gibt sie »eine Art Abneigung« zu, die sie angesichts des Bildnisses eines Toten empfinde, denn »sie scheinen mir immer einen stillen Vorwurf zu machen; sie deuten auf etwas Entferntes, Abgeschiedenes« (S. 104). An Charlotte beginnt sich somit jenes moderne Unbehagen angesichts der Toten abzuzeichnen, das wir als Folge des Abbruchs der persönlichen Beziehung zu denen betrachten dürfen, die nunmehr als amorphe Gruppe dem Jenseits angehören sollen. Auch in der Folgezeit werden die aus der Gegenwart des Lebens in die Anonymität des Todes Verbannten jenen namenlosen Schrecken um sich verbreiten, der bis in unsere Gegenwart hineinreicht.

Über Jahrhunderte hinweg haben Menschen ihr Verhältnis zu den Toten nach Art der über Charlottes Neuerung empörten Gemeindemitglieder geregelt. Die Traditionsfolge, in der sie stehen, reicht bis in die Zeit des Mittelalters zurück, über die wir ein dezidiertes Urteil als finstere, barbarische Zeit besitzen. Hierzu paßt hervorragend, wenn Philippe Ariès – der Autor des Standardwerks zur Geschichte des Todes – zwischen dem gezähmten und dem verwilderten Tod unterscheidet. Erstaunt müssen wir allerdings zur Kenntnis nehmen, daß Ariès mit der Kategorie des ›verwilderten Todes‹ nicht etwa das Mittelalter, sondern unseren eigenen Umgang mit dem Tod beschreibt. Die Vorzeit hingegen gilt ihm als Zeit des ›gezähmten Todes‹. Seinem Schrecken scheint die Spitze genommen, was bleibt, ist schwer genug.

Inmitten einer seiner Predigten auf das Hohelied hält Bernhard inne und hebt zur Klage auf seinen Bruder Gerhard an, der sein leiblicher Bruder und zugleich sein Mitbruder im Kloster Clairvaux war – Bernhards rechte Hand und unverzichtbare Stütze in allen drängenden Geschäften. Bereits einige Zeit ist seit dem Tod und der Beerdigung Gerhards vergangen, als Bernhard seine Predigt unterbricht:

»Indes Schmerz und Unglück zwingen mich, diese Rede zu schließen. Wie lange noch soll ich mich verstellen; wie lange halte ich in mir das Feuer nieder, das mir doch die wehe Brust versengt und mein Inneres verzehrt? Eingeschlossen kriecht der Brand weiter, wütet er stärker … (B)isher tat ich meinen Gefühlen Gewalt an und konnte mich bis jetzt beherrschen, um nicht den Eindruck zu erwecken, als wären meine Gefühle stärker als mein Glaube. Während andere weinten, folgte ich, wie ihr bemerken konntet, ohne eine Träne zu vergießen, dem schmerzlichen Leichenzug. Trockenen Auges stand ich am Grabe, bis alle Feierlichkeiten der Bestattung vorüber waren. In den priesterlichen Gewändern sprach ich mit eigenem Munde die üblichen Gebete über meinen Bruder, warf nach Brauch mit eigener Hand Erde auf die Leiche des Geliebten, der selber bald Erde sein wird. Die mich erblickten, weinten und wunderten sich, daß ich selbst nicht weinte. Denn sie alle fühlten nicht Mitleid mit ihm, sondern vielmehr mit mir, weil ich ihn verloren. Wessen Herz auch, und wäre es von Eisen, mußte es nicht rühren, mich meinen Bruder Gerhard überleben zu sehen? … Ich aber – ich rang mit dem ganzen Aufgebot meines Glaubens gegen meine Gefühle. Ich bemühte mich, ob auch wider Willen, keiner nutzlosen Trauer zu verfallen, indem ich mir vor Augen hielt, daß die Natur eben ihren Zoll fordert, daß es eine Jedermannsschuld zu entrichten galt; daß in unseren menschlichen Verhältnissen das Sterben einmal Brauch ist; daß es sich um ein Urteil des Gerechten, um eine Geißel des Schrecklichen, um den Willen des Herrn handelt. Durch solche Beweggründe habe ich mich immer, damals und auch nachher, soweit beherrscht, daß ich dem Weinen nicht allzu sehr nachgab, so traurig und betrübt ich auch war. Den Tränen konnte ich gebieten, der Traurigkeit nicht … Doch der unterdrückte Schmerz trieb seine Wurzeln um so tiefer in meine Seele und wurde, ich fühlte es, um so herber, je weniger ich ihm nach außen Luft machte. Ich gestehe es, ich bin besiegt. Es muß hinaus, was ich innen leide.« (Predigten 5, S. 210 f.)

Betrachten wir kurz den Ausgangspunkt der Klage, der sich gar nicht so sehr von dem unseren unterscheidet: Auch hier versucht ein Mensch seine Trauer, ja seine Empörung über den Tod niederzuringen. Allerdings aus anderen Gründen als wir. Bernhard ist ein tieffrommer Mann. Der Tod müßte ihm nicht Ende, sondern Anfang bedeuten. Selbst von hochgestellten Persönlichkeiten des Mittelalters ist oft nur das Datum ihres Todes bekannt. Denn weit wichtiger als der Tag der Geburt ist im mittelalterlichen Denken der Tag des Todes, der nicht das Ende des diesseitigen, sondern den Anfang des jenseitigen Lebens beschreibt. Gerade für Bernhard, den Frommen, ist diese Vorstellung verbindlich, so daß er seine Trauer zu unterdrücken sucht. Mit allem, was ihm vernünftig ist – und das ist für ihn der Glaube –, ringt er seine Gefühle nieder. Aber er beobachtet sich genau und merkt, was mit ihm geschieht: Eingeschlossen kriecht der Brand weiter. Tiefer und tiefer gräbt sich die Trauer in den Menschen ein, schlägt Wurzeln, ergreift von ihm Besitz. Tränen kann man unterdrücken,

25 Edvard Munch, Tod im Krankenzimmer, 1896 © The Munch-Museum / The Munch-Ellingsen-Group / VG Bild-Kunst, Bonn 1994

Trauer nicht. Welch tiefes Wissen um den Menschen steckt in diesem Text!

Bernhard reagiert in einer Weise, die wir auch heute noch als angemessen empfinden. Bevor sich die Trauer seiner ganz bemächtigen kann, im Innen immer tiefere Wurzeln schlägt, stellt er sie außerhalb, spricht sie aus, gibt ihr eine Form – die Form der Totenklage, eine tradierte Textform. Über Jahrhunderte hinweg haben Menschen ihren Gefühlen in ähnlicher, ja in gleichlautender Weise Ausdruck verliehen. Heute neigen wir dazu, solche Formen gering zu schätzen: Sie seien kein Ausdruck individuellen Erlebens und gelten daher als unecht und unwahrhaftig. Im Bewußtsein der Überlegenheit koppeln wir uns von dem ab, was die Generationen vor uns als angemessene Reaktion auf ein Geschehen empfunden haben, das sich im Lauf der Jahrhunderte nicht verändert hat. Schwer war es damals, schwer ist es heute.

Auch im Mittelalter bleibt der Tod der Skandal, die Ungeheuerlichkeit, die er für den Menschen nun einmal ist. Vor der Empörung und der Trauer über den Tod schützt nichts, nicht einmal die tiefe Frömmigkeit des Heiligen. Bernhard aber steht ein Gefäß bereit, eine Form, in die er die übermächtigen Gefühle fassen kann, bevor sie sich seiner bemächtigen: die literarische Form der Totenklage. Bernhards Form ist nicht mehr die unsere; über eine eigene Form verfügen wir nicht. Der Preis, den wir hierfür zahlen, ist hoch. In einer Situation, in der Bernhard noch sprechen kann, verschlägt es uns die Sprache.

Diese Abwesenheit von Formen, von Ritualen, die das Unfaßliche faßbar, das Unerträgliche erträglich machen, deren gesellschaftliche Akzeptanz eine Öffentlichkeit herstellt, in der Menschen gemeinsam an der übergroßen Last tragen, ist der wesentliche Punkt, an dem sich – um auf Ariès zurückzukommen – der verwilderte und der gezähmte Tod, der Tod in der Moderne und der Tod der Vorzeit, voneinander unterscheiden. Dies gilt für den Stellenwert des Todes im Leben, für das Sterben und – wie zu zeigen sein wird – nicht minder für den Umgang der Lebenden mit den Toten.

Media vita in morte sumus – »Mitten im Leben sind wir vom Tod umfangen.« Dieser Satz beschreibt eine Wahrheit, die dem mittelalterlichen Menschen selbstverständlich ist. Selbstverständlich durch eine – im Vergleich zur Moderne – deutlich geringere Lebenserwartung, die den Tod als ständige Erfahrung in den Alltag des Lebens integriert; selbstverständlich aber auch durch eine Haltung, die bereit ist, das Allgegenwärtige in die Gegenwart zu integrieren. Zahllos die Predigten, die dazu mah-

26 Ausschnitt aus dem Baseler Totentanz, Aquarell von Johann Rudolf Feyerabend, der die inzwischen zerstörten Fresken (um 1440) im Friedhof der Predigerkirche in Basel kopierte.

nen, die Sterblichkeit im Gedächtnis zu bewahren, zahllos die Bilder, die dem Menschen seine Sterblichkeit vor Augen führen.

Ich möchte aus diesem weiten Themenkomplex einen Aspekt hervorheben, der mir besonders wichtig geworden ist.

Wünschen wir uns, daß uns der Tod greift, ohne daß wir seinen Griff spüren, daß wir rasch aus dem Leben gerissen werden, so ist unser Wunsch für den mittelalterlichen Menschen eine Schreckensvorstellung. Man gibt dem Schrecklichen einen Namen: der Tod, der den Menschen von hinten greift. Das wörtliche Verständnis des Begriffes macht den grundlegenden Unterschied zur Gegenwart sinnfällig: hier ein Leben und Sterben mit dem Tod vor Augen, dort ein Leben und Sterben, das den Tod nicht sehen will.

Ich habe im letzten Jahr verstanden, wieso der Tod, der den Menschen von hinten packt, ein Unglück ist. Denn es wäre ein Unglück für mich gewesen, wäre mir meine Mutter auf diese Weise entrissen worden. Wie viele Töchter habe ich mich ein Leben lang mit der Mutter gestritten. Oft ist es Angst, die zwischen Menschen steht, unverrückbar und scheinbar auf ewig, bis eine grundlegend gewandelte Situation ihre Relativität vor Augen führt. So wurde ich in einen Zustand entlassen, der – schwer genug – doch etwas von jener Leichtigkeit besitzt, die von neu erworbener Freiheit zeugt. Ich habe dieser Erfahrung den Namen ›Befreiung zur Nähe‹ gegeben.

Bisweilen vertraue ich darauf, daß mir diese Nähe bleiben wird. Sie bindet und macht doch auch frei zu einem Leben, das ich irgendwann – wie ich weiß und doch nicht recht glauben kann – mit ihr und zugleich auch ohne sie weiterführen muß. Denn gleich, ob sie lebt oder nicht, bleibt sie doch immer meine Mutter und daher von einer inneren Präsenz, die stets in die Gegenwart meines Lebens hinüberreicht.

Die Notwendigkeit für den mittelalterlichen Menschen, sich auf den Tod vorzubereiten, bezieht sich auf die Zeit unmittelbar vor dem Tod, die es einer rituellen Gestaltung zu unterwerfen gilt, um so einen geordneten Übergang ins Jenseits zu gewährleisten. In einer ihrer Visionen beschreibt die hl. Hildegard diesen Übergang der Seele in die jenseitige Welt:

> »Darauf sah ich Armselige (Hildegard), wie eine … Kugel sich aus den Umrissen ihrer (Menschen)gestalt zusammenzog, alle Bindungen löste und seufzend auswanderte. Trauernd überließ sie ihren Wohnsitz dem Zerfall und sprach: ›Ich ziehe aus meinem Zelte. Aber ich Elende, Leidvolle, wohin werde ich gehen? Auf schrecklichen, furchtbaren Pfaden gehe ich zum Gericht.‹« (Scivias, S. 126)[F7]

Während sich die Seele aus dem Körper löst, versammeln sich die Mächte des Lichts und der Finsternis, die sie zu ergreifen und mit sich zu führen suchen. Zahlreiche Quellen beschreiben den Kampf, der zwischen Engeln und Dämonen um die austretende Seele entbrennt. Die Engel, die Heiligen, oder aber Jesus und Maria erscheinen, um die Seele zu geleiten, während Satan seinen letzten Vorstoß wagt. Selbst einer so furchtlosen Frau wie der hl. Katharina von Siena (1347-80) blieb diese letzte Anfechtung nicht erspart:

> »Nach der letzten Ölung begann sie sich gänzlich zu verändern und mit Miene und Gliedern Zeichen zu geben, um zu zeigen, daß sie heftigste Angriffe der Dämonen erleide. Und in diesem schweren Ringen blieb sie anderthalb Stunden. Immer wieder wiederholte sie ihr Bekenntnis ›Herr, ich habe gesündigt‹, bis sich ihr Antlitz wieder aufzuhellen begann, als ob sie sich, den Tiefen eines Meeres entrissen, wiedergegeben würde«.

Zahlreiche Quellen berichten aber auch über die Hilfe der um den Sterbenden Versammelten, deren Gebete die Mächte der Finsternis bannen. So im Falle des Sterbens des Reichenauer Mönchs Wetti (4. November 824), den in seinen letzten Tagen Visionen, die ihm Einblicke ins Jenseits gewährten und ihm den erschreckenden Anblick dämonische Mächte vor Augen führten, bis ins Mark erschütterten. Aus einer Ohnmacht erwacht, ließ er angstvoll seine Mitbrüder herbeirufen, »berichtete hastig das Erlebte, warf sich vor ihnen auf den Boden, streckte die Arme in Kreuzform aus und flehte sie an, mit aller Kraft für seine Sünden Abbitte zu leisten«. Die Brüder beteten die Bußpsalmen, lasen aus den Schriften Gregors des Großen über das jenseitige Schicksal der Seelen vor. In der folgenden Nacht wurde Wetti wiederum von einer Vision erschüttert: »Er rief die Mitbrüder zu sich, die bei ihm gewacht hatten, und begann, sich seine Angst und den unerträglichen Schrecken von der Seele zu reden.« Vom schweren Sterben Wettis berichtet die Quelle, aber auch davon, wie ihn die Mitbrüder auf seinem Weg begleiteten.

Der Inhalt der Sterbevisionen hat sich geändert, und dennoch bleibt – wie neuere Forschungen belegen – ihr Kern auch in der Gegenwart gewahrt. Immer noch werden die Sterbenden geholt, bei ihrem Übertritt ins Jenseits zumeist von nahen, bereits verstorbenen Verwandten geleitet. Die Anfechtungen durch dämonische Mächte hingegen sind, da sie im Leben kaum noch eine Rolle spielen, auch im Sterben in den Hintergrund getreten. Dennoch gilt weiterhin, was die mittelalterlichen Beispiele belegen. Gerade in der krisenhaften Phase des Übertritts sind die rituelle Begleitung und menschlicher Beistand besonders notwendig, was auch uns einleuchten mag, die wir nicht mehr an Dämonen und Engel glauben und dennoch nicht wissen können, was in jener Stunde an uns zerren wird.

Nicht minder bezieht sich die Notwendigkeit der Vorbereitung auf den Tod auch auf das ganze Leben, in das jederzeit der Tod einbrechen kann. »Ich will dich sterben lehren und dich leben lehren«, spricht Christus, den Heinrich Seuse, ein Mystiker des 14. Jh., in die weibliche Gestalt der Ewigen Weisheit faßt. Im weiteren Verlauf des Kapitels aus dem Büchlein der Ewigen Weisheit, das als Sterbebüchlein im Spätmittelalter weite Verbreitung findet, schildert Seuse die Qualen eines Menschen, den der Tod von hinten gepackt hat. Nicht sterben zu müssen, beklage er, sondern nicht auf den Tod vorbereitet zu sein:

> »Ach Tod, grausamer Tod, wie bist du meinem jungen Herzen ein widerwärtiger Gast! Wie wenig dachte ich an dein Kommen! Von hinten hast du mich angefallen und mich erreicht.« (S. 286)

Traurig und verzweifelt blickt er auf sein sinnlos vertanes Leben zurück, das er führte, als müsse er nicht sterben:

> »Mir ist wie einem von einem Raubvogel gepackten Vöglein geschehen, dem vor Todesangst unter dessen

> Krallen die Sinne vergangen sind. Ich möchte nur entrinnen und weiß, daß ich es nicht kann; mich drückt der Gedanke an den Tod und das bittere Scheiden!« (S. 288)

Sein Blick beginnt sich zu trüben und öffnet sich zugleich für die jenseitige Welt, die ihm Zukunft sein wird. Finstere Mächte haben sich um ihn versammelt, die seine Seele an sich reißen wollen. Das Fegefeuer tut sich vor ihm auf, das, wie er sagt,

> »Land der Qualen, Angst und Not. Ach, Gott, ich sehe die wilden, heißen Flammen den dort Weilenden hoch über dem Haupte zusammenschlagen; sie fahren in den dunklen Flammen auf und ab wie die Funken.« (S. 291)

Vergeblich rufen die armen Seelen an diesem furchtbaren Ort um Hilfe und müssen als schlimmstes aller Leiden des freudvollen Anblicks Gottes entbehren. Eindringlich führt Seuse die Leiden des unvorbereitet Sterbenden vor Augen, um am Ende dieses lehrhaften Textes die Bedeutung des Geschilderten für die Lebensführung des Menschen hervorzuheben:

> »Herr, ich will alle Tage vor dem Tod auf der Lauer liegen und mich vorsehen, daß er mich nicht von hinten überfalle. Ich will sterben lernen und mich auf (die jenseitige) Welt einstellen. Herr, ich sehe, daß hier keines Bleibens ist.« (S. 292)

Manche Drohungen enthält das Sterbebüchlein, die denjenigen gelten, die leben, als ob sie sich nicht für ihr Leben zu verantworten hätten. Ganz anders hingegen klingt Seuse in seinem Brief an eine der Nonnen, mit deren Seelsorge er als Dominikanerprediger betraut war. Seuse versichert der sterbenden Frau seine Nähe, auch wenn er nun nicht bei ihr sein kann:

> »Fern bin ich dir dem Leibe nach, aber mit meinem Herzen stehe ich vor deinem Totenbett, mit bitteren Trä-

> nen und mit wohlmeinender Klage. Gib mir deine kranke Hand ...«

Auch die Nonne fürchtet den Tod, freilich aus anderen Gründen als der vom Tod hinterrücks Gepackte. Niemand weiß besser um die Ernsthaftigkeit der frommen Frau als Seuse, und deshalb kennt er zugleich den Inhalt ihrer Furcht. »Hast du je sündhaft gelebt – und für nur wenige Menschen gilt das nicht –, so sollst du in deiner Todesstunde darüber nicht so sehr erschrecken.« Statt dessen solle sie auf Christus vertrauen, dessen am Kreuz vergossenes Blut sie von ihren Vergehen reinwasche.

> »Und verlaß dich gewiß auf mein Wort: Nach christlichem, untrüglichem Glauben darfst du dir sicher sein, daß du von allem, was sich hindernd zwischen Gott und dich stellt, gänzlich befreit wirst und frohen Mutes sterben kannst.«

Seuses Schreiben gilt einer Frau, die ihr Leben nach jenen strengsten Maßstäben geführt hat, an denen sie nun zu verzagen droht. Daher kein drohendes, ja nicht einmal ein mahnendes Wort, sondern allein die sanfte Zusprache Seuses, der zum letzten Lassen Mut machen will, in dem die Fromme den nur allzu menschlichen Rest an Schuld in die Hände Christi übergibt. Und er berichtet ihr weiter von einem Land, in dem die Menschen den Tod nicht beweinen, sondern ihn lachend begrüßen, denn

> »der leibliche Tod kann aber wohl eine neue Geburt genannt werden wegen der Loslösung von dem leidigen Leibe und wegen des freien Einganges in die ewige Seligkeit. Wessen Augen aufgetan sind, diese Wahrheit deutlich zu erkennen, dem wird sein Tod um so leichter; wer das aber nicht bedenken kann, dessen Klage wird groß und sein unvorhergesehener Tod desto bitterer.«

Und so fügt sich zum letzten Lassen ein letzter Akt des Vertrauens, des Glaubens an einen letzten Sinn zum Guten, der gilt, auch wenn er dem Menschen nicht einsichtig ist:

> »Darum richte, mein Kind, Herz und Hände und Augen hinauf zum himmlischen Vaterland, grüß es mit deines Herzens Sehnen und ergib dich in Gottes Willen. Laß dich die Sache nicht anfechten: Was Gott mit dir tut, es sei Leben oder Sterben, das nimm von ihm als das für dich Beste, wenn du es auch im Augenblick nicht erkennst.« (S. 384 ff.)

27 Michael, der Seelenwäger, katalanisch, 13. Jh. © of the photograph Museu Nacional d'Art de Catalunya (Barcelona)

Deutlich ist das Verhältnis zum Tod von der ins Jenseits verlängerten Perspektive bestimmt, die für den Menschen des christlichen Mittelalters verbindlich ist. Der Tod ist nicht das Ende, sondern ein Übergang. Angesichts seines jenseitigen Schicksals muß der Mensch bangen, aber er darf auch hoffen. Der Tod ist nicht das letzte Wort. Dies wird erst noch über den Menschen gesprochen, und Maßstab ist das Leben, das er auf Erden geführt hat. Untrennbar greifen daher die Kunst zu leben und die Kunst zu sterben ineinander.

Im besonderen Maß wird dies am alten Freiheitsbegriff deutlich, der ›Freiheit wovon‹ meint und daher vom Menschen die Kraft zu lassen fordert. Freiheit bedeutet ›Freiheit zum Guten‹ und verwirklicht sich in einer heilsgemäßen Lebensgestaltung. Wer hingegen seinen Trieben nachgibt, wer sich keinen

Wunsch versagen kann, liegt in Ketten, führt ein Leben in der Knechtschaft des Eigenwillens und der Sünde. »Schreitet heraus, Töchter Sions«, schreibt der hl. Bernhard, »ihr verwöhnten, feinen Seelen, aus der fleischlichen Gesinnung zur geistigen Auffassung; aus der Knechtschaft der fleischlichen Begierlichkeit in die Freiheit geistiger Verständigkeit.« (Predigten 4, S. 198).

Eben dies ist die Grundhaltung der um Freiheit ringenden Frommen, die über ihr ganzes Leben hinweg jenes Loslassen vom Irdischen üben, das sie für den Übergang und das Leben in der jenseitigen Welt vorbereitet. Aber auch diese Auffassung beinhaltet ihre Gefahren. Für weite Teile der Frommen wird das *contemptus-mundi*-Motiv bestimmend, d. h. jene Haltung der Weltverachtung, der man aus christlicher Sicht einen mangelnden Sinn für die Schönheit der Schöpfung und das Geschenk des Lebens vorhalten kann. Nicht minder berechtigt erschiene jedoch der mittelalterliche Gegenvorwurf, der den modernen Materialismus als Verfallenheit an das Irdische bewerten würde. Denn nichts mag uns absurder vorkommen, als Freiheit mit Verzicht zu assoziieren. Unwillkürlich verbindet sich das moderne Freiheitsverständnis mit jenem ›Wozu‹, was sich auf all das, was wir noch nicht erfahren haben, was wir noch nicht besitzen, d. h. auf die in Zukunft auszuschöpfenden Möglichkeiten und zu erfüllenden Wünsche bezieht. Deren Verwirklichung gilt die Lebensperspektive, die der Ausbildung und Anspannung aller Kräfte des Menschen bedarf, nur eben der einen nicht – der Kraft zu lassen. Maßloser Schrecken verbreitet sich um das letzte Lassen, das nicht durch die Wertschätzung und Einübung des Lassens im Leben gehalten ist.

28 Tod in Mönchskutte, Ende 15. Jh.

Guillaume, um den es im folgenden geht, ist keine historisch bedeutsame Persönlichkeit. Georges Duby, ein französischer Historiker, schreibt über ihn, weil sein Leben und sein Sterben gut überliefert sind. Beschrieben wird der Tod eines Ritters. Der Tod eines Bauern wäre weniger prunkvoll, der eines Mönches stärker von christlichen Ritualen begleitet. Dennoch dürfen wir dieses Sterben als einen im wesentlichen exemplarischen Fall betrachten.

Guillaume fühlt, daß der Tod nah ist. Wir lesen dies sehr häufig in mittelalterlichen Quellen. Offenbar besaßen die Menschen ein genaues Gespür dafür, wann sich ihr Leben dem Ende zuneigte. Guillaume, der weiß, daß er sterben wird, zieht sich mit großem Gefolge in sein Haus zurück. Von nun an gilt es für ihn, sich vom Irdischen zu trennen, Ballast abzuwerfen, daß die Seele in den Himmel aufsteigen kann. Diese Trennung erfolgt in mehreren Stufen, die alle öffentlich vollzogen werden. Inmitten der Schar der Anwesenden befindet sich Guillaume, dem die Rolle des Handelnden zukommt. »Der Tod«, so Alois M. Haas, »ist mittelalterlich kein Geschehen der Bewußtlosigkeit. Der Sterbende weiß um seinen bevorstehenden Tod und nimmt – sterbend – die Regie seines Sterbens in die Hand.« (S. 150). Nicht anders handelt Guillaume. Betrachten wir die einzelnen Stufen des folgenden unter dem Aspekt des Loslassens, oder der, wie Duby es nennt, »fortschreitenden Entblößung« (S. 15).

Guillaume ist der Vormund des jugendlichen Königs. Er vertraut das Kind einem neuen Vormund an. Guillaume gibt sein Amt ab. Vom Krankenbett aus übergibt er seine Ländereien – wie es jeder der anwesenden Zeugen bei diesem Rechtsakt von ihm erwartet – dem ältesten Sohn. Sodann läßt sich Guillaume zwei kostbare Seidendecken aus seinem Besitz bringen:

> »Ihr Herren, seht. Diese Stoffe habe ich seit dreißig Jahren; als ich von jenseits des Meeres heimkehrte, brachte

ich sie mit, um mich ihrer zu bedienen, wie ich es jetzt tun werde. Man soll sie über meinem Leichnam ausbreiten, wenn ich zu Grabe getragen werde.« (S. 15)

Zugleich bestimmt er die Kirche der Tempelbrüder zu seiner letzten Ruhestätte. Als nächstes tritt Guillaume zum Orden der Tempelbrüder über und verhält sich somit wie viele andere Adlige auch, da man sich von der Zugehörigkeit zu einem geistlichen Orden, selbst wenn der Beitritt erst am Ende des Lebens erfolgt, Nutzen für das Seelenheil verspricht. Für Guillaume, der nun Mönch ist, bedeutet dies die Trennung vom weltlichen Ritterstand und die Trennung von seiner Familie, vor allen Dingen aber die Trennung von seiner Frau, die er nun zu sich bittet: »Schöne Freundin, umarmt mich, ihr werdet es nie wieder tun.« (S. 20). Sodann verteilt er all sein bewegliches Hab und Gut. Er verfügt fromme Stiftungen an Klöster, dessen Mönche für ihn beten sollen. Ebenso setzt er eine Summe für die Armen aus, damit diese zu seinem Gedächtnis gespeist werden. Allein seine kostbaren Gewänder sind ihm noch geblieben, die er nun an seine Gefolgsleute verschenkt. Und für den Fall, daß es nicht für jeden reiche, befiehlt er zu kaufen, was fehlt: »Möge keiner meiner Leute sich über mich zu beklagen haben.« (S. 25). Er beichtet und erhält die Absolution.

29 Klaus Sluter, Klagefigur vom Grabmal Philipps des Kühnen, vor 1404. © Musée des Beaux-Arts de Dijon

Als Guillaume den Tod nahen fühlt, läßt er seine Familie und die Gefolgsleute rufen: »Laßt meinen Sohn, die Gräfin, die Ritter kommen. Ich sterbe, ich kann nicht mehr warten, ich will von ihnen Abschied nehmen.« (S. 27). Er stirbt im Kreis der Seinen. Sein ältester Sohn – derjenige, der seinen Platz einnehmen wird – ist ihm am nächsten. Er hält den sterbenden Vater in den Armen. Wir lesen, daß der Sohn leise weint. Duby betont, daß es ein leises Weinen ist. Das laute Weinen gehört zu den Trauerritualen und muß nicht unbedingt individuelle Anteilnahme bedeuten. Aber der Sohn weint leise. Trotz der ritualisierten Form dieses Sterbens bleibt Platz für den individuellen Ausdruck von Gefühlen. Wir lesen vom leisen Weinen des Sohnes, von den Tränen der Frau und der Töchter, von Guillaumes Sorge um die jüngste Tochter, die ihm offenbar besonders am Herzen lag. Wir lesen vom zärtlichen Abschied von der Frau: Nichts von dem, was hier geschieht, ist leicht. Auffallend ist dennoch die relative Ruhe, in der sich alles vollzieht. Heftige Gefühlsausbrüche fehlen, was um so erstaunlicher ist, da man sich in dieser Zeit mit dem Ausdruck von Gefühlen nicht

30 Grabmal des Philippe Pot aus der Abteikirche von Cîteaux, Musée du Louvre, Paris

zurückhält. So macht das Sterben Guillaumes deutlich, was Ariès als »gezähmten Tod« bezeichnet. Beschrieben wird hier, wie es Georges Duby ausdrückt,

> »das althergebrachte Ritual des Todes, der kein Sichentziehen, kein verstohlener Abgang war, sondern eine langsame, geregelte, geordnete Annäherung, Vorspiel, feierlicher Übertritt von einem Zustand in einen anderen, höheren, ein Übergang, der ebenso öffentlich war wie die Hochzeitsfeierlichkeiten in dieser Zeit, ebenso majestätisch wie der Einzug der Könige in ihre guten Städte. Der Tod, den wir verloren haben und der uns vielleicht sogar fehlt.« (S. 7 f.)

Wir hingegen können nicht sterben und können folglich auch nicht sterben lassen. Nichts erschreckt uns mehr als jene vom Tod umfangene Zwischenzeit der Krankheit oder des Sterbens, die doch nur Abbild dessen ist, was für das ganze Leben gilt. Namenloses, da unbenanntes Entsetzen packt uns und bestimmt das Verhalten gegenüber denjenigen, die unübersehbar vom Tod umfangen sind. Entweder versuchen wir, ins Leben zurückzureißen, oder wir stoßen von uns weg in einen einsamen Tod. Manches an den aggressiven Therapien bei schwersten Erkrankungen, die eher das Sterben des Patienten in Kauf nehmen, als ihn seiner Krankheit zu überlassen, deutet auf die erste Variante. Verstanden als Dienst am Leben kann dies doch auch den Raub an der verbleibenden Zeit bedeuten, einer Zwischenzeit, die zu einer Zeit neuer Erfahrungen werden kann, in der sich Menschen und ihre Beziehungen zueinander vollenden. »Gott«, so Seuses Lehrer Meister Eckhart, »ist nicht ein Zerstörer der Natur, sondern ihr Vollender.« (S. 93). Wie sehr könnte uns dieser Satz helfen, die Krankheit als dem Menschen zugehörig und nicht als den Kranken überfremdende und letztlich zerstörende Macht zu begreifen. Doch das Vertrauen auf eine Kraft, die es im vordergründig Schlimmsten noch gut mit dem Menschen meint, ist weitgehend verloren. Selbst die

31 Ernst Barlach, Tot im Leben, 1926 © Ernst und Hans Barlach Lizenzverwaltung Ratzeburg

Frommen des Mittelalters benötigen ein ganzes Leben des Ringens und der Rückschläge, um zu diesem Vertrauen durchzudringen. Herbeireden läßt es sich nicht.

Die zweite Variante tritt uns heute in der klinischen Praxis des Sterbens und in der Frage der Sterbehilfe entgegen. Gern wird das Problem auf der medizinisch-technischen Ebene behandelt. Angesichts des verdrängten Todes jedoch erscheint die Gefahr übergroß, daß wir uns diejenigen aus den Augen schaffen, deren Anblick wir nicht ertragen, ja daß wir ihnen selbst die Möglichkeit geben, uns von jener Last zu befreien, als die sie sich empfinden und die sie allzu oft für uns auch tatsächlich sind. Von hier aus mag das eilfertig gesprochene Wort von der ›Erlösung‹ genau überdacht sein. Denn nicht ohne Grund galt dies bislang als Vorrecht dessen, der einzig unbestechlich zu urteilen vermag. Im Dafürhalten des Menschen jedoch verwischen sich leicht die Grenzen, wird unklar, wer hier wen von was erlöst. Meint das Wort von der Erlösung des Kranken nicht oft genug die Erlösung des Gesunden von der Konfrontation mit dem Tod, von der Pflicht zur Sorge und auch von einem schweren, möglicherweise über einen langen Zeitraum gemeinsam zu durchschreitenden Weg? Verglichen mit anderen Zeiten und auch mit anderen Kulturen sind wir die letzten, die sich die Kompetenz zum Urteil in dieser Frage erworben haben. Denn wir reißen zurück oder stoßen von uns weg und werden erst noch lernen müssen, zum Abschied die Hand zu reichen.

Die Gemeinschaft der Lebenden und Toten

Arno Borst, ein bekannter deutscher Mediävist, schließt das Vorwort zu seinem Werk »Mönche am Bodensee« mit einigen Überlegungen zu den Toten. Seine Forderung, »Tote als Mitmenschen anzunehmen«, ist mit dem Herzen des Historikers gesprochen, der denen sein Wort leiht, die nicht mehr für sich selbst sprechen können:

> »Ihre Stimmen sind leise und undeutlich, oft muß ich das, was sie sagen, ergänzen und zuspitzen; aber ich hüte mich, sie zu überschreien, denn noch ihr Widerspruch klingt matt und müßte mich deshalb doppelt beschämen«.

Wie kaum ein anderer Berufsstand wissen sich die Historiker den Toten und deshalb der Bewahrung eines gerechten Andenkens verpflichtet. Sodann fährt Borst mit der Bemerkung fort, daß »keine Klasse der heutigen Gesellschaft so rücksichtslos unterdrück(t) wird wie die Toten« (S. 17). Eine seltsam anmutende Aussage, die dem Erfahrungshorizont des Mediävisten entstammt, der um den grundlegenden Unterschied weiß, der auch bezüglich des Umgangs mit den Toten zwischen Mittelalter und Moderne besteht. Bereits in der Episode aus den »Wahlverwandtschaften« deutete sich dieser Unterschied an.

Zu den wichtigsten Aufgaben von Guillaumes Sohn gehört es, das ehrenvolle Andenken an seinen Vater zu bewahren. Handelte er diesem Anspruch entgegen, würde er schwere Schuld und schlimme Schande auf sich laden. Denn das Totengedenken (*memoria*) spielt im Mittelalter eine im Vergleich zur Moderne ungleich größere Rolle.

Warum sich dies so verhält, ist heute nicht mehr leicht zu verstehen. Es hängt mit dem Selbstverständnis des mittelalterlichen Menschen zusammen, d. h. mit der Art und Weise, wie er sein Selbst definiert. Betrachten wir uns als Individuen, definiert sich der mittelalterliche Mensch vorrangig über seine Gruppenzugehörigkeit. Auch wir gehören Gruppen an, Gruppen von Lebenden. Im Gegensatz hierzu umfassen mittelalterliche Gruppen sowohl die Lebenden als auch die Toten. Der Adlige definiert sich aus der Reihe seiner Ahnen; die Beleidigung eines Ahnen empfindet er als schwerste Beleidigung seiner Selbst. Auch freie Vereinigungen wie Gilden und Zünfte umfassen tote wie lebende Mitglieder. Ebenso gehören der Mönchsgemeinschaft die toten wie die lebenden Mönche an. Auch wenn die Grenze zwischen Diesseits und Jenseits die Lebenden von den Toten trennt, bestehen die Gefühle der Verbundenheit und die Notwendigkeit zur gegenseitigen Sorge fort. Denn der Tod ist nur Übergang, die vorläufige Trennung derer, die im Leben einander angehörten und die darauf hoffen, am Ende aller Zeiten wieder vereint zu sein. So warten in den Vorhöfen, wie Bernhard die theologisch schwierig zu bestimmende Zwischenzeit vom Tod zum Jüngsten Gericht beschreibt, die verstorbenen Mönche auf ihre lebenden Mitbrüder. Zwar sind sie selig, aber dennoch nicht vollendet. Sie hoffen und bangen um jeden einzelnen der Ihren, der noch auf Erden wandelt, und erwarten sehnlichst seine Ankunft. Denn ohne die Mitbrüder – da ist sich Bernhard sicher – werden sie nicht in das jenseitige Haus eintreten, als das Bernhard den Zustand der Erfüllung am Ende aller Zeiten beschreibt (Predigten 3, S. 189).

Die soziale Bindung, die Notwendigkeit zum gegenseitigen Beistand, ist mit dem Tod nicht beendet. Entsprechend groß ist die Sorge der mittelalterlichen Menschen, im Gedächtnis der Lebenden bewahrt zu bleiben. Alles, nur eins nicht: nur nicht vergessen werden. Denn vergessen zu werden bedeutet, aus der Gemeinschaft derer zu fallen, die über den Tod hinaus füreinander einstehen.

Daß freilich überhaupt die Möglichkeit besteht, auch über den Tod hinaus füreinander Sorge zu tragen, mag wiederum befremden. Denn für uns ist mit dem Tod das letzte Wort gesprochen, der letzte Vorhang gefallen, der sich schwer und undurchdringlich zwischen Lebende und Tote schiebt. Im Mittelalter hingegen erfährt man die Grenze zwischen Diesseits und Jenseits als durchlässig. Sie ist durchlässig z. B. für Gebete oder für Messen, die die Lebenden ihren Verstorbenen nachsenden, um ihnen beizustehen und ihr jenseitiges Schicksal zu verbessern. So berichtet einer der Mönche des Klosters Iburg über Bischof Benno von Osnabrück, den Gründer des Klosters, daß dieser noch kurz vor seinem Tod im Jahr 1088 die Mönche scherzend in die Pflicht genommen habe. Er, dem sie soviel verdankten, könne wohl erwarten, daß sie nach seinem Tod seine Seele durch tägliche Gebete nährten. Denn, so der Bericht weiter, »behindert durch zahllose weltliche Angelegenheiten in diesen unseren höchst unruhigen Zeiten, hoffe er, daß, was er selbst am Dienst vor Gott zu wenig tat, an seiner Seele von der hier versammelten Gemeinschaft in Billigkeit wieder gutgemacht würde«. Dieselbe Sorge trieb Wetti um, der – zutiefst über sein jenseitiges Schicksal beunruhigt – seine letzten Tage damit verbringt, sich des Gebetsbeistandes der Mitbrüder und von befreundeten Klöstern zu versichern: »Er schrieb deswegen Briefe«, so der zeitgenössische Bericht, »und erbat sich … von zehn Klöstern jeweils hundert Messen und hundert Psalter.«

Wie berechtigt seine Vorsorge war, hatte er in seiner Vision vor Augen geführt bekommen. Auf einem hohen Berg sah er den zehn Jahre zuvor verstorbenen Reichenauer Abt Waldo sitzen, der zu seiner Läuterung »die Unbill von Sturm und Regen ertragen mußte« – Opfer der Treulosigkeit eines Bischofs, den selbst Ermahnungen aus dem Jenseits nicht zur Einlösung seiner Gebetsschuld bewegen konnten:

> »Unglücklicherweise war ihm das Gebet vorenthalten geblieben, das ein erst kürzlich verstorbener Bischof ihm wohl versprochen, aber nicht abgeleistet hatte; weil dieser Bischof auch nach einer Mahnung vom Jenseits her nicht tätig geworden war, saß er (Waldo) nun auf der rückwärtigen Seite des Berges und büßte seine Strafe ab.«

Nicht alle Schuld – so die Bischof Bennos Worten und der Sorge Wettis zugrundeliegende Vorstellung –, die sich während eines Menschenlebens anhäuft, ist bis zum Tod abgetragen. Der Mensch nimmt sie mit sich in sein Grab und ist nun, da er sich nicht mehr selbst helfen kann, auf die Hilfe und den Beistand der Lebenden angewiesen. Wiederum ist der Gemeinschaftsgedanke bestimmend, der die für uns nur individuell denkbare und daher nur individuell abtragbare Schuld der Obhut einer Gruppe übergibt, in der Menschen stellvertretend füreinander einstehen.

Eben diese Sorge um sein zukünftiges Schicksal bewegte auch Guillaume, der kurz vor seinem Tod Stiftungen an Klöster verfügte, damit ihm die Mönche seine Gabe mit der Gegengabe der Gebete für sein Seelenheil entgelten. Ebenso ließ Guillaume eine gewisse Summe für die Armen aussetzen, damit diese zu seinem Gedächtnis gespeist würden. 100 Arme, hatte er verfügt, sollten verköstigt werden, damit sie diese Gunst ihrem Gönner durch ihr Gebet vergelten (S. 30). Denn nicht nur die Gebete der Mönche, sondern auch die Gebete der Armen fliegen in den Himmel auf, tilgen die Schuld, begleichen ausstehende Rechnungen, besänftigen den zürnenden Gott. Auf diese Weise gehören nicht nur fromme Stiftungen, sondern auch die Armenspeisung zu den Ritualen des Totengedenkens. Sowohl am Todestag eines Mönchs sowie an den 30 darauffolgenden Tagen sollte – so die Bestimmung im Kloster Cluny – ein Armer zu seinem Gedächtnis gespeist werden. Eine weitere Speisung am Jahrestag des Todes eines einfachen Mönchs schloß sich an, während am Jahrestag des Todes eines Abtes zwölf Arme zu versorgen waren. Schnell ergab sich aus der Vielzahl der Verstorbenen eine Belastung, die das Kloster an die Grenze seines Leistungsvermögens brachte, so daß sich der Abt Petrus Venerabilis zu Beginn des 12. Jh. gezwungen sah, die Zahl der täglich zu verköstigenden Armen auf 50 zu begrenzen. Die dennoch verbleibende Zahl von etwa 18 000 Mahlzeiten jährlich macht den gewichtigen Beitrag deutlich, den die Armenspeisungen der Klöster zur Sozialfürsorge des Mittelalters leisteten. Erstaunlich ist hierbei die Bewertung, welche die in das Ritual des Totengedenkens eingebundene Sorge für die Armen erfährt. Wohnt heute dem Begriff Almosen die abwertende Bedeutung des gnadenhalber und deshalb zu Unrecht Gewährten inne, wird der Begriff in den mittelalterlichen Quellen mit *iustitia detur*, d. h. jemandem Gerechtigkeit widerfahren lassen, umschrieben. Denn die Armen sind die Schatzkammer Christi. All das ihnen Gewährte wird den Verstorbenen aus diesem Schatz des Erbarmens vergolten und in die Vergebung ihrer Schuld umgemünzt. Wiederum ergänzen sich Gabe und Gegengabe zum rituellen Austausch, in dem jedem das seine von Rechts wegen zusteht und in dem es der mittelalterlichen Gesellschaft gelingt, die Sorge für ihre schwächsten Mitglieder, d. h. für diejenigen, die sich nicht mehr bzw. nur beschränkt selbst helfen können, miteinander zu verbinden: die Toten und die Armen.

Die befremdlichen Inhalte der Rituale sollten nicht über die grundlegende Bedeutung des mittelalterlichen Totengedenkens für die »menschliche Urangst des Vergessenwerdens« hinwegtäuschen, auf die Friedrich Ohly hinweist, denn der Mensch, dem das Verlangen nach Liebe und Gemeinschaft so tief eingegraben ist, daß er ohne sie verkümmert, übersteht »auch weite Räume und Zeiten des Getrenntseins … ohne Furcht, sie zu verlieren, wenn die Zuversicht auf sein Gedächtnis bei den Fernen ihn noch trägt«. So gehört, wie Ohly weiter ausführt, »das ›Vergiß mich nicht‹ … zu den bewegendsten Bitten des Menschen« (S. 9). Es ist bereits die Bitte des Kindes, das der körperlichen Präsenz der Mutter entbehren und dennoch darauf hoffen muß, daß sich das Drama der Trennung nicht zur Katastrophe des Verlassenwerdens weitet. Denn das ›Vergiß mich nicht‹ setzt an die Stelle der Furcht das Vertrauen auf eine die Distanz überspannende Verbundenheit, die im Gedächtnis des Menschen aufrechterhalten wird. Auch dem Erwachsenen bleibt untergründig die Furcht des Kindes, und auch er greift auf das ›Vergiß mich nicht‹ zurück, wenn die schmerzliche Trennung ihn in die Abgründe der Einsamkeit und Verlassenheit zu reißen droht. Eben dies ist auf der menschlichen Ebene Sinn und Funktion des mittelalterlichen Totengedenkens. Es bewahrt den Einzelnen im Gedächtnis der Seinen und stellt somit dem Lassenmüssen des Sterbenden das Gehaltensein in einer Gemeinschaft gegenüber, der er auch weiterhin angehört. Untrennbar sind die Generationen auf diese Weise in wechselseitiger Verpflichtung miteinander verbunden. Denn die Toten bedürfen der Lebenden, und die Lebenden werden – wie man sich im Mittelalter nur allzu bewußt ist – die Toten von morgen sein.

Einer der Väter der Vorstellung, daß denjenigen Toten, die gut lebten und dennoch eine Restschuld mit sich in ihr Grab nahmen, durch die Fürbitten der Lebenden geholfen werden kann, ist der spätantike Philosoph und Kirchenvater Augustinus. Augustinus, der eine sehr enge Bindung an seine Mutter Monika besaß, beschreibt deren Tod im 9. Buch seiner »Bekenntnisse«. Monikas Tod geht ein mystisches Gespräch zwischen Mutter und Sohn voran. »Bald im stillen Sinnen, bald Worte wechselnd«, durchschreiten sie die Stufen der sinnlichen Welt, um über das Reich ihrer Seelen ins Land der unerschöpflichen Fülle zu gelangen, wo sich ihnen die vollendete Weisheit des Jenseits in einer Art Vorgeschmack offenbart:

> »Und da wir von ihr sprachen und nach ihr seufzten, berührten wir sie mit vollem Schlage unseres Herzens ein klein wenig, atmeten tief auf und ließen dort angeheftet ›die Erstlinge unseres Geistes‹. Dann kehrten wir zurück zum tönenden Laut unserer Sprache, wo die Worte Anfang und Ende haben.« (S. 236 f.)

Auf diese letzte gemeinsame Reise nimmt die Mutter den Sohn auf einem Teil jener Wegstrecke mit, die sie bald allein durchqueren wird. Wenige Tage später stirbt sie. Wiederum ist von unterdrückten Tränen die Rede und von einem Menschen, der seiner Trauer nicht Herr zu werden vermag. Er drängt in sich die »Fluten (des) Kummers« zurück, »aber bald stürmten sie von neuem an«. Er schilt sich wegen der im Gegensatz zu den Glaubenseinsichten stehenden Gefühle und bleibt selbst am Grab tränenlos: »Aber den ganzen Tag bedrückte mich insgeheim schwere Trauer.« Er nimmt ein Bad und entsteigt ihm als derselbe, der er zuvor war: »Denn die Bitterkeit des Grams im Herzen ließ sich nicht mit dem Schweiß austreiben.« Erst der Schlaf bringt Linderung, eröffnet den Zugang zur Trauer und zu den Gefühlen zur Mutter, die er gemeinsam mit seinem Schmerz in sich niedergehalten hatte:

> »Und nun geschah es allmählich, daß ich mit früheren Gefühlen an deine Magd denken konnte, ihren frommen Wandel vor dir und wie sie uns so überaus gütig und dienstbereit gewesen und ich dessen nun plötzlich beraubt war. Da tat es mir wohl, vor dir zu weinen, um sie und für sie, um mich und für mich. Ich ließ den Tränen, die ich zurückgehalten, freien Lauf. Mochten sie fließen, soviel sie wollten. Ich bettete mein Herz hinein und fand Ruhe in ihnen.« (S. 243)

Sodann schließt Augustinus Fürbitten für die verstorbene Mutter an: »So laß mich denn, du mein Preis und mein Leben, Gott meines Herzens, ihre guten Werke, für die ich froh dir Dank sage, ein wenig vergessen und nun zu dir flehen für die Sünden meiner Mutter.« Der gerechte Gott möge sich ihrer erbarmen, seiner Schuldnerin die Schuld erlassen, wie auch sie ihren Schuldnern die Schuld erlassen habe. Stets habe sie vorbildlich gelebt, wie vor allen Dingen der Tag ihres Todes offenbarte. Sie, die sich so sehr von allem Irdischen gelöst hatte, daß ihr selbst nichts mehr daran lag, in der Heimat neben dem Gatten begraben zu sein, äußerte als einzige Bitte, daß man sich ihrer in der Meßfeier erinnere. Diesem Wunsch kommt ihr Sohn nach, und er bindet darüber hinaus all seine Leser in das Gedenken an Monika ein: »Dann wird, wenn so viele für sie beten, ihr letzter Wunsch reichlicher erfüllt durch diese meine Bekenntnisse als durch meine eigenen Gebete.« (S. 243 ff.).

Es kann kaum zufällig erscheinen, daß Augustinus seine Gedanken über die im Jenseits wirksame Gebetshilfe gerade im Anschluß an den Bericht über Monikas Tod entwickelt. Denn die Sorge des Sohns reicht über den Tod der Mutter hinaus, wie ja auch unsere Gefühle für eine geliebte Person nicht mit deren Tod abbrechen, sondern über den Tod hinausreichen.

Die Grenze zwischen Diesseits und Jenseits ist für die Gebete und die rituellen Handlungen der Lebenden durchlässig. Auch in umgekehrter Richtung ist dieser Weg gangbar. Die Toten erscheinen vor den Lebenden. Häufig, so ist in Seuses Lebensbeschreibung zu lesen, geschah es ihm, »daß ... Seelen, die aus der Welt geschieden, vor ihm erschienen und ihm kündeten, wie es ihnen ergangen sei« (S. 32).

In Visionen, Träumen und Gesichten erscheinen die Toten. Sie nehmen Anteil an den Sorgen der Lebenden, sie berichten von ihrem Schicksal, und sie bitten um Hilfe. Oft genug beklagen sie sich bitterlich über Nachlässigkeiten der Lebenden in den für sie zu verrichtenden Gebeten. Bisweilen auch geben die Toten Anweisungen, was die Ihren zu tun haben, fordern Gebete oder Messen ein, die dazu dienen sollen, ihr jenseitiges Schicksal zu verbessern. Eben dies geschieht in einer Vision Seuses, in der ihm sein verstorbener Vater erscheint.

Seuse berichtet nicht viel über seinen Vater, doch das wenige, was er über ihn sagt, ist aussagekräftig genug. Er sei das glatte Gegenteil der Mutter gewesen. Diese freilich hatte Seuse innig geliebt. Wie bei vielen Frommen und Heiligen läßt sich auch bei ihm eine enge Mutterbindung beobachten, denn Frömmigkeit und Bildung werden in den Familien des Mittelalters traditionell über Frauen vermittelt. Der Vater hingegen blieb nicht nur der Welt verhaftet, sondern suchte weitergehend noch die Frömmigkeit seiner Frau zu bekämpfen – »mit harter Strenge« (S. 150), wie Seuse diskret den wohl zur Gewalttätigkeit neigenden Charakter des Vaters beschreibt. Zwischen Vater und Sohn wird es daher nicht zum Besten gestanden haben. Der Sohn nimmt den Namen des Geschlechts der Mutter an, und auch der Vater war über das frömmelnde Muttersöhnchen wohl alles andere als glücklich.

Nach dem Tod der Eltern erscheinen sie Seuse – getrennt, wie sie es schon im Leben waren – in zwei Visionen. Die fromme Mutter zeigt ihm den himmlischen Lohn, den sie im Jenseits empfangen hat. Der Vater hingegen befindet sich, wie nicht anders zu erwarten, im Fegefeuer. Er führt Seuse seine schreckliche Strafe vor Augen, erklärt, womit er sie verschuldet hat, und vor allen Dingen, womit ihm der Sohn helfen kann. Über die Art der Hilfe läßt uns der Text im dunkeln. Vielleicht sind es Gebete gewesen, doch auch wenn die Hilfe von anderer Art war, auf jeden Fall war sie erfolgreich. Wenig später erscheint der Vater erneut und berichtet, dank des Sohnes der Strafe ledig zu sein (S. 33). Posthum wird der Vater den Sohn doch noch zu schätzen gewußt haben. Und auch der bereitwillig helfende Sohn dürfte um die Gelegenheit dankbar gewesen sein, seiner Verbundenheit zum Vater in einer Weise Ausdruck zu verleihen, für die im Leben kein Platz war.

Die Brisanz dieser für uns so seltsamen, für das Mittelalter hingegen so typischen Geschichte ist mir eigentlich erst klargeworden, als ich sie einer Bekannten erzählte, die ich zehn Jahre nicht gesehen hatte. Später sagte sie mir, daß sich ihr Freund, der Vater ihres Kindes, umgebracht habe. Wie oft greift der Tod einen Menschen von hinten! Wie oft auch können wir unsere Angelegenheiten nicht mehr ordnen, wenn noch die Zeit dazu wäre! Ich bereute, ihr die Geschichte erzählt, ihr einen Weg aufgezeigt zu haben, der nicht mehr begangen werden kann. Denn die Grenze zwischen dem Diesseits und dem Jenseits ist für uns verschlossen. Die versäumten Worte bleiben ungesprochen, um fortan bleischwer auf der Seele zu lasten.

Die Gemeinschaft der Lebenden und Toten – wirklich nur eine Absonderlichkeit aus dem Mittelalter? Bei näherem Hinsehen beschreibt diese Gemeinschaft die Wahrheit, die Wahrheit für einen jeden Menschen, der eine nahestehende Person verloren hat. Denn trotz des Verlustes besteht die Gemeinschaft fort: im Gedächtnis, in der Sehnsucht, in der Trauer, oft genug in Gefühlen der Schuld. Eben deshalb fürchten wir die Trauernden, denn wie die Schwerkranken sind sie vom Tod gezeichnet. Wiederum stoßen wir von uns weg oder suchen ins Leben zurückzureißen. Jene vorschnelle Mahnung, den Blick in die Zukunft zu richten, will sich als Dienst am Leben verstanden wissen und ist doch Raub am Gedächtnis als dem letzten, was vom geliebten Menschen gegenwärtig geblieben ist.

Die Gemeinschaft der Lebenden und der Toten besteht weiter, ihre Rituale jedoch sind weitgehend verloren. So ist unsere Gemeinschaft oft uneingestanden, unbewältigt und unglücklich. Nicht selten wird sie verheimlicht, sei es aus Scham, sei es im Wissen, daß sich kaum jemand fände, der Verständnis hätte, der bereit wäre, im Zuhören das Gedächtnis zu teilen. Nicht nur der Tod in der Gegenwart, auch die Trauer ist verwildert.

Mit Sicherheit dürfte unsere Ratlosigkeit angesichts des Todes bei den mittelalterlichen Frommen auf Verwunderung und Unverständnis stoßen, denn alles Wissen, so die Auffassung des hl. Bernhard, das seinen Namen verdient, bezieht sich auf die Grundfragen des Lebens, zu denen die Frage nach dem Tod nun einmal gehört. Entsprechend vergleicht er ein solches Wissen mit Honig, denn es nährt den Menschen. Es beweist sich daran, ob es dem Menschen nutzt, ob es seinen Sitz und seine Umsetzung im Leben des Menschen hat. Den Gegenpart hierzu nennt Bernhard aufblähendes Wissen, denn es gibt Fülle vor, wo innere Hohlheit herrscht. Es hilft nicht, die Grundfragen des Menschseins zu bewältigen, sondern lenkt im Gegenteil von ihnen ab.

Wir müssen die religiösen Inhalte dieser Gedanken nicht teilen, um den Wert des aufgezeigten Weges, den Wert eines Wissens, das seinen Sitz im Leben hat, zu erkennen. Weiter benötigen wir nicht allzu viel Phantasie, um im Gegenkonzept des aufblähenden Wissens unseren eigenen Umgang mit Wissen zu erkennen: Schier allwissend, sind wir zugleich doch in den Grundfragen des Lebens so ratlos, daß wir sie kaum noch zu stellen wagen. Aufblähendes Wissen – d. h. äußere Anhäufung von Kenntnissen bei innerer Ratlosigkeit.

Vielleicht müssen wir die Frage nach dem Tod auch deswegen so gründlich verdrängen, weil sie zugleich die Art unserer Lebensführung grundlegend in Frage stellt. Denn auch für uns gilt, daß es keine Wahrheit über den Tod gibt, deren Kehrseite nicht eine Wahrheit über das Leben bildete. So werden wir, da wir keine Antworten, keinen Ausweg haben, allmächtig und ohnmächtig zugleich, auf dem Weg der Anhäufung vorangetrieben. Aus Ratlosigkeit wird Rastlosigkeit. Die Anhäufung von Wissen setzt sich in der Anhäufung von Gütern fort. Dem aufgeblähten Wissen entspricht ein aufgeblähtes Leben, d. h. ein Leben, das mehr an Raum und Gütern für sich beansprucht, als ihm zukommt. Doch nichts ist vergeblicher, als innere Armut mit äußerem Reichtum heilen zu wollen, als der Versuch, Sinnlücken mit Materiellem zu stopfen. Nicht nach mehr, sondern nach anderem zu streben, wäre die einzige Konsequenz, die sich in der Lähmung und Leere eines Lebens verfängt, das keine über sich hinausführende Perspektive zu entwickeln vermag. So werden wir weiter von jenem Ungeist vorangetrieben, der kein Innehalten, sondern nur Beschleunigung kennt und der uns zu dem hat werden lassen, was wir heute sind: ein Faß ohne Boden.

Der Horizont des Jenseits hat sich verdunkelt. Alle großen Hoffnungen des Menschen richten sich auf sein kleines Leben. So bleibt diesem Leben, das nach dem Tod nichts zu befürchten und vor allen Dingen nichts mehr zu erhoffen hat, nichts als es selbst. Kein Wunsch, der unerfüllt bleiben, keine Gelegenheit, die ungenutzt verstreichen darf. Entsprechend greift das Leben, dem der jenseitige Raum verschlossen ist, über sich selbst hinaus im Diesseits Raum. Alles Lebendige hat seiner Sucht nach sich selbst zu dienen. Doch obgleich es nichts als leben will, ist es dennoch vom Tod umfangen. Allerdings nicht im Sinne der Alten, die mit diesen Worten dem Menschen seine Sterblichkeit vor Augen führten. Das vom Tod umfangene Leben beschreibt nunmehr ein Leben, das in seiner Selbstsucht nicht anders kann, als den Tod um sich zu verbreiten. Noch glauben wir, daß dieser Tod uns nicht beträfe, und werden es wohl auch weiterhin glauben, bis er uns unversehens von hinten packt.[F8]

Am Rande des Abgrunds

Vom Weltschmerz, der Verzweiflung und dem Nutzen der Tränen

»Männer weinen nicht.« Generationen von Vätern sprachen so zu ihren Söhnen. Waren diese selbst zu Vätern geworden, gaben sie an ihre Söhne weiter, was als Inbegriff männlicher Selbstzucht galt. Sie hatten gelernt, in sich den Tränenquell zum Versiegen zu bringen, das Aufsteigen der Tränen bereits im Herzen zu unterbinden und sich somit jene Härte erworben, die als erstes dem Söhnchen galt, das mit Tränen in den Augen vor ihnen stand. »Männer weinen nicht.« Kaum einem Sohn dürfte dieser Satz auf Anhieb eingeleuchtet haben. Dessen Weisheit kann nur klein erscheinen, wo doch der Kummer so groß ist. Und so ließen die Väter einen weiteren Satz folgen, der, kaum ausgesprochen,

32 Paul Klee (1879-1940), es weint, 1939.959. Kunstmuseum Bern, Paul Klee-Stiftung. © VG Bild-Kunst, Bonn 1994

die Tränen aus den Augen des Knaben in das Herz zurückdrückte. »Mädchen weinen.« Kein Junge will als Mädchen gelten. Mit Macht wird er in sich die Tränen und all das niederhalten, was an das andere Geschlecht erinnert, damit dessen Makel nicht auf ihn übergreife. Wie alle, die sich mit Gewalt an die Kandare nehmen, gibt er die Zügel nicht mehr aus der Hand und fürchtet den Augenblick, da er sie lockerlassen muß.

Auch im 12. Jh. sprechen Vater und Sohn über Tränen. Freilich ist ihre Bindung nicht von leiblicher, sondern von geistiger Art. Nikolaus war Mönch im Kloster Clairvaux geworden. Sein Entschluß zum Eintritt ins Kloster kommt dem Entschluß zu einem neuen Leben gleich. So läßt Nikolaus die alten Bindungen hinter sich, gewinnt neue Brüder und in Bernhard, dem Abt, einen neuen Vater. Zu neuer Gemeinschaft entschlossen, muß Nikolaus dennoch an sich bemerken, daß er dieser noch nicht angehört:

> »Als er gewahrte, wie die anderen, die sich vom Schiffbruch der Welt ins dortige Kloster gerettet hatten, die Schäden ihres Schiffbruches mit ununterbrochenen Tränen sühnten, hätte auch er dies gern getan, brachte es aber vor Herzensverhärtung nicht zustande.«

In seiner Not wendet er sich an Bernhard, den Vater, und bittet ihn, »er möge ihm von Gott die Gnade der Tränen verschaffen«. Bernhard betet und erwirbt Nikolaus »eine so tiefe, anhaltende Herzenszerknirschung mit der Gabe der Tränen, daß sein Antlitz sich künftig kaum anders zeigte als mit Tränen in den Augen.« (Leben, S. 95 f.).

Diese seltsame Geschichte um Nikolaus wirkt noch befremdlicher, wenn man weiß, daß es sich um eine Wundergeschichte handelt. Wilhelm von St. Thierry, der Biograph Bernhards, erzählt sie im Rahmen seines Berichts über die von Bernhard gewirkten Wunder. Von einer Wundergeschichte erwartet man glänzende, staunenswerte Taten und nicht jenes denkbar unspektakuläre Geschehen um Nikolaus, der nicht mehr weinen konnte. Die Geschichte ist unscheinbar, erscheint kaum der Rede wert, geschweige denn einer Bewertung als Wunder. Dennoch gibt sie treffend den Kern von Bernhards Wunderauffassung wieder. Auch Bernhard hat die Lebensbeschreibung eines Heiligen verfaßt, die Vita seines Freundes Malachias, des irischen Erzbischofs von Armagh. Wie in der Vita Bernhards ist von zahlreichen Wundertaten die Rede. Dies überrascht kaum, denn die Vita soll die Heiligkeit desjenigen belegen, dessen Leben sie erzählt. Zwangsläufig berichtet sie von Wundern, die zwingender Beweis der Heiligkeit sind. So berichtet auch Bernhard von den Wundern des hl. Malachias, die alle jenen »altehrwürdigen Wundern« angehören, die biblischen Ursprungs, d. h. für Bernhard von unbestreitbarer Wahrheit sind und sich über den Lauf der Zeiten hinweg im Leben der Heiligen immer neu bewahrheiten. All diese Wunder faßt Bernhard am Beispiel der Wundertätigkeit des Malachias zusammen:

> »Wenn wir nur die wenigen, die wir angeführt haben, aufmerksam betrachten, so fehlt ihm nicht die Weissagung, nicht die Offenbarung, nicht die Bestrafung der Gottlosen, nicht die Gnade der Krankenheilung, nicht die Umwandlung des Herzens, nicht einmal die Totenerweckung.« (Werke 1, S. 581)

Überraschen mag in diesem Zusammenhang die Erwähnung der Umwandlung des Herzens (*mutatio mentum*), ein Geschehen, das keinerlei Aufsehen erregt, nach außen kaum sichtbar ist, sondern das Innen des Menschen einer Wandlung unterzieht. Der strengen Innerlichkeit von Bernhards Spiritualität entsprechend, gelten ihm diese ›Wunder des Innen‹ als die kostbarsten von allen. Der Hl. Geist wirke diese Wunder, dessen »Zeichen um so angemessener und des Heiligen Geistes würdiger (erscheinen), je geistiger sie sind« (Predigten 2, S. 269). Aus eben diesem Grund bewertet Bernhard im Vergleich zwischen einer Totenerweckung und der Heilung einer tobsüchtigen Frau letzteres Wunder des Malachias als das wert-

33 Relief der Auferweckung des Lazarus. Kathedrale von Chichester, Sussex

vollere, »denn dort lebte wohl der äußere Mensch, hier aber der innere wieder auf« (Werke 1, S. 557). Entsprechend gilt ihm Malachias selbst aufgrund seiner inneren Tugendhaftigkeit und Vorbildlichkeit als das »erste und größte Wunder« (Werke 1, S. 537), das er gewirkt hat. Jahre später greift Gaufrid von Auxerre, der Verfasser des dritten Buches der Vita Bernhards, diesen Gedanken auf und überträgt ihn auf Bernhard:

> »Gott, der schon immer herrlich in seinen Heiligen und wunderbar in seiner Majestät war, hat seinen treuen Diener, den Abt Bernhard von Clairvaux, durch unzählige Zeichen und Wunder, wie schon der ganze Erdenkreis weiß, verherrlicht. Doch wie er selbst vom hl. Malachias rühmt, war das erste und größte Wunder, das er tat, er selbst.« (Leben, S. 160)

Der innere, nicht der äußere Mensch lebt wieder auf. Was eben noch wie tot erschien, zerschlagen darniederlag, steht auf und lebt. Eben dies geschieht auch mit Nikolaus, der, so Wilhelm von St. Thierry, fast hoffnungslos der Welt verfallen ist, bis er durch Bernhard ihren Abgründen entrissen wird. In ihm hat er einen Vater gefunden, der nicht die Tränen des Sohnes niederhält, sondern sie im Gegenteil durch sein Gebet bewirkt. Denn Tränen markieren den Wendepunkt. Kein Abgrund, davon ist man im Mittelalter überzeugt, der tief und furchtbar genug wäre, daß Tränen den Menschen nicht davor bewahren können, vom Dunkel verschlungen zu werden. So gehören die Tränen den ›Wundern des Innen‹ an und besagen wie diese, daß Menschen sich ändern, neu werden können und daß diese Wandlung bisweilen wie ein Wunder ist.

Das Mittelalter weiß um die Abgründe des Menschen. Freilich gibt es ihnen andere Namen, bewertet sie in anderer Weise. Doch gleich, welchen Namen sie tragen, wir erkennen sie wieder, sei es an ihrem beißenden Geruch, ihrem faden Geschmack, ihren verwelkten Farben, sei es an den Bildern, die aus ihnen aufsteigen oder sei es, daß wir die Kraft spüren, die von ihnen ausgeht. Noch die vermeintlich Stärksten können ihr erliegen. Wehe dem, unter dessen Füßen der Boden zu schwanken, das Erdreich abzubröckeln beginnt! Wehe dem, der hier hineingerät!

Hl. Gregorius

Von einem solchen Abgrund, der sich vor einem Menschen auftut, berichtet Hartmann von Aues Roman »Gregorius, der gute Sünder«. Gregorius war die Frucht der verbotenen Liebe zwischen Bruder und Schwester aus fürstlichem Geschlecht. Der Tod hatte ihnen bei ihrer Geburt die Mutter und dann den Vater entrissen, als beide gerade zehn Jahre alt geworden waren. So fanden die beiden Waisen aneinander Trost, waren unzertrennlich, voll Zartheit und Fürsorge einander innig zugetan, bis der Teufel, der ewige Neider, der dererlei Glück nicht ertragen kann, den Bruder verführte, so daß dieser des Nachts die unheilvolle Grenze überschritt. Als die Schande nicht mehr zu verbergen war, mußten sich die Liebenden trennen: »Sie tauschten in Treue ihre Herzen ...: Sein Herz zog mit der Schwester, und das ihre blieb bei dem Mann.« (S. 41, 653).

Sie sollten sich nicht mehr wiedersehen. Wenig später starb der Bruder auf der Fahrt ins Hl. Land an gebrochenem Herzen. Er hatte sich aufgemacht, um seine Schuld zu büßen. Doch immer stärker war die Sehnsucht nach der Schwester geworden, immer mehr hatte ihm die Liebesglut das Herz verzehrt, »und so welkte sein Leib dahin« (S. 53, 840).

Abseits des Hofes kommt die Schwester unter der Obhut eines treuen Gefolgsmannes nieder, und man beschließt, das Kindlein sorgsam in eine Kiste zu packen, um es den Fluten des Meeres zu übergeben. Die Kiste wird an das Ufer einer Insel gespült, auf der ein Kloster liegt. Dessen Abt läßt das Kind von einer Fischerfamilie aufziehen. Als Gregorius jedoch von der wütenden Fischersfrau, deren leiblichem Kind er unbeabsichtigt weh getan hat, erfährt, daß er ein Findling ist, zieht er fort, um sein Glück im Rittertum zu suchen. Kämpfend steht er einer von feindlichen Truppen bedrängten Landesherrin bei, die wegen einer begangenen Schuld ein bußfertiges Leben führt und die Heirat selbst mit den würdigsten Bewerbern verweigert. Auf den Rat ihrer Gefolgsleute hin, die betonen, daß das Land des männlichen Schutzes bedürfe, soll dauerhafter Friede einkehren, willigt sie in die Heirat mit Gregorius ein, »wobei sie«, wie Hartmann betont, »in Gott zu handeln glaubte« (S. 131, 2228). Wiederum wächst eine leidenschaftliche Liebe von zärtlich-inniger Zugewandtheit, deren grenzenlose Freude sich in maßlosen Schrecken verkehrt, als beiden offenbar wird, daß sie Mutter und Sohn sind: »Die Sonne ihrer Freuden war von todfinsterer Nacht bedeckt.« (S. 147, 2499 f.). Als Gregorius von seiner Frau und Mutter die Nachricht erfährt, überwältigt ihn für einen Augenblick der Schmerz und der verständliche Zorn auf denjenigen, der ihm das angetan hat. Wie sehr habe er sich nach der Mutter gesehnt, um sie nun auf diese Weise zu finden:

> »Er erhob seinen Zorn gegen Gott und sprach: ›Beständig war dies mein Gebet, Gott möge mich an die Stelle führen, wo es mir beschieden wäre, meine liebe Mutter mit Freuden zu erblicken. O mächtiger, barmherziger Gott, so anders, als ich von dir begehrte, hast du mir diese Bitte erfüllt!‹« (S. 153, 2609 ff.)

Doch Gregorius ist nicht Parzival, der verbittert und verstockt in Auflehnung gegen das von Gott über ihn Verhängte wilden Gemüts jahrelang im wilden Wald umherirrt, mit Gott und der Welt und folglich auch mit sich selbst uneins. Mit sechs Jahren war Gregorius vom Abt in die Klosterschule aufgenommen worden, zu deren besten Schülern er zählte. Allzu gern hätte der Abt ihn bei sich behalten, als Mitbruder und seinen Nachfolger. Doch in einem langen Streitgespräch muß er vor der Stimme des Blutes kapitulieren, die den aus ritterlichem Geschlecht stammenden Jüngling zum Rittertum zieht. Ist es die Erinnerung an Gelerntes, die Gregorius im Moment der höchsten Not innehalten läßt, oder ist es die Sorge um die Ehefrau und Mutter, aus deren zu Tode erschrecktem Herz aller Lebensmut zu weichen beginnt? Als sie die Nachricht erhält, gerät sie außer sich, schlägt sich an die Brust und rauft die Haare.

> »Sie dachte, sie sei wahrhaftig für die Hölle geboren, und ihre herzliche Reue, die sie wegen ihrer alten Schuld redlich durchlitten hatte, ... habe Gott verschmäht, indem er die Absicht des Teufels von neuem hatte geschehen lassen.« (S. 147, 2488 ff.)

Eilig ruft man Gregorius von der Jagd herbei. Er findet eine Frau vor, aus deren Wangen alle lebensfrische Röte gewichen ist, die, totenbleich und kaum eines Wortes mächtig, ihm mit tränenerstickter Stimme eröffnet: »Ich bin Eure Mutter und Euer Weib.« (S. 153, 2604). Unbeschreiblich, so Hartmann, ist ihre Not. Nur dem Tod lasse sie sich vergleichen: »Wäre der erschienen, sie hätten ihn gastlich willkommen geheißen.« (S. 155, 2643 ff.). Von tiefem Schmerz bewegt und in den Grundfesten ihres Glaubens erschüttert, bekennt sie dem Gatten und Sohn ihre ausweglose Situation.

> »Weh, ich fluchbeladenes Weib! ... So werde ich wie alle Verdammten Gottes Zorn ganz und gar ausgeliefert sein. Mich wundert, nach den Missetaten, die mein Leib begangen hat, daß mich die Erde noch tragen mag.« (S. 157, 2667 ff.)

Auf ewig glaubt sie sich für die Hölle bestimmt. Nur eine kleine Hoffnung ist ihr geblieben, daß es vielleicht – wie sie Gregorius fragt, von dessen Belesenheit sie weiß – eine Buße geben könnte, die ihr die Hölle etwas erleichtere.

> »›Mutter‹, sagte Gregorius, ›so sollt Ihr nie mehr sprechen, es ist gegen das Gebot. Laßt die Hoffnung nicht fahren: Ihr werdet sicher gerettet. Ich habe das tröstliche Wort gelesen, daß Gott die wahre Reue als Buße für jegliche Sünde annimmt. So verdorben – glaubt mir das – ist Eure Seele nie, daß Ihr keine Rettung mehr fändet, wenn nur einmal Euer Auge von Tränen herzlicher Reue naß wird.‹« (S. 157, 2696 ff.)

Selbst im Schlimmsten noch gibt es einen Ausweg. Tränen der Reue, nur einmal aus tiefstem Herzen geweint, können die Rettung bedeuten. Hierzu rät Gregorius seiner Mutter und Frau und auch sich selbst, beides Menschen am Rande des Abgrunds. Der Boden wankt unter ihren Füßen, das Erdreich beginnt abzubröckeln, doch gestürzt sind sie noch nicht. Erst wenn die Verzweiflung das letzte Fünkchen Hoffnung gelöscht, die letzte Faser des Vertrauensbandes zerrissen hat, mit dem der Mensch Gott anhangt, erst wenn die untergründigen Todesmotive übermächtig werden, wird der Mensch von jenem Abgrund verschlungen, aus dem es kein Entrinnen mehr gibt.

Hartmanns Roman hat ein großes Thema der mittelalterlichen Theologie zum Inhalt, die Sünde der Verzweiflung (*desperatio*). Begleitet wird sie von ihrem Gegenpart, der Haltung der Vermessenheit, in der der Sünder dem göttlichen Gericht zu entgehen glaubt (*praesumptio*). Beides, sagt Augustinus, sind Sünden gegen den Hl. Geist, d. h. Sünden, die Gott nicht vergibt. Sollte ein Mensch in einem von beiden Zuständen dem Leben entrissen werden, ist er auf ewig verloren. Grundverschieden, überschneiden sich beide Sünden doch an einem wesentlichen Punkt. Beide zeugen von Unbußfertigkeit: im einen Fall, weil der Mensch alle Hoffnung fahren läßt, im anderen, weil er sich unberechtigte Hoffnungen macht.

Auch Hartmann nimmt zu Beginn des Romans auf die Sünde der Vermessenheit Bezug, die denjenigen kennzeichnet, der spricht: »Du bist noch jung, all deinen Missetaten wird später noch reichlich abgeholfen; die Buße holst du im Alter nach.« (S. 5, 12 ff.). Allzu leicht, so Hartmanns Warnung, kann der plötzliche Tod die Umsetzung der immer wieder hinausgeschobenen Absicht vereiteln. Hrabanus Maurus wählt das Bild der nicht zur Arche zurückfindenden Raben, um dasselbe Vergehen zu kennzeichnen. Sie krächzen *cras, cras* – morgen, morgen, nur nicht heute. An das rettende himmlische Ufer werden sie niemals gelangen, denn nicht nur der plötzliche Tod kann den Vorsatz zunichte machen. Sünde häuft sich auf Sünde, bis der Mensch an deren Überlast verzweifelt zusammenbricht. Beide Sünden gehören einander an, sind zwei Seiten der gleichen Medaille. Der Verzweifelte ist der Vergangenheit verfallen, der Vermessene spekuliert auf die Zukunft – keiner von beiden jedoch lebt in der Gegenwart als dem Zeitpunkt der Entscheidung. Weder in der Haltung der Vermessenheit noch in der der Verzweiflung können sich Menschen ändern.

In Hartmanns Roman tritt das Thema der Verzweiflung in den Vordergrund:

> »Daran nämlich zweifle ich nicht: Es trägt in dieser Welt … keiner so große Sünde, daß er ihrer nicht ledig

würde, wenn er sie nur von Herzen bereut und sie nicht wieder tut.« (S. 7, 43 ff.)

Beispielhaft hierfür steht der Held der Erzählung, dessen Schuld »so über die Maßen groß, daß sie entsetzlich zu hören ist«. Eben deshalb kann sein Schicksal zur Ermutigung desjenigen dienen, der sich schwerste Sünden eingestehen muß »und dabei die Hoffnung aufgibt, daß, wenn er Gnade suchte, Gott noch seiner gedächte«. Denn wie der Sünder, der an der Überlast seiner Schuld zu verzweifeln droht, ist Gregorius ein Mensch am Rande des Abgrunds: »Eben noch zur rechten Zeit entrann er der Gewalt der Mörder«, d. h. der Nachstellung durch den Teufel, der die Seele des Menschen zu morden sucht. Hartmann legt im folgenden das neutestamentarische Gleichnis des unter die Räuber Gefallenen auf Gregorius aus. Halbtot liegt er da, gänzlich ausgeraubt, selbst die Kleider hat man ihm genommen. Gott aber »sandte ihm diese zwei Gewänder: die Hoffnung und die Furcht – von Gott selbst gewirkt als ein Schutz für ihn und für alle Sünder« (S. 11, 111 ff.). So steht er wieder auf, noch schwankend zwar, doch neu belebt von der Hoffnung und zugleich von der Furcht zur Reue getrieben. Beides wäscht ihn vom Blut rein. Öl und Wein, »diese lindernde und doch schmerzliche Salbe: Das Öl ist die Gnade, der Wein das Gesetz«, werden ihm in die Wunden gestrichen, »denn beider bedarf ein Sünder, um von der Krankheit erlöst zu werden« (S. 11, 129 ff.). So erfährt sich derjenige, der eben noch zerschlagen darniederlag, von neuer Kraft getragen: »Also fand ihn die Gnade Gottes, nahm ihn bei der Hand, hob ihn auf ihre gütige Schulter und trug ihn barmherzig heim.« (S. 11, 135 ff.).

Dem modernen Betrachter wird die Anwendung der Begriffe Sünde und Schuld auf die verhängnisvoll Liebenden schwerfallen. Doch das Mittelalter kennt ein Schuldverständnis, das sich weniger an subjektiven Beweggründen als an der objektiven Schuld gegen die Setzungen Gottes orientiert. Von deren Verletzung aus gesehen, bleiben ihre Taten schuldhaft, gleich, ob sie willentlich geschahen oder nicht. Vieles in der Schilderung

Hartmanns verweist auf ein von Gott verhängtes Geschehen, das über die Beteiligten entgegen ihrem Wollen und ihrer Absicht hereinbricht; ein Geschehen, das wir als Verhängnis bezeichnen würden. Freilich ist die Frage nach der subjektiven Schuld hiermit nicht zweifelsfrei geklärt. Hätte der ungestüme Jüngling nicht doch besser auf den Abt hören sollen, der, erfahren genug, um dessen Bedrohtheit wußte. Doch da er ihn nicht halten konnte, befahl er dem Jüngling, der die Mönchskutte nicht tragen wollte, aus der dem Kistchen beigefügten Seide ein würdiges Gewand zu schneidern und ließ ihn schweren Herzens ziehen. Und war da nicht doch etwas Unheilvolles in der Landesherrin Blick, der das Herz zu solcher Liebe entflammte? Lange hatte sie ihn angesehen, »länger, als sie irgend sonst einen Mann betrachtet hatte« (S. 115, 1940 f.), und sich beim Anblick seines Gewandes an den Seidenstoff erinnert, den sie ihrem Kindlein mit in die Kiste gab; »das gemahnte sie an ihr Leid« (S. 115, 1954). Stets hatte sie sich dem Rat der Getreuen zur Heirat verweigert, nun aber beugt sie sich. Und als man ihr die Wahl läßt, welchen sie will, da will sie gerade den. Ist die alte Liebe erneut in ihr aufgeflammt, als ihr eigenes Abbild und das des geliebten Bruders vor ihr stand? Ist derjenige, der nicht sehen kann, was er nicht sehen will, und vor dem sich schicksalhaft, urplötzlich und unvermutet die Wahrheit wie ein Abgrund auftut, wirklich ohne Schuld? Das Verhältnis zwischen Verhängnis und Schuld ist zu kompliziert, als daß ihm die Verkürzung auf einen Gegensatz gerecht würde. So mag man es der Größe des Romans zurechnen, daß er das Spannungsverhältnis nicht auflöst, nicht vorschnell das Vielschichtige vereindeutigt und somit zu einer realistischen Beschreibung dessen gelangt, was immer wieder die Realität des Menschen ist. Und so tritt neben das Befremden darüber, daß beide eine Schuld annehmen, die für uns kaum als Schuld begreifbar ist, auch die Überlegung, daß ihr Annehmen wohl das Klügste ist, was sie tun können. Eine solche Last will erst einmal getragen sein. Wer sie sich hingegen mit Gewalt von der Seele zu hebeln versucht, droht von ihr erschlagen zu werden. Ihre Schuld anerkennend, erkennen sie sich selbst als diejenigen, die sie nie sein wollten. Diese Einsicht wird stets schmerzlich sein. Sie ist der Blick in den Abgrund und doch zugleich die Umkehr an seinem Rand. Von hier aus ist ein Neubeginn möglich.

Und noch ein anderes macht die Größe des Romans aus. Letztlich steht nicht, wie Friedrich Ohly bemerkt, die Frage nach der Schuld im Vordergrund, sondern die Frage nach dem Leben mit der Schuld. So beschreibt Hartmanns Roman die zeitlos gültige Haltung gegenüber denjenigen, die am Rande des Abgrunds stehen. Nicht der Schuldzuweisung darf der erste Gedanke gelten, sondern allein der Sorge, daß sie nicht stürzen.

Im Fortgang des Romans treten legendenhafte Züge in den Vordergrund. Nach der Trennung führt die Ehefrau und Mutter ein bußfertiges Leben als Landesherrin – in Strenge gegen sich selbst und in Milde gegen ihre Untertanen. Gregorius hingegen »zog seine Prachtgewänder aus und verließ das Land in eines Bettlers Kleid« (S. 161, 2748 ff.). Er unterzieht sich einer Buße, die ungeheuerlich und bewunderungswürdig, erschreckend und staunenswert zugleich ist, d. h. von der Art, wie sie die mittelalterlichen Zuhörer lieben. 17 Jahre büßt er, angekettet auf einem Stein im Meer, sich allein vom Wasser nährend, das sich in einer kleinen Mulde sammmelt. 17 Jahre eines Lebens; die Zahl ist gewaltig und symbolträchtig zugleich. Zählt man die Zahlen von 1 bis 17 zusammen, ergibt sich 153, die Zahl der Gnadenfülle. Die Fülle der Gnade überwindet die Tiefe des Abgrunds. So wird an der ungeheuerlichen Buße das Große offenbar, zu dem Gregorius bestimmt ist. Im 17. Jahr seiner Buße auf dem Stein wird er in Rom durch göttliche Fügung zum Papst gewählt. Hier finden sich Mutter und Sohn, Mann und Frau wieder. Vom Ruf der Heiligkeit des Papstes angezogen, pilgert sie nach Rom:

> »Geliebte Mutter, seht mich an – ich bin Euer Sohn und Gemahl! Wie groß und schwer auch immer die Bürde meiner Sünden war, Gott hat sie mir vergeben; und von ihm erhielt ich nun dieses hohe Amt übertragen.« (S. 227, 3925 ff.)

Neu geworden, sind sie zu neuer Gemeinschaft in einem gottgefälligen Leben befähigt: »Nun sollten sie sich nicht mehr trennen bis an ihren Tod.« (S. 229, 3940 f.). Der Roman schließt mit einem Happy-End, das so umfassend ist, daß es selbst das Jenseits mit einbezieht. Für seinen Vater bewirkt Gregorius, daß auch er, der Sündenbeladene und Unglückliche, himmlischer Herrlichkeit teilhaftig wird. Dort werden sich alle drei wiedersehen. »Wohl dem, der diesen Platz gewinnt!« (S. 229, 3958). So endet der lehrhafte Roman in einer Weise, die für den modernen Geschmack allzu anrührend sein mag und doch einer Dichtung entspricht, die lehrt, indem sie anrührt. Niemand vermesse sich, wie Hartmann hinzufügt, aus dieser Geschichte zu schließen, daß er nun, da selbst der so tief Gefallene gerettet wurde, ungestört sündigen könne. »Nein, ein sündiger Mensch soll sich daran vielmehr ein Vorbild zum Heile nehmen, soll wissen, daß er trotz aller Sünden dennoch gerettet werden kann.« (S. 231, 3982 ff.).

Hartmanns Roman gilt dem Verzagten, demjenigen, der am Rande des Abgrunds steht, und hält seiner Not die Möglichkeit des inneren Wandels entgegen: Menschen können neu werden. An die Stelle des alten Abgrunds kann neue Fülle treten. Hierzu sind keine 17 Jahre der Buße auf einem Stein nötig, sehr wohl aber, daß der Mensch Mut schöpft und in der höchsten Not die Hoffnung nicht fahren läßt. Und auch das ist ja bisweilen schon schwer genug.

Elender Judas

In den Gregoriusroman sind zahlreiche tradierte Motive verwoben, am auffälligsten wohl die Gestalt und das Schicksal des Ödipus. Dem mittelalterlichen Menschen dürfte noch eine weitere Parallele gegenwärtig gewesen sein. Gregorius, dem Erwählten, steht Judas, der Verfluchte, gegenüber. Sie gleichen sich, gehören einander an und sind doch verschieden wie Tag und Nacht. In der Legende des hl. Brandan durchquert der Heilige mit seinen Gefährten zu Schiff jenseitige Gefilde und trifft Judas, der auf einem Stein im Meer sitzt:

> »Und ward ihm der Leib so schwarz und gefroren von dem Harz und dem Pech, die in der Hölle an ihn flossen, von den Beinen bis auf die Schultern. Und an beiden Seiten brannte er so stark, daß ihm große Löcher in seinen Leib gingen, da schlugen die Flammen heraus.« (S. 153)

Anders als Gregorius, der Erwählte, befindet sich Judas, der Verfluchte, nicht zur Buße auf dem Stein. Von Samstagnacht bis Sonntagmittag wird ihm der Aufenthalt auf dem Stein als göttliche Gnade gewährt. Die höllische Buße des Gregorius ist für ihn eine Vergünstigung, die nur so lange andauert, bis ihn die Teufel in die Hölle zurückholen, wo es so heiß sei, daß man darin einen stählernen Berg schmelzen könne: »O weh, lieber Herr St. Brandan, das ist mein Mahl, zu dem ich muß, und wolle Gott, daß diese Nacht lange währen solle.« (S. 155).

34 Die Teufel schleppen Judas in die Hölle zurück. Illumination aus »St. Brandans wundersame Seefahrt«, Heidelberger Handschrift

So erbarmungswürdig ist seine Gestalt, daß sie Brandans Mitleid erregt und er ihm durch seine Bitten vor Gott helfen will. Judas jedoch antwortet: »Alles Bitten für mich ist gar verloren, denn Gott wird sich nimmermehr meiner erbarmen.« (S. 157). Brandan kann allein den Aufschub um eine weitere Nacht erwirken, bevor die Teufel den Wehklagenden erneut in die Hölle reißen.

Im 15. Jh. stellt man die Werdegänge von Judas und Gregorius in einer Sammlung von Heiligenleben nebeneinander, denn auch wenn sie sich gleichen, sind sie doch durch das Ende, das sie nehmen, grundsätzlich voneinander geschieden. Während die Gnade die Gestalt des Gregorius durchlichtet, macht sich undurchdringliche Finsternis um Judas breit. Sie sind Typus und Antitypus, wie Negativ und Positiv eines Films.

Auch Hartmann stellt die Beziehung zwischen beiden her und nimmt in der Szene der schmerzlichen Enthüllung ausdrücklichen auf das Schicksal des Judas Bezug: »Ich bin überzeugt, daß Judas, als er sich vor Leid erhängte, nicht ärger verzweifelt war als hier diese beiden.« (S. 153, 2623 ff.). Gregorius und Judas stehen am gleichen Ort, am Rande des Abgrunds. Hier fällt die Entscheidung, hier trennen sich beide Lebensläufe.

Das Wenige, das die Bibel zu Judas überliefert, beginnt man im 12. Jh. zu dessen Lebensbeschreibung zu ergänzen. Diese findet Aufnahme in die »Legenda aurea« des Jacobus de Voragine, der von Judas im Rahmen der Lebensbeschreibung des Mathias berichtet, der Judas als Apostel nachfolgt. Jacobus schreibt, daß die Mutter des Judas in der Nacht seiner Empfängnis träumte, daß derjenige, den sie gebären werde, der Untergang seines Volkes sei. Erschreckt übergeben Cyborea und Ruben den Neugeborenen in einem Korb den Fluten des Meeres. Am Ufer einer Insel angeschwemmt, wird Judas von der kinderlosen Königin gefunden, die ihn an Sohnes Statt annimmt. Als sie dann doch noch einen eigenen Sohn gebiert, schlägt Judas diesen, was die erboste Mutter gegen ihn aufbringt. Auch Judas, den, wie der Bericht lautet, alle Schläge der Mutter nicht bessern konnten, mußte erfahren, daß er ein

Findling ist, und »schämte ... sich gar sehr« (S. 215). Auch er geht von der Insel weg in ein ungewisses Schicksal. In Jerusalem angekommen, steigt er zum Vertrauten des Pilatus auf. Als diesen nach den Äpfeln eines fremden Gartens gelüstet, zieht Judas los, um sie für ihn zu stehlen. Hierbei erschlägt er den Besitzer des Gartens, ohne zu wissen, daß dieser sein Vater Ruben ist. Pilatus verheiratet ihn mit der Witwe des Erschlagenen, mit der er zusammenlebt, bis er erkennen muß, daß seine Frau zugleich seine Mutter ist: »Da kam eine große Reue in sein Herz; und er kehrte sich zu unserem Herrn Jesu Christo auf der Cyborea Rat und begehrte Vergebung für seine Sünden.« (S. 216).

So wird Judas zum Jünger, der dann den Herrn bestiehlt und ihn schließlich für 30 Silberlinge verrät. Über seinen Selbstmord berichtet Jacobus:

> »Darnach gab er das Geld wieder mit böser Reue, und ging hin und erhenkte sich selbst, und barst ihm sein Leib mitten auseinander, daß sein Eingeweide herausfiel. Und also ward sein Mund geschonet, daß seine Seele nicht ausfuhr aus dem Mund; denn es war nicht ziemlich, daß der Mund so schmählich werde entreinet, der Christi Lippen hatte berührt. Aber es war recht, daß seine innersten Eingeweide, aus denen der Plan des Verrats war aufgestiegen, geborsten herausfielen, und die Kehle, aus der das Wort des Verrats hervorging, vom Stricke ward zugeschnürt. Er starb in der Luft, denn er hatte die Engel im Himmel und die Menschen auf Erden betrübt, also ward er von ihnen geschieden und mußte den Teufeln gesellet werden in der Luft.« (S. 216 f.)

Die mittelalterlichen Theologen sind sich im Anschluß an Augustinus über die ewige Verworfenheit des Judas einig – nicht etwa, weil er den Herrn verrät, sondern weil er an der Tat verzweifelt. Selbst für Judas gab es die Möglichkeit zu Umkehr, Vergebung und neuer Gnade, der er sich durch seinen Selbstmord ent-

35 Pietro Lorenzetti, Der Selbstmord des Judas, Fresko, um 1325/1330, Assisi, S. Francesco, Unterkirche

zieht. Judas steht wie Gregorius am Rande des Abgrunds, doch wo Gregorius neue Hoffnung schöpft und auf die Kraft der Tränen und Buße vertraut, verzweifelt Judas und stürzt:

> »Mit Recht verabscheuen wir doch die Tat des Judas, und die Wahrheit urteilt, daß er, als er den Strick nahm, den Frevel seines Verrats nicht gesühnt, sondern nur noch vergrößert hat, denn die unselige Reue der Verzweiflung an Gottes Erbarmen ließ ihm keinen Raum für heilsame Reue.« (Gottesstaat, S. 31)

Ein solcher Mensch, sagt Augustinus an anderer Stelle, erstickt an seiner Verzweiflung – der Strick als Sinnbild all dessen, was Menschen die Luft nimmt.

Vier Sündensteine sind es, nach Mechthild von Magdeburg, die Judas umgeben: Lüge, Verrat, Verzweiflung und Selbstmord. Im Passionsspiel von Autun bekennt er seine Not vor Christus. Während Jesus schweigt, spricht ihm Maria Mut zu. Auch für ihn gebe es Erlösung, wenn er nur Christus um Erbarmen anflehe. Doch Judas ist untröstlich:

> »Von Marmor ist mein arges Herz und Diamant. Was redest du zu mir? Ich muß gehen in ein ungutes Geschick. Sieh, daß du gehst, bist mir zu viel. Blick ich dich, du Liebliche und Schöne, an, dein süßes Antlitz, das ich bleich gemacht.«

So wird es dunkel um ihn, den Eingemauerten, den die Schuld versteinert, den die drückende Last auf der Seele hart wie Kristall werden läßt. Kein Hoffnungsschimmer erreicht mehr ihn, den auf ewig Finsternis umgibt.

»Armer Judas«, sagt Mechthild. Allzu gern würde man die Stelle wörtlich nehmen, die doch eher ›elender Judas‹ und somit den Fluch bedeutet, den man dem Gestürzten in den Abgrund nachsendet. Das ganze Leben des Judas, so Ohly, habe man sich ausgedacht, nur zu einem habe die Phantasie nicht gereicht, denjenigen zu ersinnen, der den Unglücklichen begrub. So bleibt ein Unbehagen über das Schicksal des Judas, das in seinem Kern wohl das Erschrecken darüber ist, daß der gute Gott einen Menschen zum Verderben bestimmt haben soll. Selbst 2000 Jahre Abstand genügen nicht, um den inneren Abstand zu jenem beunruhigenden Geschehen herzustellen.

»Hier wird, vom Himmel herab, mit eisiger Stimme, ein Schicksal verkündet.« Noch einmal rollt daher Walter Jens den Fall Judas in einem fiktiven Gerichtsverfahren auf: »Vergessen wir nicht: In Jerusalem hingen zwei Männer am Holz. Es gab zwei Opfer. Blutacker und Schädelstätte gehören zusammen.« (S. 95). Könnte es also nicht sein, daß er, der Treulose, in Wahrheit der Treueste von allen ist, der die abgrundtiefe Schuld auf sich nimmt, damit das Heilswerk vollendet werden kann? Aber auch andere Gründe sprechen für eine veränderte Sicht des Judas. Denn selbst die Gottlosesten noch werden sich in die Pose des Frommen werfen, wenn sie auf ihn zu sprechen kommen: Judas, der Schacherer und Verräter, Judas, der ewige Jude, antisemitisches Urbild über die Zeiten hinweg. Zu seinem abgrundtiefen Sturz ins Bodenlose gesellt sich der endlose Mißbrauch seiner Gestalt: armer Judas!

So bleibt ein Unbehagen, auch wenn der Vergleich mit seinem Gegenpart, dem anderen Verräter unter den Jüngern, den Grund erhellt, aus dem Judas stürzte. Auch Petrus hatte Jesus verleugnet, ihn in der Stunde höchster Not verlassen. Doch auf den Sturz in tiefste Schuld folgt die Erhebung in höchste Stellung. (Auch die Gestalt des Petrus spiegelt sich in Gregorius; beides Päpste, aus dem Abgrund der Sünde geboren.) Wie Petrus bereut Judas, trägt die Silberlinge zu den Hohepriestern zurück und sagt: »Ich habe gesündigt, ich habe euch einen unschuldigen Menschen ausgeliefert.« (Mt 27,4). Doch Judas ergreift eine unselige, böse Reue, wie Augustinus und Jacobus de Voragine schreiben, die Reue der Verzweiflung, die ins Unheil führt. Dem steht die heilsame Reue des Petrus gegenüber. Nach Paul Wann, der 1489 eine Predigt auf die Passion des Herrn hält, wird Petrus vom Blick seines geschundenen Herrn getroffen, als ihn zwei Soldaten aus dem Gerichtssaal des Hohepriesters führten.

> »Und diese Gnade durchbohrte und erschütterte die Seele des gefallenen Jüngers. Jetzt kam dem Petrus der Hahnenschrei in den Sinn, jetzt erinnerte er sich an die Weissagung seines Herrn: ›Ehe der Hahn zweimal kräht, wirst du mich dreimal verleugnen‹, jetzt wurde sein Herz warm; es zerfloß vor dem Blicke seines Meisters wie Wachs in den Sonnenstrahlen. Er fühlte ein Zittern am ganzen Körper und konnte sich nicht mehr halten, er mußte weinen.« (S. 591)

Wanns Darstellung des erweichenden Blicks Christi lehnt sich an Lukas 22,61-62 an. Im Matthäusevangelium entfällt der

Blick Christi. Dennoch weist der Bericht in eine vergleichbare Richtung. Die Verleugnung des Petrus und der Tod des Judas stehen, getrennt nur durch zwei Übergangsverse, sehr nah beieinander, die Nähe zwischen zwei Menschen ausdrückend, deren Weg sich in dem krisenhaften Augenblick scheidet, als sie sich ihrer Schuld gewahr werden. Als die Hohepriester Judas antworten: »Was geht das uns an? Das ist deine Sache ..., warf er die Silberstücke in den Tempel; dann ging er weg und erhängte sich.« (Mt 27,4-5).

Auch Petrus wird durch das Krähen des Hahns, das ihn an die Weissagung Christi erinnert, seine Schuld bewußt: »Und er ging hinaus und weinte bitterlich.« (Mt 26,75). Es sind die Tränen, die Petrus und Judas voneinander unterscheiden. Das Herz des einen wird erweicht, das Erdreich seiner Seele zu neuem Wachstum bereitet, während den anderen sein versteinertes Herz bleischwer in die Tiefe zieht.

Weltschmerz und Verzweiflung

Hildegard von Bingens »Buch der Lebensverdienste« schildert den Kampf zwischen Tugenden und Lastern als Widerstreit der Kräfte im Innen des Menschen. Der Übersetzer überschreibt Hildegards Werk mit dem Titel »Der Mensch in der Verantwortung« und macht somit dessen Kernaussage deutlich. Die Möglichkeit zum Guten und zum Bösen wohnen als naturhafte Anlage und als heilsgeschichtliches Verhängnis dem Menschen inne. Bisweilen ist er in den Lastern verloren, bisweilen in den Tugenden geborgen. So sehr wohnt dem Menschen die Befähigung und Neigung zum Guten inne, daß er sich nur dem Bösen öffnen kann, indem er sich sündigend selbst Gewalt antut. Daher ist für den von Gott zum Guten bestimmten Menschen der Verlust des Guten stets mit einem Verlust des Selbst verbunden. Dennoch schwankt er zwischen Gut und Böse, steht mal hier, mal dort, jedoch immer in der Entscheidung und folglich in der Verantwortung für den Zustand, in dem er sich befindet.

Die Laster erscheinen in leibhaftiger Gestalt, nicht Personen, sondern Personifizierungen von Möglichkeiten der inneren Verfaßtheit des Menschen. Die Tugenden halten die Gegenrede. So betreten der Weltschmerz und die Verzweiflung die Seelenbühne, nahe verwandt, Schwestern wohl, deren Züge einander gleichen. Unmerklich geht die eine in die andere über. Die himmlische Freude und die Hoffnung halten die Gegenrede. Das Spiel beginnt, der Weltschmerz (*tristitia saeculi*) spricht:

> »Weh mir, daß ich geschaffen bin! Weh! Was soll mein Leben? Wer wird mir beistehen, wer mich erretten? Wüßte Gott um mich, so könnte mich doch solche Not nicht treffen ... Wenn Gott auch mein Gott ist, warum verbirgt er alle seine Huld vor mir? Würde er mir auch nur etwas Gutes erweisen, so hätte ich einen Beweis für sein Dasein. Ich weiß ja nicht einmal, was ich selber bin. Geschaffen zum Unglück und zum Unglück geboren, lebe ich ohne jeden Trost dahin. Ach, was nützt denn das Leben ohne Freude! Und warum bin ich überhaupt auf Erden, wo mir doch nichts Gutes mehr begegnen kann?« (LVM, S. 228)

Dem Weltschmerz tritt die himmlische Freude entgegen, die ihm Torheit und Blindheit vorwirft, d. h. einen Blick, der immer nur auf das Schlechte gerichtet ist, gleich, was ihm Gutes geschehe: »Eilt dir der Tag entgegen, so nennst du das Nacht. Steht dir das Glück vor der Tür, so sprichst du vom Fluch.« (LVM, S. 228). Die himmlische Freude hingegen antwortet auf die Klagelitanei des Weltschmerzes mit dem Loblied der Schöpfung:

> »Ich nehme die Blüten der Rosen und Lilien und die ganze Grünheit zärtlich ans Herz, indem ich allen Gottes-Werken ein Lob singe, indes du nur Schmerzen über Schmerzen darauf häufst ... Auch in der Traurigkeit steckt noch Freude.«

Und sie fordert den Weltschmerz auf, sich ihren Blick zu eigen zu machen, die Welt mit ihren Augen zu sehen:

> »Doch blicke nur einmal auf zu Sonne und Mond und zu den Sternen, schau dir doch an die ganze Pracht des irdischen Grünens, und bedenke nur einmal, welches Glück Gott mit all den Dingen dem Menschen schenkt.« (LVM, S. 228)

Sinnfällig macht die äußere Erscheinung des Weltschmerzes seine innere Art deutlich. Hinter der weiblichen Gestalt, die ihn symbolisiert, ragt ein vertrockneter, blätterloser Baum hervor, dessen Geäst sie überwuchert. Dürre Äste umfassen Hals und Kehle, umschlingen die Beine und die Arme, die sie nicht mehr ausstrecken kann und vor dem Körper verschränkt hält. Kraftlos hängen die Hände über das Geäst herab (LVM, S. 227).

36, 37 Der Teufel des Geizes (links) und der Teufel der Verzweiflung (rechts). Reliefdarstellungen auf einem Kapitell der Kathedrale zu Autun, 12. Jh.

Das fünfte Buch der Visionen gilt der Auslegung der Gestalt. Der Weltschmerz folgt direkt auf das Laster der Habgier: »Wenn nämlich die Geizhälse nicht das kriegen, was sie wollen, fallen sie in eine Traurigkeit, aus der sie sich nicht leicht erheben können.« So beschreibt die Gestalt einen Menschen, der nicht das bekommen hat, was er wollte, und nun festgeschrieben auf die Enttäuschung, festgezurrt auf das unerfüllte Verlangen, nichts mehr annehmen kann. All das Entgegengebrachte erinnert nur an das Verwehrte. Der eine Schmerz ist zum Schmerz über alles geworden. »Dieser Lebensform fehlt alle Grünkraft, und sie bleibt ohne allen Schutz der Seligkeit.« Die Gestalt ist ohne Kleider, allein vom dürren Geäst bedeckt, »weil ein solches Laster den Menschen keinen Ruhm, keinerlei Ehre, vielmehr nur das nackte Elend läßt«. Rechter und linker Arm sind gebunden, denn der Weltschmerz ist vor Angst wie gelähmt. Geistliche Werke schrecken Menschen von dieser Art ebenso wie die Werke der Welt,

> »so daß sie weder in jenen noch in diesen ruhig schaffen können, um sich darin auf gute und rechtschaffende Weise vorzuarbeiten, daß sie vielmehr in ihrer Feigheit bestrebt sind, unter der schlimmen Bedrückung ihres Herzens zu bleiben«.

Auch ihre Füße sind gebunden, so daß sie nicht auf Geistiges und auch nicht auf Irdisches zustreben: »Weder an Gott noch an der Welt haben sie rechte Freude, noch können sie voll und ganz auf ihr eigenes Werk bedacht sein.« Unmerklich geht der Verlust von Gott und der Welt in den Verlust des Selbst über. Wen weder Gott noch die Welt freut, der verliert auch die Freude an sich selbst. Die äußere Lähmung greift auf das Innen über. Die Füße der Gestalt sind aus Holz, weil solche Leute keinen anderen Weg einschlagen, sondern »vielmehr alles auf den Weltschmerz hintreiben lassen« (LVM, S. 245). So geschieht es, daß alle »Lebenskräfte ... verdorren«. Die Gestalt

»kriecht wie eine Unke in das Loch ihrer Mühseligkeiten, scheu vor allem, was ihr begegnen könnte. Unter solchem Verhalten aber ist sie eher tot als lebendig, weil sie nicht mehr aufschaut zu ihrer himmlischen Heimat und weil sie auch kein Vertrauen setzt in diese Welt.« (LVM, S. 258 f.)

Wer sein Vertrauen weder auf Gott noch auf die Welt setzt, wird irgendwann auch das Vertrauen in sich selbst verlieren. So haben die bösen Mächte leichtes Spiel, die diesen Menschen allen Trost, alle Ruhe des Gemüts entreißen, »so daß sie schließlich voller Verzweiflung und sich selber verwünschend diesen beipflichten und keine Zuversicht mehr haben, sie könnten noch irgendwas an Seligkeit besitzen« (LVM, S. 246). Der Weltschmerz ist in Verzweiflung übergegangen.

Untrennbar ist das Bild vom dürren Baum mit der Vorstellung der Grünkraft verbunden, die gleichsam das Gegenprinzip zur Lebensfeindlichkeit des Weltschmerzes bildet.[F9] Dieser Grundbegriff der Spiritualität Hildegards ist von kaum auszulotender Tiefe, von stets neuen Sinn zeugender Vielfalt. Grünkraft ist wirksam im Samen, in Blüte und Frucht. Sie ist das Prinzip der Schöpfung Gottes, »der die Erde gegründet und sie mit der Grünkraft zu verschiedenstem Wachstum durchdrungen hat« (LVM, S. 190). Grünkraft ist Leben. Sie durchpulst die Luft (LDO, S. 131), ist der Erde als

38 Die sieben klugen Jungfrauen begießen die Bäume im Garten der Tugenden, Buchillustration aus dem 13. Jh.

Fruchtbarkeit eingeborgen (LDO, S. 235 f.), sie durchflutet Fluß und Bach (LDO, S. 122), fließt aus den Lenden der Zeugenden (LDO, S. 167), ist die heilende Kraft in den Kräutern. Kein Geschöpf, kein Teil der Natur, dem sie nicht innewohnte, denn sie ist der Grundton einer Sinfonie, der lebendige Glanz eines Werkes, das Mensch und Kosmos gleichermaßen umfaßt – alles aus der Hand des großen Künstlers und Werkmeisters, der die Vielheit zur harmonischen Ganzheit geschaffen hat. Aus einer Hand geschaffen, unterliegt das Ganze einem einheitlichen Bauplan. »So nähren sich auch aus der Wurzel des Baumes, die die Grünkraft in sich schließt, die Blüten und die Früchte.« (LDO, S. 235).

Nicht anders verhält es sich beim Menschen, der dem Baum gleicht.

> »Die Seele durchfließt den Leib wie der Saft den Baum. Der Saft bewirkt, daß der Baum grünt, blüht und Früchte trägt ... Die Seele ist also für den Köper, was der Saft für den Baum ist, und ihre Kräfte entfaltet sie wie der Baum seine Gestalt. Die Erkenntnis gleicht dem Grün der Zweige und Blätter, der Wille den Blüten, das Gemüt ist wie die zuerst hervorbrechende, die Vernunft, wie die voll ausgereifte Frucht. Der Sinn endlich gleicht der Ausdehnung des Baumes in die Höhe und Breite.« (Scivias, S. 132)

Wie die Schöpfung durchfließt auch den Menschen die Grünkraft, die ihm Heil ist und Heilung zugleich. In der Grünkraft der Tugenden gesundet die kranke Seele, im Blick auf das Grün der Wiesen wird das kranke Auge gesund (CaCu, S. 209). Trägerin der grünenden Lebenskraft ist die menschliche Seele (LDO, S. 118). Sie durchtränkt den Menschen mit himmlischer Sehnsucht, »bis er von Tugend zu Tugend hinanschreitend zu grünen beginnt« (LDO, S. 137). Grün ist daher das Gewand des Menschen, der in guter Absicht handelt (LDO, S. 269), grün ist die Kraft des Gewissens (LDO, S. 128), grünend wirkt die Geduld, die spricht: »Ich aber bin aller Grüne ein milder Hauch.« (LVM, S. 31). Grün schließlich ist die Farbe allen menschlichen Gelingens, wenn in der Seele »die Vollendung vollkommener Werke grünt, ... wie die Grünheit der Welt« (LVM, S. 145). Der Grünkraft gegengeordnet ist die Dürre, dem Gelingen das Scheitern. Das grüne Holz ist Christus, der »Antichrist aber ist das dürre Holz, weil er alle grünende Lebensfrische der Gerechtigkeit zerstört« (LDO, S. 300). Dürre kennzeichnet die Gestalt der Lüge, die »ohne die Grünkraft der Gerechtigkeit ganz vertrocknet« (LVM, S. 110). Dürre ist das Wesensmerkmal der schlechten Werke, die Seele »dörrt ... unter Trauer aus und vergeht« (LDO, S. 130). Dürre begleitet auch die Gestalt des Weltschmerzes, die in Traurigkeit dahinwelkt (LVM, S. 257), in der alle Lebenskräfte verdorren (LVM, S. 258), denn Dürre ist das Wesen des Lasters.

39 Die Tugenden der Nächstenliebe und der Hoffnung besiegen den Geiz und die Verzweiflung. Reliefdarstellungen auf einem Kapitell der Kathedrale zu Autun, 12. Jh.

> »Wenn der Mensch indes die grüne Lebenskraft dieser Tugenden aufgibt und sich der Dürre seiner Nachlässigkeit überläßt, so daß ihm der Lebenssaft und die Grünkraft guter Werke fehlen, dann beginnen auch die Kräfte seiner Seele selbst zu schwinden und zu dörren.« (LDO, S. 47)

Grünkraft und Dürre sind Kategorien des Lebens und ethische Kategorien zugleich. In den Tugenden erstarkt die Lebenskraft, die in den Lastern schwindet. Immer schwingt im Denken Hildegards diese Verknüpfung mit, die falsches Handeln als gegen das Leben gerichtet ausweist. Dürre und Leblosigkeit greifen im Innen Raum. Der Tugendverlust geht stets in den Selbstverlust über, so daß das erste Opfer desjenigen, der Böses tut, er selbst ist.

Das Spiel geht weiter. Die Verzweiflung tritt auf. Um ihr Haupt trägt sie einen düsteren Schleier, ihren Körper bedeckt ein schwärzliches Gewand. Vor und neben sich sieht sie ein brennendes Schwefelgebirge, das rechts und links von ihr mit lautem Tosen in die Finsternis stürzt. Hinter ihr das Poltern eines grausigen Gewitters. Derart umtobt und von Abgründen umgeben, preßt die entsetzte Gestalt unter Zittern und Wehklagen ihre Arme und Hände an die Brust. Stürzend ruft sie aus:

> »Was ist das doch für ein furchtbares Entsetzen! Und wer könnte mich noch trösten! Wer vermöchte mir beizustehen, um mich dieser Katastrophe, die mich zermalmt, zu entreißen? Das Höllenfeuer ist aufgeloht rings um mich her … Was bleibt noch übrig für mich, wenn nicht der Tod?«

40 Mann mit Stirnreif, Záboři, St. Prokop, um 1150

Die Gegenrede hält die Hoffnung. Keine Ahnung habe die Verzweiflung von all dem Guten, was in Gott möglich ist: »Warum also hältst du dir dein Verderben schon vor, wo du noch gar nicht verurteilt bist?« (LVM, S. 141).

Wiederum folgt die Auslegung der Szene. Das tosende Gewitter bedeutet den Widerspruch der Verzweiflung gegen Gott, »so daß sie sich weigert, Ihm auch nur einen Blick zu schenken«. Der Schwefel der Berge verweist darauf, wie die Verzweiflung »mit ihrer verdorrenden und stinkenden Torheit, die der Seele die Grünkraft und den Wohlgeruch der Tugenden nimmt«, im Menschen wirkt. Die Berge bedeuten den Hochmut, der selbst in der tiefen Niedergeschlagenheit der Verzweifelten mitschwingt, die niemanden ihres Vertrauens für Wert halten.

> »Da tragen sie in ihrer Gesinnung im äußerst brennenden und bitteren Schmerz und in der Zerknirschung der Verzweiflung nur den Hauch der Überheblichkeit in sich. Sie denken weder an Gottes Güte, noch setzen sie darauf ihr Hoffen, vielmehr häufen sie in ihrem Herzen alles Übel und jedes Ungemach elendiglich auf.«

Und so stürzen sie »im Seufzen der Trostlosigkeit und im Schreck der Vergessenheit, in der sie sich selber nicht mehr kennen« (LVM, S. 158). Die Selbstbezogenheit der Verzweifelten ist in den Selbstverlust umgeschlagen. Wer weder um das Gute in Gott noch in der Welt weiß, verliert auch das Wissen über die ihm eigene Kraft zum Guten. Wer weder auf Gott noch auf die Welt vertraut, verliert auch das Vertrauen in sich selbst. Dies aber ist der Abgrund.

Überraschen mag das bisweilen strenge Urteil Hildegards. Der Haltung des Weltschmerzes wirft sie sein Sich-Treiben-Lassen sowie das feige Bestreben vor, sich selbst unter der Bedrückung zu halten. Nicht anders verfährt sie bei den Verzweifelten: »Ganz und gar geben sie sich der äußerst elenden Unseligkeit anheim, weil sie sich nicht zur wahren Ehre erheben wollen.« (LVM, S. 158).

Hildegard fällt diese Urteile, obgleich sie um die drückende Schwere dieser Zustände, die Leiden der von ihnen befallenen Menschen weiß. In ihrem Werk über die Ursachen und die Behandlung von Krankheiten nimmt sie noch einmal auf die Verzweiflung Bezug. Bewirkt wird sie durch die Schwarzgalle, die sich in Adam sammelte, als er das göttliche Gebot übertrat. Gleichsam als Erblast kann sie forthin auf den Menschen unheilvoll einwirken. Hildegard weiß von vielen, »die an ihrer Verzweiflung ersticken und sich zugrunde richten«. Aber sie weiß auch von anderen: »Viele wehren sich in diesem Leid so sehr gegen sich selbst, daß sie in diesem Kampf wie Märtyrer sind.« (CaCu, S. 180).

Ein solcher Kampf kann ein Leben lang dauern, und er kann ein Martyrium sein. Treffend beschreibt dieser Begriff die Not und noch ein anderes, das mitgedacht werden muß: die besondere Wertschätzung, die man im Mittelalter den Märtyrern als denjenigen entgegenbringt, die im Schwersten zu bestehen wußten.

Der moderne Betrachter tut sich mit den Begriffen der Sünde und des Lasters schwer. Allzu sehr wurden sie mißbraucht, um die Seele unter die Last der Schuld und somit den Menschen unter die Knute zu beugen. Dennoch sind sie so untauglich nicht, und sei es, um ein Handeln zu kennzeichnen, das der Mensch gegen sich selbst, gegen seine eigenen Interessen richtet – Interessen, die freilich nicht am vordergründigen Nutzen, sondern an der tiefgründigen Bestimmung zu Gutheit und Leben zu messen sind. Ohne Zweifel ist dies nicht mehr der Sündenbegriff Hildegards, sondern dieser verkürzt – allerdings auf eine seiner Kernaussagen. (In der Ferne sehe ich die Stirn der hl. Hildegard sorgenvoll in Falten gelegt. Die Reaktion des hl. Bernhard stelle ich mir besser erst gar nicht vor. Christliche Werte ohne die Verbindlichkeit des christlichen Glaubens, für euch wohl ein Ding der Unmöglichkeit! In euren Auflistungen der Laster ist die Intoleranz nicht zu finden. Ich weiß, sie kommt in keinem der überlieferten Tugend- und Lasterkataloge vor. Dennoch, im Gewand der Bewahrer wart ihr auch sonst recht findig. Daß zur Erfindung der Toleranz als Tugend die

Kraft nicht reichte, werfe ich euch nicht vor. Der christliche Glaube war eure Welt, die ihr mit der Welt schlechthin verwechseltet, wie es eben Menschen nur allzu gerne tun. Doch die Welt ist zwischenzeitlich eine andere geworden. Sie kennt keine verbindlichen Wahrheiten mehr, sondern Menschen, deren Vielfalt eure Vorstellungskraft übersteigt. Manche glauben anders, manche gar nicht, viele suchen. Gleich, woher sie gekommen sind, und im Vertrauen auf die Ernsthaftigkeit der Entscheidung, wohin sie gehen – ihr solltet euch daran freuen, wenn sie bei euch fündig werden. Verlange ich zuviel? Auch Heilige haben ihre Schatten, ich überspringe sie für euch.)

Tauglich erscheint der Sündenbegriff auch nur, wo er dem Leben dient und nicht dem ohnehin bereits Verzagten noch den Todesstoß versetzt. Sind da also nicht doch die undeutlichen Spuren eines Zutuns, bevor die Verstrickung die Hände band? War da weit in der Ferne nicht eine Einwilligung, bevor das aus dem Ruder geratene Seelenschiff scheinbar willenlos dem Abgrund entgegentrieb? Und treibt es wirklich willenlos? Was ist es, das daran hindert, das Ruder herumzureißen; vielleicht nicht doch eine falsche Lust, ein heimliches Festhalten, und sei es aus der uneingestandenen, tief im Innern wurzelnden Überzeugung, daß es keine bessere Route gibt? Erst wenn sich der Mensch als Handelnder begreift, kann er Mut zu neuem Handeln schöpfen. Und erst die Einsicht in falsches Handeln wird ihm Perspektiven zu neuem Handeln eröffnen. Denn der Mensch schwankt, steht mal hier, mal dort, jedoch immer in der Entscheidung und folglich in der Verantwortung für den Zustand, in dem er sich befindet.

Tränen

Gleich, ob der Mensch am Rande des Abgrunds steht, sich in einem Maß verstrickt hat, daß ihm der Atem genommen zu werden droht, ihn Trauer und Not derart umdunkeln, daß er für keinen Lichtblick mehr erreichbar scheint – stets führen die mittelalterlichen Autoren die Möglichkeit des Neubeginns vor Augen, mahnen das Vertrauen in die Kraft zur Erneuerung an. Eben dieses Vertrauen fehlt dem Verzweifelten. Unter der Überlast des Vergangenen zusammenbrechend, verzweifelt er an der Zukunft und verliert darüber die Gegenwart. Gott aber, so Meister Eckhart, »ist ein Gott der Gegenwart. Wie er dich findet, so nimmt und empfängt er dich, nicht als das, was du gewesen, sondern als das, was du jetzt bist«. (S. 72). Die Vergangenheit zählt nicht, die Zukunft ist in seiner Hand. Allein die Umkehr ist von Bedeutung, die nie an einen Ort gebunden ist, aber immer die Gegenwart zum Zielpunkt hat.

Zu »Tränen herzlicher Reue« riet Gregorius im Augenblick des Gewahrwerdens der Schuld. Tränenlos blieb die Reue des Judas und führte in den Abgrund. Einen zentralen Rang für den Neubeginn weisen die mittelalterlichen Autoren den Tränen zu. Allein, zu weinen nutzt nur wenig, so Gregor der Große, wenn nicht die Umkehr im Leben folgt: »Nach dem Bad rein zu bleiben, vernachlässigt, wer nicht darauf bedacht ist, nach dem Tränenbad sein Leben gegen die Sünde abzuschirmen.« Doch demjenigen, der nur bereut, hält er die Notwendigkeit entgegen, sich im Bad der Tränen zu reinigen (S. 150). Wer derart das Vergangene von sich abwäscht, gewinnt die Gegenwart und folglich wieder eine Zukunft.

Das Urbild christlicher Erneuerung ist die Taufe, die somit zum Bild der neues Leben spendenden Kraft der Tränen werden kann. Wie das Taufwasser erneuert das Wasser der Tränen den Menschen; durch die heiligen Tränen werden die Augen getauft. Der zuvor getrübte Blick klärt sich zu neuer Sicht. Erfolgt die Tränentaufe in der Verwendung Augustins in übertragener Bedeutung, so entwickelt Wolfram von Eschenbach an dieser Stelle einen Gedanken von ungeheurer Kühnheit. Als Belakane, die heidnische Mohrin, Mutter von Parzivals Halbbruder Feirefiz, vor Gachmuret vom Tod ihres Geliebten berichtet, beginnt sie zu weinen. »Ihre Tugend, die Tränen, die ihre Wangen netzten, aus ihren Augen stürzten und sich über ihre zobelbedeckte Brust ergossen, waren eine vollgültige Taufe.« (Band I, K. 28, 14-17).

Auch die Tränen des Feirefiz, der wie seine Mutter heidnisch und doch zugleich von höchster Tugendhaftigkeit ist, vergleicht Wolfram mit der Taufe. Als sich nach dem Zweikampf die Brüder erkennen, erfaßt ihn tiefe Rührung: »Von Parzival abgewandt, lachte und weinte er. Aus den Augen des Heiden flossen die Tränen wie zu Ehren der Taufe.« (Band II, K. 752, 23-26). So zeugen die Tränen von der Tugendhaftigkeit beider Heiden und waschen sie von dem Makel rein, als der im mittelalterlichen Denken ihr Unglaube erscheinen muß.

Der hl. Bernhard weist den Tränen lebenspendende Kraft zu. Er, der zum Hüter vieler Seelen bestimmt wurde, klagt sich an, die eigene Seele nicht gehütet zu haben. Die Vielzahl seiner außerklösterlichen Verpflichtungen läßt ihn nicht zur Ruhe kommen und ängstigt ihn. Bernhard bedient sich der Sprache des Hohelieds, um seine Seelennot und Erschöpfung im Bild des inneren Weinberges zu beschreiben: »All seine Rebzweige sind Hungers verdorrt. Sie hangen fruchtlos, weil saftlos zu Boden.« Das Erdreich der Seele ist ausgemergelt, trocken und deshalb unfruchtbar. Allein der Regen der Tränen kann diese Not lindern, neues Wachstum bewirken und somit neue Frucht: »Durch welchen Tränenregen könnte ich ›die Unfruchtbarkeit meiner Seele‹ (Ps 34,12) genügend begießen?« (Predigten 5, S. 262 f.)

Von den Tränen als *ougen regen* sprechen die mittelhochdeutschen Autoren und spricht auch Hildegard von Bingen, denn wie »die Wolken die Wasser nach oben ziehen und sie wieder nach unten ergießen«, so steigt die Seele zum Körper nieder und gießt ihm »Seufzer und Tränen« ein, »auf daß er zu Tugendkräften erstarke«. Was der Regen für das Erdreich ist, sind die Tränen für den Menschen. Was eben noch dürr und unfruchtbar darniederlag, ergrünt zu neuem Leben: »Und so erhebt sich aus Seufzern und Tränen die grünende Lebenskraft.« (LDO, S. 104).

Regen und Tränen gehören einander an, denn beide entspringen der Liebe, die spricht: »Ich aber bin jener Lufthauch, der alles Grüne nährt und die Blüten sprießen läßt mit ihren reifenden Früchten.« So sind Erde und Mensch von der gleichen Kraft bestimmt, die daher Vergleichbares in ihnen bewirkt, hier den Regen, dort die Tränen:

»Mit dem Seufzen zum Guten rufe ich Tränen hervor ... Auch bin ich jener Regen, der aus dem Tau herweht, durch den alle Kräuter mich anlachen zu fröhlichem Leben.« (LVM, S. 136)

Der vom Neubeginn des Morgens zeugende Tau vermag gleichermaßen als Sinnbild der Tränen zu dienen. »Nach dem Tränentau beginnt dann die gute Absicht zu sprießen.« (LDO, S. 150). Ebenso ist im »Willehalm« vom *herzen touve* (K. 268, 4) die Rede, der durch die Brust des Menschen aufsteigt und sich aus den Augen ergießt.

Die Sünde, so Hildegard, entzweit Seele und Körper, denn die Seele strebt ihrer Natur nach zum Guten: »So hat die Seele keine Freude an der Sünde, obwohl sie dabei mit dem Körper wirkt.« In den Tränen jedoch werden beide wieder in neuer Weise zusammengeführt, »vereinigen sich Leib und Seele in einmütigem Bund; einstimmig seufzen sie auf zu Gott« (LDO, S. 104). Tränen sind leibliche und seelische Erfahrung zugleich. War der Mensch zuvor mit sich selbst entzweit, wird er im Weinen wieder eins.

Das mittelalterliche Wissen um die Bedeutung der Tränen ist zugleich naturkundliches Wissen. Tränen, »die ja der Quell des Herzens sind« (Parzival, Band II, K. 783, 2), entstehen im Herzen des Menschen und steigen von hier aus zu den Augen auf. Der Mensch weint aus der Mitte seiner Persönlichkeit.

»Wenn allerdings«, warnt Hildegard, »die Tränen, die unter Seufzern zu den Augen gezogen werden, von den Augen nicht vergossen werden, kehren sie zu den Säften, die sich im menschlichen Körper befinden, zurück, machen sie bitter und dem Essig ähnlich und trocknen die Brust aus.« (CaCu, S. 185)

Der menschliche Säftehaushalt gerät in Unordnung, das innere Gleichgewicht ist gestört. Hildegard drückt in den Kategorien der Säftelehre die Folgen für denjenigen aus, der in sich die Tränen niederhält. Der Mensch wird bitter und hart, das Leben wird ihm sauer.

Da Herz und Tränen in enger Beziehung zueinander stehen, kann es geschehen, daß der Mensch vor Verhärtung des Herzens nicht mehr weinen kann. So Willehalm, der über seinen Neffen Vivianz weinte, bis er keine Tränen mehr besaß: »Sein Herz war ganz ausgetrocknet und beide Augen ohne Naß.« (Willehalm, K. 69, 27-28).

In Gottfried von Straßburgs Roman »Tristan« erfährt die hochschwangere Blanscheflur vom Tod ihres Gatten Riwalin. Todesleid erfüllt das Herz der Frau, deren Reaktion Gottfried wie folgt beschreibt:

> »Sie bewies deutlich vor aller Welt, daß sein Tod ihren Lebensnerv getroffen hatte. Niemals wurden ihre Augen in all diesem Schmerz tränenfeucht. Ja, Gott und Herr, warum weinte sie nicht? Ihr Herz war versteinert. Kein Leben war darin außer der lebendigen Liebe und dem sehr lebendigen Schmerz, der lebendig gegen ihr Leben ankämpfte.« (Band I, 1724-1734)

Kein Wort der Klage kommt ihr über die Lippen; »sie verstummte in derselben Stunde« und bricht zusammen. Vier Tage windet sie sich, bis sie unter schweren Qualen mit ihrem Söhnchen Tristan niederkommt. »Seht, das blieb am Leben, aber sie verstarb.« (Band I, 1737 ff.). Wen wundert das Ende Blanscheflurs? Wortlos, klaglos, und tränenlos war sie geblieben, das Herz vor Not versteinert, alles Leid im Innen verschränkend, so daß nichts mehr nach außen trat. Menschen können so nicht leben. Wo der Tränenquell versiegt, die lebenspendende Kraft des Augenregens ausbleibt, liegt die Seele unbewachsen und verdorrt darnieder. Der Tod greift in der öden Leere Raum. Blanscheflur stirbt, Willehalm mordet, Judas erhängt sich.

Doch wenn auch der Mensch bisweilen wegen seines trockenen, versteinerten Herzens nicht weinen kann, so ist es umgekehrt möglich, daß Tränen ein steinernes Herz erweichen. »Reine Frau, edle Königin des Himmels und der Erde«, spricht Seuse zur Jungfrau Maria, »rühre mein steinernes Herz mit einer heißen Träne.« (S. 273). In der Sünde, so Petrus Damiani, erkaltet das Innen, erstarrt, wird zu Eis; Tränen machen es wieder flüssig. Wie Wasser, schreibt Hildegard, gießt der Hl. Geist »durch die Grünkraft innigsten Seufzens den Saft der Zerknirschung in der Menschen verhärtetes Herz, auf daß sie triefend in der Feuchte der Tugenden« (LVM, S. 273 f.) dem Schmutz und der Dürre des Lasters entwachsen. Nicht anders wirkt die Liebe: »Sie erweicht des Herzens Härte, indem sie den Augen der Gläubigen den Quell der Tränen entlockt.« (Scivias, S. 107). Entsprechend sind auch für Meister Eckhart die Tränen unverzichtbarer Bestandteil der Reue: »Denn die tränenlose Reue ist Zeichen für ein hartes Herz und unvollkommene Reue.«

41 Käthe Kollwitz, Die Klage, 1940. © VG Bild-Kunst, Bonn 1994

In vielfältigen Bildern verweisen die mittelalterlichen Autoren auf das immer gleiche, das zeitlos gilt. Allein die Weichheit ermöglicht neues Wachstum, die Verhärtung hingegen bleibt unfruchtbar.

Soviel zu der eingangs zitierten Wundergeschichte. Nikolaus ist ins Kloster Clairvaux eingetreten. Der Entschluß ist gefaßt, die Konsequenzen gezogen, und dennoch das Innen des Menschen nicht bereit. Nur bedingt ist das Herz dem Willen zugänglich. Zwingen hat es sich daher noch nie lassen. So bittet Nikolaus, der »vor Herzensverhärtung« nicht mehr weinen kann, Bernhard, daß er für ihn um die »Gnade der Tränen« bete. Bernhard betet, und Nikolaus wird weinend mit seiner Absicht eins. Der Neuanfang bedarf der Ganzheit des Menschen und eines Innen, in dem Fruchtbarkeit an die Stelle alter Verkrustungen getreten ist. Wer wüßte nicht, daß Tränen eine Gnade sein können und daß es bisweilen wie ein Wunder ist, wenn ein Mensch wieder weint! So stehen Tränen für die Möglichkeit des Neubeginns. Das Vertrauen auf diese Kraft zur Erneuerung ist Hoffnung des Lebens und christliche Hoffnung zugleich. Ohne Zweifel läßt sie sich auch in anderen Kategorien denken, in anderen Religionen glauben. Der Geist weht, wo er will. Doch immer nur dort, wo die stets gegenwärtige Entscheidung zugunsten des Lebens fällt.

Doppelsinniges oder doppelgeschlechtliches Gottesbild?

Zahlreiche Heilige und Engel, Maria und die trinitarische Gottheit bevölkern den katholischen Himmel. Der Blick der Tochter freilich, der diesen Himmel nach dem mütterlichen Abbild durchstreift, geht ins Leere. Nicht zwingend muß man jene himmlischen Gestalten als Glaubensinhalte betrachten.[F10] Sie können auch als Urbilder des Menschen und seiner vielfältigen Art, sich zu beziehen, gelten; doch gleich, von welcher Perspektive aus man sie betrachtet, mit welcher Bewertung man sie versieht, die Lücke bleibt. Und der mütterliche Bezugspunkt, dem das Band des liebenden Respekts der Tochter anhaftet, wird sich nicht finden. Auch Maria kann diese Lücke nicht schließen. Bekanntlich ist sie die Mutter eines Sohnes, und hauptsächlich Söhne zeichneten ihr Bild. »So ist es wohl gut«,

42 Maria, Darstellung in der Hagia Sophia, Istanbul, 13. Jh.

schreibt Romano Guardini in seinem Werk über das Leben Christi, »in den Boden und Grund zu blicken, aus welchem sich die Gestalt des Herrn erhebt: Maria, seine Mutter.« (S. 7). Sie bleibt stets im Hintergrund, leidet mit, sorgt sich stumm: »Das ganze Leben Jesu wird von der Nähe seiner Mutter umfangen. Das Stärkste ist ihr Schweigen.« (S. 8). Ich blättere auf die vorangegangene Seite zurück und beginne zu verstehen. Nicht ›Boden und Grund‹, sondern ›Grund und Boden‹ des Sohnes ist gemeint. Ganz Leib ist sie, die gebiert, noch im Leben den Sohn umhüllt, allzeit präsent bleibt und doch immer schweigt. Maria, die Gottesgebärerin, Mutter eines Sohnes, die sich in dieser Mutterschaft erfüllt, erschöpft und somit letztlich enteignet. Da ich nie Sohn war, vermag ich den Erfahrungshintergrund der sich im Urbild spiegelnden Beziehung nicht zu beurteilen, auch wenn ich den Verdacht auf ein Phantasiebild hege, das die Wirklichkeit erdrückt. Auch die höchste Höhe kann zum Sicherheitsabstand werden, zumal wenn das Lob der derart Entrückten die Hände bindet und die Sprache verschlägt. Die Mutter-Tochter-Beziehung hingegen ist von anderer Art. Übergroß erscheint bisweilen die Nähe, die oft genug bewirkt, daß sich die derart aufeinander Bezogenen verfehlen. Auch dort redet die Mutter hinein, wo sie besser geschwiegen hätte, auch jenen Rat noch schlägt die Tochter aus, auf den sie besser gehört hätte. All dies mag im Einzelfall divergieren. So unterschiedlich wie die Töchter und Mütter sind ihre Beziehungen. Das Urbild der aus der Ferne ihr Kind umfassenden Mutter kann zur Beschreibung dieser Beziehung nicht dienen, denn es beschreibt eine Frau, die die Mutter eines Sohnes, nicht einer Tochter war.

Die geistige Realität, die innere Präsenz der Mutter, findet keinen äußeren, spirituellen Bezugspunkt – Beziehungsbande, die ins Leere laufen, zumal wenn sie sich auf den Knotenpunkt der spirituellen Bezüge, Gott selbst, richten. Natürlich greift ein auf die Eigenschaft der Geschlechtlichkeit festgeschriebenes Gottesbild zu kurz. Daß dererlei Zuordnungen unzulässig sind, ist stets dann zu erfahren, wenn sich das männlich geprägte

Gottesbild, wird die mangelnde Präsenz des Weiblichen angemahnt, in die Repräsentanz des beide Geschlechter umfassenden Allgemeinen verwandelt und dergestalt den Vorwurf des Mangels entkräftet. Gott, der mehr ist, als die Menschen über ihn ersinnen, umfasse alles. Das Argument leuchtet für den Augenblick ein und ändert doch nichts an dem Mangel, der Lücke, die sofort wieder aufreißt, da sich der allgemeine Gott in den männlichen Gott zurückverwandelt. Doppelsinnig wie der Begriff des Menschen, der gleichermaßen Mensch und Mann ausdrückt, ist die Anlage dieses Gottesbildes. Es ist Vexierbild, das mal diese, mal jene Erscheinungsform annimmt und sich im Wechselspiel stets das weibliche Element vom bisweilen seine männliche Gestalt verbergenden Leib hält. Natürlich ist Geschlechtlichkeit nicht das Wesen Gottes. Doch das Wesen des Menschen ist, diesseitige Bezüge im Jenseits zu bewahren, neu anzubinden und zu transzendieren. Weit besser als der Mensch ist dieser Gott, dessen Antlitz dem Menschen zum Bilde und Gleichnis gezeichnet wurde. Er ist nicht den Wechselfällen des Lebens unterworfen, repräsentiert jene reine Gutheit, die auf Erden nur durchmischt vom Bösen existieren kann. Er ist der Bezugspunkt des Sehnens nach letzter Geborgenheit und das jenseitige Urbild von Wert und Würde, das bis ins Diesseits strahlt und hier als Abglanz Wert und Würde verleiht.

Nichts können wir über das Antlitz Gottes wissen, und, recht betrachtet, wissen wir noch nicht einmal, ob Gott überhaupt ein Antlitz besitzt. Über den Menschen freilich wissen wir, daß er mit dem Finger der Sehnsucht vertraute Gesichtszüge in das leere Antlitz einzeichnet. Aber auch die Hand, die nach der Macht greift, streckt sich nach dem Bild Gottes aus, um ihm die Züge der Herrschaft einzuprägen. Sanft ist das Antlitz des Sehnsuchtsbildes. Furchterregend hingegen ist das herrschaftliche Antlitz Gottes. Wie geschnitzt wirken seine Züge, die oft genug mit dem Schwert eingehauen wurden. Mit eiserner Hand wischten die christlichen Eroberer das alte Abbild hinweg, mit denen die Unterworfenen das leere Antlitz zuvor versehen hatten. Furchterregend und gewalttätig war das Antlitz, das sie schufen, und konnte nicht anders sein, denn immer erkennt man am fernen Abbild die Züge derer wieder, die es einzeichneten. Instinktiv wußten die Eroberer darum, daß der, der die Erde beherrschen will, auch den Himmel beherrschen muß. Das ist die Geschichte der christlichen Eroberungen und der Mission. In gewisser Hinsicht ist das auch die Geschichte des Patriarchats. Stets ist irdische Herrschaft ein Abglanz der himmlischen Herrschaft gewesen. Daher trägt Gott die Züge der Herrschenden, auch die das Allgemeine repräsentierenden Züge kann er tragen, doch nie darf er Abbild der Unterworfenen sein. Die im Kampf gegen Ausbeutung zugleich um ihre Freiheit und gesellschaftliche Wertschätzung ringenden Armen Südamerikas wissen dies und malen nun, da die alten Götter unwiederbringlich verloren sind, in das Antlitz Christi die Züge des Indio ein.

Im christlichen Verständnis zeichnet nicht der Mensch seine Züge in Gott ein, sondern Gott seine Züge in den Menschen. Nicht Gott ist das Sehnsuchtsbild des Menschen, sondern der Mensch das Sehnsuchtsbild Gottes. Gott zum Bilde und Gleichnis wurde der Mensch am sechsten Schöpfungstag erschaffen. Mehr noch als andere betonen die Mystiker, daß die Erschaffung nach dem Abbild Gottes dem Menschen Wert, Würde und Stärke verleiht. Eigenschaften, die von ihrem himmlischen Ursprung aus vornehmlich auf Männer ausstrahlen. Sind sie eben nicht doch mehr Gott zum Bilde und Gleichnis erschaffen als Frauen? Bereits Paulus widmete sich im Rückbezug auf die Erschaffung Evas aus der Rippe Adams dieser Frage: »Der Mann darf sein Haupt nicht verhüllen, weil er Abbild und Abglanz Gottes ist, die Frau aber ist der Abglanz des Mannes. Denn der Mann stammt nicht von der Frau, sondern die Frau vom Mann.« (1 Kor 11,7-9). Deshalb habe die Frau ihr Haupt im Gottesdienst zu verhüllen. »Doch im Herrn gibt es weder die Frau ohne den Mann noch den Mann ohne die Frau.« (1 Kor 11,11). Natürlich macht es vor Gott keinen Unterschied des Werts, ob Mann oder Frau. Im Diesseits jedoch ist dieser Unterschied deutlich spürbar. Wie eine Leiter reicht das Bezugssystem der Gottähnlichkeit in den Himmel hinauf. Sie fußt auf Erden und lehnt am Thron Gottes als ihrem höchsten Bezugspunkt an. Wert und Würde eines jeglichen Geschöpfes läßt sich an der Stufe ablesen, die es auf dem Weg zum göttlichen Vorbild erklommen hat. Je größer die Ähnlichkeit zum jenseitigen Bezugspunkt, desto höher die Stufe und somit der diesseitige Wert. Daher findet sich die Frau zwangsläufig auf der unter dem Mann befindlichen Stufe wieder. Dieser Abstand nun ist ärgerlich genug und doch nichts im Vergleich zu dem Abgrund, der sich zwischen beiden Sprossen auftut. Denn die Gottebenbildlichkeit der Frau, die Abbild vom Abbild, Abglanz vom Abglanz ist, wird ihr über den Mann vermittelt. Eben dort, wo sie dem Mann gleicht, gleicht sie Gott. Für alles, das an ihr weiblich ist, wird dieser Abstand zwischen zwei Sprossen ein Abgrund.

> »Solange die Frau für Geburt und Kinder lebt«, schreibt der Kirchenvater Hieronymus, »besteht zwischen ihr und dem Manne derselbe Unterschied wie zwischen Leib und Seele; wenn sie aber Christus mehr dienen will als der Welt, wird sie aufhören, Frau zu sein, und ›Mann‹ wird man sie nennen, weil wir wünschen, daß alle Vollkommenen zum Manne erhoben werden.«

Vor diesem Hintergrund hat sich der Blickwinkel meiner Lektüre verändert. Einige Male zuvor habe ich folgende Predigt Meister Eckharts gelesen, erst jetzt fällt sie mir auf: *Ave gratia plena* (Lk 1,28) lautet der ausgelegte Vers, jene Worte, die der Engel zu Maria sprach und die nach ihm die Gläubigen unzählige Male im Gebet wiederholten: »Gegrüßet seist du, Maria, voll der Gnaden.« Doch nicht die leibliche Geburt Christi, sondern die geistige Gottesgeburt in einer jeden Seele, steht für Eckhart im Vordergrund: »Es ist Gott wertvoller, daß er geistig geboren werde von einer jeglichen Jungfrau oder (= will sagen) von einer jeglichen guten Seele, als daß er von Maria leiblich geboren ward.« Eckhart fährt erläuternd fort:

»Darunter ist zu verstehen, daß wir ein einiger Sohn werden sollen, den der Vater ewiglich geboren hat. Als der Vater alle Kreaturen gebar, da gebar er auch mich, und ich floß aus mit allen Kreaturen und blieb doch drinnen in dem Vater.« (S. 256)

Die Vorstellung von der Gottesgeburt in der Seele ist in Meister Eckharts Auffassung von Zeit und Ewigkeit eingebunden. Nicht der Zeit, sondern der Ewigkeit gehört Gott an, der deshalb nie in zeitlicher Ferne, sondern immer in unmittelbarer Nähe ist: »In der Ewigkeit sind alle Dinge gegenwärtig.« (S. 174). Gott ist über der Zeit, ist in der Ewigkeit, so daß der stetig gegenwärtige Gott ewiger Schöpfer und nicht Schöpfergott am Beginn der Geschichte ist:

»Ich sagte einst, daß Gott die Welt jetzt erschafft, und alle Dinge sind gleich edel in diesem Tage. Würden wir sagen, daß Gott die Welt gestern oder morgen erschüfe, so würden wir uns töricht verhalten. Gott erschafft die Welt und alle Dinge in einem gegenwärtigen Nun, und die Zeit, die da vergangen ist vor tausend Jahren, die ist Gott ebenso gegenwärtig und ebenso nahe wie die Zeit,

43 Michelangelo, Die Erschaffung Adams, Fresko, Sixtinische Kapelle, Vatikan, 1508-1513

die jetzt ist. Die Seele, die da steht in einem gegenwärtigen Nun, in die gebiert der Vater seinen eingeborenen Sohn, und in derselben Geburt wird die Seele wieder in Gott geboren. Das ist eine Geburt: So oft sie (die Seele) wiedergeboren wird in Gott, so oft gebiert der Vater seinen eingeborenen Sohn in sie.« (S. 206)

Nur ungern lasse ich die tiefgründigen Gedanken Eckharts zu Zeit und Ewigkeit beiseite, von denen aus sich auch ein in der Evolution wirkender Gott vorstellen ließe. In diesem Zusammenhang jedoch ist das Bild vom gebärenden Vater von Interesse. Ist das Gebären nicht die Eigenschaft der Mutter?

Natürlich steht der doppelsinnige Gott, der das Allgemeine und zugleich den Mann versinnbildlicht, über den Geschlechtern und doch nicht weit genug entfernt, daß das Gebären nun nicht als männliche Eigenschaft erschiene. Die neutrale Gestalt Gottes verleibt sich das weibliche Element ein, um es nach der Rückverwandlung in die männliche Gestalt als Eigenschaft des Vaters zu begreifen: »Ja, denn die Eigenheit des Vaters, zu gebären, ist nichts anderes als Gott.« (S. 390). Das doppelsinnige Gottesbild integriert das weibliche Element nicht, sondern verschlingt es. Indem Maria in den Hintergrund tritt, gewinnt der Vatergott die Eigenschaft des Gebärens und schreitet von hier aus in der Einverleibung des Weiblichen fort. Denn der gebärende Gott ist das jenseitige Vorbild, das alles Diesseitige abzubilden strebt: »Alle Kreaturen wirken darauf hin, gebären zu wollen, und sie wollen dem Vater gleich werden.« (S. 257). Dem Vater gleich zu werden, heißt, in einen Vorgang des wechselseitigen Gebärens einzutreten, der sich zwischen Vater und Sohn vollzieht: »So tut's Gott. Er gebiert seinen eingeborenen Sohn in das Höchste der Seele. Im gleichen Zuge, da er seinen eingeborenen Sohn in mich gebiert, gebäre ich ihn zurück in den Vater.« (S. 258).

An anderer Stelle unterstreicht Eckhart seine Vorstellung: »Wer die Wahrheit recht erkennt, der weiß wohl, daß das Wort ›Vater‹ ein lauteres Gebären und ein Söhne-Haben in sich trägt.

Darum sind wir hierin Sohn und sind derselbe Sohn.« (S. 172). Alles Streben und alle Sehnsucht des Menschen hat daher der Sohnwerdung im Innen zu gelten – ein Streben, das Gott durch seine Sehnsucht nach dem Sohn ergänzt: »Gott wirkt alle seine Werke darum, daß wir der eingeborene Sohn seien. Wenn Gott sieht, daß wir der eingeborene Sohn sind, so drängt es Gott heftig zu uns, und er eilt.« (S. 213). Über weite Strecken seines Werkes spiritualisiert Eckhart die Menschwerdung Christi und verlegt sie in das Innen des Menschen. Die Gottesgeburt in der Seele ist der Gipfelpunkt des mystischen Weges – eine Gottesgeburt, die nicht nur aufgrund dessen, daß Christus als Mann geboren wurde, zwingend eine Sohnesgeburt ist. Die Seele, so Eckhart im Rückgriff auf Augustinus, besteht aus zwei Teilen. Der eine Teil ist der Welt, dem Leib und der Zeit zugekehrt. Hier ist die Seele Frau. Der andere Teil ist Gott und der Ewigkeit zugewandt, hier ist die Seele Mann:

> »Wird das Fünklein der Vernunft rein in Gott erfaßt, so lebt der ›Mann‹. Dort geschieht die Geburt, dort wird der Sohn geboren. Diese Geburt geschieht nicht einmal im Jahr, noch einmal im Monat, noch einmal im Tag, sondern allezeit, das heißt oberhalb der Zeit in der Weite, wo weder Hier noch Nun ist, weder Natur noch Gedanke. Darum sprechen wir von ›Sohn‹ und nicht von ›Tochter‹.« (S. 393 f.)

Immer wird daher der Sohn im Innen geboren und nie die Tochter. Man könnte einwenden, daß all dies im übertragenen und damit im allgemeinen, beide Geschlechter umfassenden Sinne, gemeint sei. Natürlich ist es so gemeint. Und dennoch steht das doppelsinnige Gottesbild nicht weit genug über den Geschlechtern, als daß nicht der gebärende Vater nunmehr allein den Sohn hervorbringt. Nicht die Integration, sondern die fortschreitende Auslöschung des Weiblichen sind die Folge des den Sohn gebärenden Vaters. Vor dem Hintergrund dieser theologischen Vorgaben muß alles Streben des Menschen dem

Ziel gelten, zum Sohn Gottes zu werden. Doch auch dieser Satz noch verdeckt eher das Problem, als es freizugeben, denn in schier unbezwingbarer Logik greifen das doppelsinnige Menschenbild und das doppelsinnige Gottesbild ineinander. Formulieren wir also präziser: Alles Streben von Männern und Frauen muß daher dem Ziel gelten, zum Sohn Gottes zu werden, »denn der Vater treibt und jagt dazu, daß wir in dem Sohne geboren und dasselbe werden, was der Sohn ist« (S. 269).

Der Anlage von Eckharts Mystik entsprechend, ist der Augenblick der Sohnesgeburt in der Seele zugleich der Augenblick des Durchbruchs zur höchsten Identität des Menschen mit sich selbst. Anders als im modernen Verständnis wird das Selbst nicht als ein sich fortschreitend zu Entwickelndes begriffen, sondern es ist in der gottgleichen Anlage dem Menschen vorgegeben. Der Eigenwille jedoch, der dem Menschen all seine Ich- und Weltbindungen als das vorgaukelt, was ihm unverzichtbar zu eigen ist, hat den Zugang zum wahrhaft Eigenen verstellt. Eben hier fordert Eckhart vom Menschen die Haltung der Gelassenheit ein, ein Lassen von all dem, was ihn in sich selbst und in die Welt verstrickt, auf daß er für Gott und zugleich für sich selbst frei werde: »So weit du ausgehst aus allen Dingen, so weit, nicht weniger und nicht mehr, geht Gott ein mit all dem Seinen, dafern du in allen Dingen dich des Deinen völlig entäußerst.« (S. 57). Das moderne Wort von der ›Eigenschaft‹ bedeutet in der mittelhochdeutschen Verwendung Ich-Bindung, d. h. all das, was den Menschen über den Eigenwillen an die Welt fesselt und seinen Durchbruch zu Gott und sich selbst verhindert. »Gott ist der Seele näher, als sie sich selbst ist.« (S. 201). So ist der Mensch in dem Augenblick wahrhaft bei sich, da er bei Gott ist: »Hier ist Gottes Grund mein Grund und mein Grund Gottes Grund. Hier lebe ich aus meinem Eigenen, wie Gott aus seinem Eigenen lebt.« (S. 180). Daher besteht für den Menschen der Augenblick seiner höchsten Identität in der Sohnwerdung Gottes, oder, präziser formuliert, der Augenblick, da sie zum Sohn Gottes werden, stellt für Männer und Frauen den Augenblick ihrer höchsten Identität mit sich selbst dar.

Meister Eckharts Mystik entwickelte sich, so Grundmann, aus der »Verknüpfung von dominikanischer Theologie und Seelsorge, volkssprachlicher Predigt (und) weiblicher Frömmigkeit« (S. 527). Eckhart war in der Frauenseelsorge tätig, wirkte in jenen religiösen Frauengemeinschaften, die sich vielfach eigenständig entwickelten und auf oftmals komplizierten Wegen Anschluß an den Dominikanerorden fanden. Hier nun predigte Eckhart in der Volkssprache vor Nonnen, die als Frauen vom traditionellen Bildungsweg ausgeschlossen und daher des Lateinischen nicht kundig waren. Gerade neuere Untersuchungen betonen, wie stark die deutschen Predigten Eckharts an die Frauenseelsorge geknüpft sind und aus diesem Umfeld verstanden werden wollen. So sind es vornehmlich die Töchter des Ordens, an die Eckharts Mahnung ergeht, »daß wir ein einiger Sohn sein sollen«. Die Absonderlichkeit, die eine solche spirituelle Konzeption gerade in der Frauenseelsorge darstellt, ist den Interpreten Eckharts bislang entgangen.

Um nicht mißverstanden zu werden: Weit lohnendere Objekte als Eckhart ließen sich unter den mittelalterlichen Theologen ausmachen, um eine explizite Frauenfeindlichkeit zu belegen. An Eckhart ist vielmehr der theologische Abstraktionsgrad von Interesse, die Spiritualisierung des Glaubens, die auf Bildlosigkeit zustrebt: »Wer von Gott in irgendwelchem Gleichnis redet, der redet auf unlautere Weise von ihm.« (S. 332). Und doch muß auch Eckhart immer wieder, wie es im Rahmen einer Offenbarungsreligion nicht anders sein kann, auf die unlauteren Bilder zurückgreifen, die er auf einen unverzichtbaren Kernbestand reduziert, der – dem patriarchalen Kern dieser Religion entsprechend – nunmehr ausschließlich männlich geprägt erscheint. »Wer diese Predigt verstanden hat, dem vergönne ich sie wohl. Wäre hier niemand gewesen, ich hätte sie diesem Opferstock predigen müssen.« (S. 273). Mit diesen Worten schließt Eckhart eine seiner Predigten und bekennt, daß er sprechen muß, daß er das, was sich ihm offenbarte, nicht verschweigen kann. Die tiefe Innerlichkeit des Mystikers und der spekulative Höhenflug des Philosophen kennzeichnen das

Werk dieses Mannes, dessen Verdienste unbestreitbar sind. Dem Seelsorger jedoch ist entgegenzuhalten, daß es sehr wohl einen Unterschied macht, ob man vor einem Opferstock oder vor Menschen predigt.

Wie Eckhart war auch sein Schüler Heinrich Seuse als Dominikanerprediger in der Frauenseelsorge tätig. Große Hochachtung brachte er Eckhart entgegen, dessen Vorlesungen er auf der Ordenshochschule in Köln gehört hatte. Als Eckhart bereits als Häretiker verurteilt und verstorben ist, erscheint er in einer der Visionen Seuses, die auf unmißverständliche Weise den Lehrer in Schutz nimmt: »Der Meister ließ ihn wissen, er lebe in überströmender Herrlichkeit, in der seine Seele ganz in Gott aufgegangen sei.« (S. 33). Diese Wertschätzung Eckharts ist für Seuse nicht ohne Gefahren. Bald schon hat er sich wegen seines in vielem der Lehre des Meisters verpflichteten »Büchlein der Wahrheit« (S. 331 ff.) vor dem Kapitel des Dominikanerordens in den Niederlanden zu verantworten:

> »Mit zitterndem Herzen ward er vor das Ordensgericht gestellt; viel Dinge wurden ihm zur Last gelegt, deren eines war: daß er Bücher schreibe, die falsche Lehren enthielten; durch sie werde das ganze Land mit ketzerischem Schmutz verunreinigt.« (S. 77)

So schwebte auch über Seuse, gleichsam als Erblast des Lehrers, das Damoklesschwert des Häresieverdachts. Ob freilich das Ringen darum, daß sich der Verdacht nicht in realer Ausgrenzung bestätige, allein zur Erklärung der gravierenden Abweichungen des Schülers zur Lehre des Meisters dienen kann, scheint fraglich. Wie auch das Werk Eckharts besitzt Seuses volkssprachliches Werk einen wichtigen Bezugspunkt in der Frauenseelsorge, wobei Seuse weit mehr als sein der philosophischen Spekulation verpflichteter Lehrer als Praktiker der Seelsorge gilt. Auch von hier lassen sich die Unterschiede zwischen Eckhart und Seuse verstehen und als veränderte Perspektive in der Frauenseelsorge bewerten.

Während Maria bei Eckhart in den Hintergrund tritt, zeichnet Seuse die besondere Verehrung der Gottesmutter aus. Einem breiten Traditionsstrom folgend, interpretiert auch er Maria als zweite Eva und unterstreicht die Tilgung der seit Eva auf dem weiblichen Geschlecht lastenden Urschuld durch Maria:

> »Ach, milde Königin, wie kann sich das weibliche Geschlecht deiner mit Fug und Recht freuen! Wie nun? Kann man noch sagen, verflucht sei Eva, daß sie von der Frucht (des verbotenen Baumes) aß? Gesegnet sei sie vielmehr, daß sie uns je (Maria) die süße Himmelsfrucht brachte.« (S. 270)

44 Eva, Relief am Portal der Kathedrale St. Lazare, Autun, 12. Jh. © CNMHS/SPADEM

Noch schwerwiegender allerdings erscheinen die Abweichungen Seuses im Gottesbild als dem spirituellen Kern seiner Lehre. Denn nicht der den Sohn im Innen der Seele gebärende Vater steht im Zentrum von Seuses Werk, sondern die Ewige Weisheit als die »weibliche Allegorie Christi«. Dem Urbild des männlich inkarnierten Gottes findet sich somit ein weibliches Nachbild zugeordnet, das Seuses Gottesbild den Grundcharakter der Doppelgeschlechtlichkeit verleiht. Zahlreiche Traditionsstränge wurden ausgemacht, die Seuse zu seinem Gottesbild ineinander verwob. Gedanken Thomas'

45 Die thronende göttliche Weisheit mit den Sieben Büchern der Weisheit und dem Blütenzepter. Bibelhandschrift aus St. Martiel in Limoges, O-Initiale, Ende 11. Jh.

von Aquin, Eckharts und insbesondere der Weisheitsbücher des Alten Testaments fanden Eingang und ließen – neu miteinander verbunden – in der Ewigen Weisheit eine Seuse eigene Form der *Logos*-Mystik entstehen.

Eine moderne Interpretin hat die ewige Weisheit die »erscheinende Zuneigung Gottes« genannt und trifft den Kern: »Sie ist ihm (Seuse) das uns zugewandte, zugeneigte Antlitz Gottes schlechthin. Sie ist Gott in seiner immerwährenden Selbstmitteilung.« (S. 133). Der Ewigen Weisheit als Selbstmitteilung Gottes entspricht die äußere Anlage der in Dialogform abgefaßten Schriften Seuses: Die Ewige Weisheit antwortet auf Fragen, die Seuse als Diener der Ewigen Weisheit stellt. Die Dialoge erscheinen als intimes Zwiegespräch, sind aber von lehrhaftem Charakter, d. h. zur Erbauung und spirituellen Anleitung verfaßt. Die Fragen Seuses, die als persönliche Anfrage formuliert und doch zugleich allgemeiner Ausdruck möglicher Anfragen des Menschen auf der jeweiligen Stufe seiner spirituellen Entwicklung sind, führen zu den Antworten der Ewigen Weisheit hin. Nicht anders verhält es sich beim Werdegang Seuses, den er als individuelle Biographie zeichnet und der doch zugleich exemplarisch den spirituellen Werdegang des gottsuchenden Menschen verdeutlichen soll. Auch an dieser Stelle wahrt Seuse die Parität der Geschlechter. Dem eigenen Werdegang ist der Werdegang seiner geistlichen Tochter, Elsbeth Stagel, beigeordnet, die ebenfalls exemplarisch den Stufenweg der Läuterung durchläuft. Seuse berichtet vom Beginn dieser geistlichen Beziehung in seiner Lebensbeschreibung. Elsbeth hatte ihn darum gebeten, ihr Beichtvater zu werden. In der Folgezeit war ihm eine Vision zuteil geworden, die er ihr in einem Brief beschreibt:

> »Als er (Seuse) eine gute Weile mit den Engeln himmlische Unterhaltung gepflegt und ihm froh ums Herz war dank des überströmenden Wunders, das seine Seele erfahren hatte, da erblickte er in demselben Gesicht dich, wie du vor ihn tratest, als er unter den Engeln saß. Du knietest mit großem Ernst vor ihm nieder und neigtest dein Antlitz gerade auf sein Herz. Und so knietest du mit deinem auf sein Herz geneigten Antlitz eine gute Weile, daß die dabeistehenden Engel es sahen. Der Bruder wunderte sich ob deiner Kühnheit, und doch stand es dir in deiner Frömmigkeit wohl an, so daß er es dir freundlich erlaubte.« (S. 110)

Fortan liegt sie ihm am Herzen. Er beantwortet alle ihre Fragen, leitet sie auf ihrem Weg bis hin zum Ende der Wegstrecke, jener Vollkommenheit, da es nichts mehr gibt, das sie zu fragen und er zu antworten hätte, so daß er die Schülerin in die Freiheit der unmittelbaren Gotteserfahrung entläßt: »Nun denn, Tochter, löse dich vom Geschöpflichen und laß ferner dein Fragen sein, schau selbst, was Gott in dir spreche!«

(S. 199 f.). Neben der exemplarischen Stellung, die Elsbeths spiritueller Entwicklung zukommt, weist ihr Seuse eine bedeutende Rolle bei der Abfassung seiner Lebensbeschreibung zu. Heimlich habe sie seine mündlichen Unterweisungen aufgeschrieben – »sich und anderen zur Hilfe«. Als er davon erfuhr, habe er einen Teil der Niederschriften verbrannt und sei erst durch eine himmlische Botschaft von der Vernichtung des gesamten Werkes abgehalten worden. »Und so blieb das Folgende erhalten, so wie jene Frau es mit eigener Hand geschrieben. Ein wenig guter Lehre ward nach ihrem Tode von ihm beigefügt.« (S. 17 f.). Die Doppelgeschlechtlichkeit ist im Werk Seuses nicht nur das zentrale Element seines Gottesbildes, sondern der Grundzug eines spirituellen Gesamtkonzeptes, das sich in doppelter Biographie und doppelter Autorenschaft entfaltet.

Der didaktischen Anlage dieser Texte entsprechend, legt sich Seuse, der Weise, als Fragender oft das Gewand des Toren an. So auch, wenn er sich als noch unvollkommener Mensch an die Ewige Weisheit wendet, um ihr (die er an dieser Stelle als Christus, d. h. als Herr anspricht) eine »verborgene Herzenswunde« zu offenbaren:

> »Herr, Gemeinsamkeit in der Liebe ist wie Wasser im Feuer; du weißt, lieber Herr, daß wirkliche sehnende Liebe keine Zweifel dulden kann. Ach, schöner, einziger Herr meines Herzens und meiner Seele, danach verlangt mein Herz aus meinem Innersten heraus, daß du zu mir ein besonderes Wohlgefallen, eine eigene Liebe habest und deine göttlichen Augen mich mit ausgezeichneter erfreuter Zufriedenheit anblickten. Ach Herr, du besitzest so viele Herzen, die dich herzlich lieben und viel bei dir vermögen, wie steht es da mit mir?«

Verwundert nimmt man in dererlei heiligen Betrachtungen die unheilige Eifersucht in der Frage des Dieners wahr, auf die ihm die Ewige Weisheit folgendes entgegnet:

> »Meine Liebe wird durch Einheit nicht verkleinert noch in der Mehrheit vermischt. Ich bin mit dir allzeit beschäftigt und beflissen, suche von dir allein geliebt zu sein und vollende alles, was zu dir gehört, als ob ich von allem anderen frei wäre.« (S. 235)

Die weise Antwort belegt, daß die Frage eben doch nicht so töricht war, wie sie noch eben erschien, und macht weiter die Zugewandtheit als innerstes Wesen der Ewigen Weisheit deutlich.

> »Ich bin die Mutter der schönen Liebe«, spricht sie in Anlehnung an Jesus Sirach 24,24, »mein Geist ist süßer als Honig, mein Erbe lieblicher noch als dieser und als Honigsaft. Edler Wein und angenehmer Gesang erfreuen das Herz; mehr als diese beiden aber die Liebe der Weisheit.« (S. 231)

Sie, die allein die Liebe des Menschen einfordert, steht Rede und Antwort auf seine höchsten und seine niedersten Fragen. Keine Frage, wird sie im Geist der Liebe ausgesprochen, ist ihr zu töricht, als daß sie nicht darauf antwortete, denn sie bewegt den Menschen und ist daher wie der Mensch selbst der Antwort Gottes wert. Ja, auch die Klagen des mit seinem Schicksal hadernden Dieners über die bittere Not seiner Leiden hört sie sich geduldig an:

> »(D)u weißt, daß mein Leiden jegliches Maß übersteigt, daß es über meine Kraft geht. Herr, ist jemand in aller Welt, der schmerzlichere Leiden ohne Unterlaß zu ertragen habe als ich? Wie soll ich sie aushalten? Herr, gäbest du mir gewöhnliche Leiden, die wollte ich wohl ertragen; ich weiß nicht, wie ich die ungewöhnlichen, die auf so verborgene Weise mir Seele und Geist einengen und die nur du allein durch und durch kennst, weiter erdulden soll.«

Wiederum wendet sich die Ewige Weisheit liebevoll, doch auch sanft zurechtweisend dem Diener zu. In seinen Worten sind die Beimischungen des Aufbegehrens und des Selbstmitleids deutlich hörbar, aber auch die unerträgliche Last eines Leidens, das sich für den Leidenden als das jeweils schwerste darstellt.

> »Jeder Kranke«, entgegnet sie ihm, »hält sich für den kränksten, jeder Arme für den ärmsten. Hätte ich dir andere Leiden gegeben, es wäre (auch bei dir) das gleiche. Füge dich freien Willens in meinen Willen in allen Leiden.«

Auch weiß sie um die Bitterkeit des unausweichlich Sich-fügen-müssens und ruft daher den Verzagenden mit sachter Mahnung zum Gottvertrauen zurück: »Weißt Du nicht, daß ich nur dein Bestes will, so gut, wie du es selbst willst. Bin ich doch die ewige Weisheit und weiß besser, was das beste für dich ist.« (S. 255 f.). Am Ende dieses Dialogs entläßt die Ewige Weisheit ihren Diener gereifter und wissender, als er es zuvor war. Die Last wurde ihm nicht von den Schultern genommen, doch er besitzt nun Kraft, sie zu tragen. Er hat zu leiden gelernt und erkannt, daß nicht das Leiden selbst, sehr wohl aber die Einstellung zum Leiden in seiner Hand liegt. Unmäßig und unerträglich erschienen ihm diese Leiden, »die mich damals so groß dünkten, weil sie mich so feindlich anblickten« (S. 259). Seuse will das Leiden als Teil des spirituellen Werdegangs verstanden wissen. Diese Anbindung an den Glauben stiftet im Leidenden das Vertrauen auf einen letzten Sinn zum Guten und macht somit das, was getragen sein muß, tragbar. »Im Sinn«, schreibt Martin Buber, »schaut das Schicksal, die eben noch so strengen Augen voller Licht, wie die Gnade selber drein.« (S. 56). Aber auch der pragmatische Rest dieser Lehre vom Leiden bleibt bedenkenswert. Denn nachdrücklich erfolgt auch hier die Mahnung, daß der Mensch sich lasse, d. h., daß er seine Kraft nicht im Widerstand verzehre, sondern sie nutze, sich im Auferlegten zu bewähren.

Vor allem Sanftmut und Duldsamkeit kennzeichnen für Seuse die Gestalt des irdischen Christus. Selbst angesichts zugefügten Unrechts wahrte er sein mildes Wesen, war »Lamm unter Wölfen« und somit das letztgültige Beispiel für den Menschen, »geduldig zu sein und allezeit mit Güte Böses durch Gutes zu überwinden« (S. 142). Daß Christus und die Ewige Weisheit eins sind, offenbart das gütige und sanftmütige Wesen beider. Das Böse bzw. Unvollkommene am Menschen durch die Förderung des Guten zu überwinden, war die Maxime seines Handelns und setzt sich in der Zugewandtheit ihrer Anrede fort. »Erkennst du mich nicht? Bist du so tief gesunken? Oder sind dir vor maßlosem Schmerz die Sinne geschwunden?«, fragt sie den Diener, den die Reue über seine Verfehlungen in den Abgrund der Verzweiflung zu stoßen droht.

46 Christus und Johannes. Frauenkloster St. Martin am Bodensee, um 1320/30

»Mein liebes Kind, ich bin es doch, die geliebte, barmherzige Weisheit, die den Abgrund der unergründlichen Barmherzigkeit, dessen Tiefe allen Heiligen verborgen ist, weit geöffnet hat, dich und alle reuigen Herzen liebevoll zu empfangen. Ich bin es, die gütige Weisheit, die arm und hilflos ward, um dir wieder zu deinem Werte zu verhelfen; ich habe den bitteren Tod erlitten, um dich wieder zum Leben zu erwecken.« (S. 222)

Güte, Zugewandtheit und liebende Fürsorge stehen im Zentrum dieses Gottesbildes – Eigenschaften, die im Leben des Menschen (es sei denn, ein Schatten umdunkelt bereits den Beginn) als erstes Antlitz das der Mutter tragen.[F11] In Gestalt der Ewigen Weisheit sind sie wiederum im weiblichen Abbild erfahrbar.

> »Du liebevolles Gut«, spricht der Diener zur Ewigen Weisheit, »wende ich mich nur ein wenig von dir ab, so geht es mir wie einem jungen Reh, das seine Mutter verfehlt hat, in eine böse Jagd gerät und unsicher umherirrend so lange läuft und flieht, bis es wieder zu seinem Lager entrinnen kann.« (S. 224)

Nichts anderes gilt für das Wort, das Christus und zugleich erstes Geschenk und bleibende Gabe der Mutter ist.

> »Am Anfang war das Wort … Alles ist durch das Wort geworden, und ohne das Wort wurde nichts, was geworden ist … Und das Wort ist Fleisch geworden und hat unter uns gewohnt.« (Joh 1,1 ff.)

Die Bibel setzt an den Beginn alles Lebens Christus, das Wort, das als Ja zum Menschen in der Fülle der Zeit Fleisch geworden ist. Auch am Beginn eines jeden Lebens steht das Wort. Ist es nicht die Mutter, die das erste Wort spricht? Ihr ›Ja‹ kann über einen zerklüfteten Lebensweg hinwegtragen, ein ›Nein‹ die planste Wegstrecke zum schier unüberwindlichen Hindernis machen. So steht das Wort symbolisch für die Entgegnung auf das, was vor allem anderen ist; »das Beziehungsstreben«, schreibt Martin Buber, »ist das erste, die aufgewölbte Hand, in die sich das Gegenüber schmiegt.« (S. 31). Noch vorsprachlich ist die frühe Selbstmitteilung, ganz Geste und Klang. Erst allmählich gewinnt das Wort im endlosen Wechselspiel Gestalt. Tausend kluge und törichte Fragen, tausend berechtigte und unberechtigte Anliegen folgen und fordern tausendfache Antwort und Zuwendung ein. Bisweilen bestärkt die Entgegnung, bisweilen rückt sie zurecht. Doch vom mütterliche ›Ja‹ aus ist selbst ein ›Nein‹ noch Teil jenes Zuspruchs, der den Menschen gereifter, wissender und mehr zu sich selbst werden läßt. In der Ewigen Weisheit ist das Wort, das die Selbstmitteilung Christi, aber auch erste Gabe und bleibendes Geschenk der Mutter ist, wiederum als Echo der mütterlichen Anrede vernehmbar.

»Der Mensch wird am Du zum Ich«, schreibt Martin Buber. »Gegenüber kommt und entschwindet, Beziehungsereignisse verdichten sich und zerstieben, und im Wechsel klärt sich, von Mal zu Mal wachsend, das Bewußtsein des gleichbleibenden Partners, das Ichbewußtsein.« (S. 32). Das ›Ich‹ erhebt sich nicht aus sich selbst, sondern richtet sich am Gegenüber auf. Am mütterlichen Du ist es vorerst geworden und wird fortan weiter in der Begegnung mehr zu sich selbst.[F11] Doch dies nur für den Fall, daß der Mensch den Mut besitzt, sich einzulassen.

> »Der Mensch, der aus dem Wesensakt der reinen Beziehung tritt, hat in seinem Wesen ein Mehr, ein Hinzugewachsenes, von dem er zuvor nicht wußte und dessen Ursprung er nicht rechtmäßig zu bezeichnen vermag.« (S. 111)

Dieses ›Mehr‹ ist von ganz anderer Art als das ›Mehr‹, nach dem die Ichsucht strebt, die, auch wenn sie sich als Individualismus ausgibt, nichts anderes als eine Unterart der Habgier ist. Der Habgierige aber sucht nie das Gegenüber, sondern allein den eigenen Nutzen. Auch wenn er sich bereichert, bleibt er doch immer ganz der alte, denn sich einlassen und folglich neu erfahren kann er nicht.

Ebenso wie bei den mittelalterlichen Frommen ist auch im Werk Bubers Gott der letzte Bezugspunkt des Menschen, der freilich für Buber nicht im Gegensatz zu den innerweltlichen Bezügen des Menschen steht, sondern deren vollendeter Ausdruck ist: »Der Zweck der Beziehung ist ihr eigenes Wesen, das ist: die Berührung des Du. Denn durch die Berührung jedes

47 Auguste Rodin,
Die Kathedrale, 1908. S. 1001.
Paris, Musée Rodin

Du rührt ein Hauch des ewigen Lebens uns an.« (S. 65). Da das ›Ich‹ in Bezogenheit entsteht, ist auch bei Buber, nicht anders als bei den Mystikern, die höchste Form der Selbsterfahrung mit der Gotteserfahrung identisch. Aus der mütterlichen Anrede ist das ›Ich‹ erstanden, um sich in den vom Leben zugeworfenen Begegnungen zu mehren und am ewigen Du zu erfüllen. »Ob man Gott als Er oder als Es beredet, es ist immer Allegorie. Sprechen wir aber Du zu ihm, dann ist die ungebrochene Wahrheit der Welt von sterblichem Sinn gewortet.« (S. 101). Wiederum ist hinzuzufügen, was unausgesprochen und wohl auch ungedacht blieb. Auch wer die Gottheit mit ›sie‹ anredete, träfe deren Wahrheit nicht. Die Wahrheit im Leben des Menschen jedoch ist, daß das erste Du, das ihm entgegentritt, das Du der Mutter ist. In der Ewigen Weisheit Seuses ist das ewige Du Bubers wiederum als weibliches Gegenüber erfahrbar.

»Ganz so erging es ihm hier«, beschreibt Seuse sein Erleben, »wie wenn eine ihr Kindlein nährende Mutter es mit den Armen umfangend auf dem Schoß stehen hat; so wie dies dann sich mit der Bewegung seines Köpfleins und seines kleinen Leibes zur liebkosenden Mutter emporstreckt und seine Freude mit Lächeln zeigt, so

> drängte sich sein Herz mitfühlend durchströmt gar oft zu der ewigen Weisheit lustvoller Gegenwart.« (S. 25 f.)

So ist die Ewige Weisheit nicht Herrschaftsbild, sondern tiefgründiges Sehnsuchtsbild, d. h. Abbild der Grunderfahrungen des Menschseins. Hierin und nicht im herrschaftlichen Gebaren gründet ihre Macht. Es gibt nichts an ihr, das für den liebenden Menschen zu fürchten wäre. Daß sie dem Leser aus dem Werk eines Mystikers entgegentritt, überrascht nicht. Denn sie ist Ausdruck des die Mystik vereinenden Wissens, daß nicht die Angst, sondern die Liebe die stärkste aller Bindungen schafft. »Es ist besser«, spricht die Ewige Weisheit, »aus Liebe (zu mir) zu kommen, als aus Furcht wegzubleiben.« (S. 305).

Der Anlage dieses Gottesbildes entsprechend, vollzieht sich der spirituelle Werdegang Seuses, den er in der exemplarischen Gestalt des Dieners der Ewigen Weisheit beschreibt, in den Bildern der Liebe. Schon als Jüngling besaß er »ein liebebedürftiges Herz«, das ihn bei der Lektüre der Weisheitsbücher des Alten Testamentes in Liebe zur Ewigen Weisheit entflammte:

> »Nun stellt sich die ewige Weisheit in der Heiligen Schrift so liebenswert dar wie eine anmutig Liebende, die sich hübsch herausputzt, damit sie allen wohlgefalle; sie redet da so zärtlich wie eine Frau, die sich alle Herzen geneigt machen möchte.«

Wie bei allen Verliebten war auch sein sehnlichster Wunsch der nach dem Anblick und der Gegenwart der Geliebten:

> »Ach, Gott, könnte ich mein Lieb nur einmal sehen und das Wort an sie richten. Ach, wie mag es doch aussehen, das so viel erfreuliche Eigenschaften in sich birgt? Ist es Gott oder Mensch, Frau oder Mann, Erleuchtung oder Wissenschaft oder was sonst?«

Und da er sich die Bibelstellen zur Weisheit vor Augen führte, erschien sie ihm in folgender Weise:

> »Sie schwebte hoch über ihm auf einem Wolkenthron, strahlte wie der Morgenstern, glänzte wie die blinkende Sonne; ihre Krone war Ewigkeit, ihr Gewand Seligkeit, ihr Wort Lieblichkeit, ihre Umarmung alles Verlangens Stillung. Sie war fern und doch nah, hoch und niedrig, gegenwärtig und doch verborgen. Sie ließ mit sich umgehen, doch ergreifen konnte sie niemand. Sie überragte die höchste Höhe des Himmels und berührte Gottes tiefsten Abgrund; sie dehnte sich kraftvoll von Ende zu Ende und ordnete alles in Güte. Glaubte er ein schönes Edelfräulein zu sehen, geschwind erblickte er einen stolzen Junker: Ihr Gebaren war jetzt das einer weisen Meisterin, dann das eines schönen Liebs. Gar gütig neigte sie sich zu ihm hernieder, grüßte ihn gar freundlich und sprach liebreich zu ihm: ›Mein Kind, gib mir dein Herz!‹« (S. 22 ff.)

Wiederum stellt nicht allein Seuse die Frage des Jungverliebten nach der Gestalt der oder des Geliebten, sondern er stellt sie exemplarisch für all diejenigen, die sich auf der anfangenden Stufe des mystischen Weges befinden. So naiv die Frage klingen mag, so differenziert ist die Antwort. Die Ewige Weisheit ist höher als hoch und doch auch tief wie der tiefste Abgrund, sie ist fern und nah, gegenwärtig und verborgen. Sie läßt mit sich umgehen, der Hand jedoch, die sie ergreifen will, entzieht sie sich. Nie kann Gott erfaßt, sondern immer nur erfahren werden. Auch in den Kategorien der Geschlechtlichkeit ist Gott nicht zu erfassen, sehr wohl jedoch ist er in ihnen zu erfahren. So erscheint die Ewige Weisheit als Edelfräulein, als Junker, als weise Meisterin. Sie gewinnt im Werk Seuses als Bräutigam und Vater, aber auch als Braut, Kaiserin und immer wieder als Mutter Gestalt. Dies sind Erscheinungsformen der Ewigen Weisheit, ihr Wesen ist es nicht. Entsprechend vermag sie im Diesseits ihre Gestalt zu verwandeln. Doch nie ist sie geschlechtslos, sondern immer männlich oder weiblich, und spiegelt somit die doppelten Bezüge der Geschlechtlichkeit, die den Menschen kennzeichnen, der in Mann und Frau unterschieden ist. Im Gegensatz zum doppelsinnigen Gottesbild, das zwischen der Repräsentanz des Männlichen und des Allgemeinen schwankt, bildet die Ewige Weisheit männlich und weiblich als zwei Erscheinungsformen Gottes ab. Das weibliche Element wird nicht in vorgeblicher Allgemeinheit verschlungen, sondern als selbständiger Bereich außerhalb gestellt. Daß dieses Konzept im Rahmen der Frauenseelsorge entwickelt wurde, ist kein Zufall. Es zaubert im Doppelbild das ferne Abbild der Frau an den Himmel und schafft für Frauen einen spirituellen Bezugspunkt, der jenes Wiedererkennen im Jenseits möglich macht, das auch im Diesseits Wert und Würde verleiht. Aus

48 Heinrich Seuse vor der Ewigen Weisheit, Ulm, um 1470

dem Mund der Ewigen Weisheit als der weiblichen Allegorie des männlich inkarnierten Gottes ist die Forderung nach Gleichgestaltung zum göttlichen Urbild auf beide Geschlechter zugesprochen. Und ist dieser Weg zugleich – wie die Mystiker glauben – der Weg zum Selbst, so stiftet sie, die Ewige Weisheit, zweifach die höchste Identität, auf die der Mensch zuzustreben vermag, ohne daß er von jener Identität als Mann oder Frau, die ihm wie die Gottgleichheit eingeboren ist, absehen muß.

Seuses eigene Perspektive bleibt, wie es nicht anders sein kann, die des Mannes. Er bezieht sich in den Bildern und Erlebnisstrukturen der mittelalterlichen Minne als Liebender auf die Ewige Weisheit und als Sohn auf deren mütterliche Gestalt. Doch anders als das mütterliche Abbild Mariens ist die Ewige Weisheit mit der Vollmacht der Gottheit ausgestattet. Sie ist das mächtige, aber nie übermächtige Gegenüber, auf das sich ein Sohn bezieht, der weiß, daß er sich nicht verlieren, sondern finden wird. Eben dies ist das besondere an ihm, dem Starken, den weibliche Stärke nicht erschreckt. So übergibt er sich ihrer Leitung, bis sie ihn, da der rechte Zeitpunkt gekommen ist, freigeben wird. Nicht anders als der Weg, auf dem er Elsbeth anleitet, führt auch sein von der Ewigen Weisheit geleiteter Weg in die Freiheit einer unmittelbaren Gotteserfahrung, die der hinführenden, aber in letzter Konsequenz verstellenden Bilder nicht mehr bedarf.[F12]

> »Meine Tochter«, hatte Seuse Elsbeth erklärt, »nun merke ebenso, daß alle diese Bilder und Erklärungen der bildlosen Wahrheit ebenso fern und ungleich sind wie ein schwarzer Mohr der schönen Sonne; und das kommt von der formlosen, unerkennbaren Einfachheit ebendieser Wahrheit.« (S. 199)

Auch Seuses mystischer Stufenweg strebt – nicht anders als bei Eckhart – als letztes auf die bildlose Erfahrung Gottes zu. Der Weg der Gelassenheit, der über das Lassen aller Ich- und Weltbindungen den Menschen in eine abgründige Gotteserfahrung führt, in der er sich allein von Gott gehalten weiß, kennt als letztes Lassen auch das Ablassen von den Bildern, die immer nur Abglanz sein können und daher der unmittelbaren Erfahrung Gottes entgegenstehen.[F12] In den Vorstufen jedoch kann sich die Ewige Weisheit, gerade weil sie als Fülle der Bilder über allen Bildern steht, in Vielbildlichkeit entfalten. Nicht dem Wesen Gottes, sondern dem Wesen des Menschen ist dieser Weg verpflichtet, den Seuse begeht, um, wie er sagt, »Bilder durch Bilder auszutreiben« (S. 196). Freilich geht ein weiter Weg diesem Schlußpunkt der Vollkommenheit voran, dessen Länge dem Grad an Verstrickung ins Materielle entspricht. Erst langsam beginnt sich der moderne Mensch aus jenem Geflecht falscher Sicherheiten zu lösen, die irgendwann einmal der Bewahrung des Lebens dienen sollten und nun im Begriff stehen, das Leben selbst zu ersticken. Bestenfalls sind wir Anfangende, wenn wir es überhaupt sind.

So begleitet die Ewige Weisheit in Gestalt der Minneherrin und Mutter weite Strecken der spirituellen Entwicklung ihres Dieners. Doch sie ist keineswegs auf Seuses Zugang festgeschrieben, sondern zeichnet sich vielmehr durch die grundsätzliche Offenheit für die Sehnsuchtsbilder des Menschen aus:

> »Ich bin in dir selbst das unfaßbare Gut, das stets war und immer ist, das nie ausgesprochen worden ist und es nie sein wird. Ein Herz vermag mich wohl innerlich zu empfinden, aber keine Zunge kann mich in Worte fassen oder (mein Wesen) aussprechen. Und doch, wenn ich mich, das übernatürliche, unwandelbare Gut, einem jeglichen Geschöpf in der Weise hingebe, wie es seiner Kraft, mich zu empfinden, entspricht, so hülle ich den Sonnenglanz in ein Tuch und gebe von mir und meiner innigen Liebe in leiblichen Worten solchermaßen geistigen Sinn: Ich stelle mich sanft vor den Blick deines Inneren. Schmücke und kleide du mich nun geistigerweise, ziere mich nach deinem Wunsche, gib mir alles

> zu eigen, was zu besonderer Zuneigung und Liebe und voller Lust des Herzens dich bewegen kann, sieh, das ist alles, was du und irgendein Mensch erdenken können an Gestalt, Zier und Glanz; in mir ist es aber noch köstlicher, als jemand aussprechen kann. Und in solcherlei Worten kann ich mich dir zu erkennen geben.« (S. 232)

Vor allem anderen will die Ewige Weisheit geliebt werden und bietet daher ihr Antlitz dem Menschen dar, auf daß er das ihm jeweils Liebste und Kostbarste einzeichne. So gleicht sie einem Diamanten, der farblos ist bzw. alle Farben beinhaltet. In seiner diesseitigen Erscheinungsform jedoch ist der Diamant in zahllose Facetten geschliffen, die das Licht in verschiedenen, der Verschiedenheit der Menschen entsprechenden Farben reflektieren. Diese Vielbildlichkeit ist nicht die Schwäche, sondern die Stärke eines Gottesbildes, dem selbst der Versuch, das Herrschaftsbild in das leere Antlitz einzuzeichnen, nichts anhaben könnte. Erträgt doch das Herrschaftsbild kein anderes Antlitz neben sich und müßte notwendigerweise verblassen. Wer daher die Vielfalt vereindeutigt und das eine Antlitz als verbindlich ausgibt – er behaupte, was er wolle –, beschreibt die Ewige Weisheit nicht. Denn gleich, welche Züge er einzeichnet, sie werden im Rang übergreifender Verbindlichkeit zwingend zu den Zügen der Herrschaft, die sich über all denjenigen verdunkeln, deren Sehnsuchtsbild sie nicht sind. So rührt er nicht nur an der Ewigen Weisheit, sondern auch am Menschen. Und er rührt an der Gottheit selbst: »Wehe dem Besessenen«, warnt Buber, »der Gott zu besitzen meint.« (S. 108).

Über 600 Jahre sind vergangen, seit Seuse mit dem Finger der Sehnsucht die Ewige Weisheit in das leere Antlitz einzeichnete. Oder verhielt es sich vielmehr so, daß, wie es Seuse erfahren hat, der Finger Gottes sein Abbild in das Werk Seuses einschrieb? Man mag im Werk Seuses den Widerhall der göttlichen Anrede vernehmen, oder aber die Rede eines Menschen erkennen, der vom tiefsten Seelengrund aus spricht. Oder man kann, wie es auch Eckhart und Seuse gesehen hätten, beides in eins setzen, so daß aus dem Innersten des Menschen Gott zu sprechen vermag. Spürbar bleibt in allen Fällen der Geist der Zugewandtheit und Freiheit im Werk Seuses. »Zart bin ich«, spricht die Ewige Weisheit, »schmiege mich an und bin einer lauteren Seele allzeit gegenwärtig.« (S. 233). Der ausgestreckten Hand kommt sie entgegen, öffnet sich zum sich öffnenden Menschen hin. Niemandem zwänge sie daher heute noch, davon bin ich überzeugt, eine fremde Religion auf, niemandem auch zwänge sie den Glauben an eine Jungfrauengeburt ab. Und dies nicht etwa, weil Gott den menschlichen Vernunftgründen unterworfen wäre, sondern weil der Mensch allein ungebrochen und in Freiheit sein innerstes Beziehungsstreben und somit sich selbst zu entfalten vermag.

Zum Schluß

Die Abfassungszeit dieses Buches fiel mit der Zeit der Krankheit und des Todes meiner Mutter zusammen. Gerade hatte ich meine Dissertation abgeschlossen, als sie erkrankte. Oft dachte ich, daß dies nun der von mir einzulösende Sitz im Leben von all dem, was ich zuvor gelernt hatte, sei. Zwei gemeinsame Jahre prägender Erfahrungen sollten folgen. »Das Leben schenkt die edelste Erkenntnis« (S. 281), schreibt Meister Eckhart. Wenn es nun wahr ist, daß das Wissen seinen Sitz im Leben hat und daß Erfahrung und Wissen untrennbar ineinander greifen, um wieviel mehr als den hl. Bernhard muß ich sie als meine Lehrerin bezeichnen. In vielem bin ich ihr zu Dank verpflichtet, doch vor allem für die gemeinsame Zeit der Krankheit. Nun, da sie dem Leben entwachsen ist, weiß ich, daß ich ein Stück mit ihr gemeinsam wachsen durfte.

Mehr als alles andere trauern die Augen des Menschen. Sie brechen das einfallende Licht unter dem Blickwinkel des Geschehenen, auf daß es die Seele dunkel umkleide. All denen, die auf eigenen Antrieb oder auf wohlmeinenden Rat hin sich vorschnell die freudlose Tracht vom Herzen zu reißen suchen, sei gesagt, daß das Gewand der Trauer ein Mantel ist. Länger noch als der Mensch trauern seine Augen, die nicht anders können, als zu suchen. Doch sind es auch die Augen, die allmählich das Dunkel mit Licht durchmischen. Mein Blick hielt Ausschau nach dem mütterlichen Sehnsuchtsbild, das Abbild der Wertschätzung all dessen ist, was wir der Mutter verdanken, und Ausdruck der Hoffnung, daß das mütterliche ›Ja‹ uns durch das Leben hindurch und – wer mag es wissen – auch über das Leben hinaus trage. Es gibt viele Gründe, die Ewige Weisheit auch heute zu schätzen. Für mich – leicht gestehe ich zu, was offenkundig ist – gibt es einen zusätzlichen Grund. Weit in der Ferne habe ich in feiner Spur und zartem Schimmer das Abbild der Mutter wiedererkannt.

Bibliographie

Mehrfach zitierte Quellen:

Bernhard von Clairvaux:

Das Leben des heiligen Bernhard von Clairvaux (*Vita Prima*), hrsg. u. übers. P. Sinz, Düsseldorf 1963 (**Leben**)

Sämtliche Werke, hrsg. G. B. Winkler, 4 Bde., Innsbruck 1990 ff. (**Werke**)

Die Schriften des honigfließenden Lehrers Bernhard von Clairvaux, übers. A. Wolters, 6 Bde., Wittlich 1934 ff. (**Predigten**)

Hildegard von Bingen:

Das Leben der hl. Hildegard, berichtet von den Mönchen Gottfried und Theodorich, a. d. Lat. übers. u. komm. A. Führkötter, Salzburg 1980 (**Leben**)

Der Mensch in der Verantwortung. Das Buch der Lebensverdienste (*Liber Vitae Meritorum*), übers. u. erl. H. Schipperges, Salzburg 1972 (**LVM**)

Heilwissen. Von den Ursachen und der Behandlung von Krankheiten nach der hl. Hildegard von Bingen (*Hildegardis causae et curae*), übers. u. hrsg. M. Pawlik, Augsburg 1990 (**CaCu**)

Welt und Mensch (*De operatione Dei*), übers. u. erl. H. Schipperges, Salzburg 1965 (**LDO**)

Wisse die Wege (*Scivias*), übers. u. bearb. M. Böckeler, Salzburg ^{2}1954 (**Scivias**)

Sonstige:

Buber, Martin: Das dialogische Prinzip, Heidelberg ^{5}1984

Meister Eckehart: Deutsche Predigten und Traktate, hrsg. u. übers. J. Quint, München 1979

Otto von Freising: Die Taten Friedrichs, übers. A. Schmidt, hrsg. F.-J. Schmale, Darmstadt 1974

Meister Eckehart: Deutsche Predigten und Traktate, hrsg. u. übers. J. Quint, München 1979
Otto von Freising: Die Taten Friedrichs, übers. A. Schmidt, hrsg. F.-J. Schmale, Darmstadt 1974
Seuse, Heinrich: Deutsche mystische Schriften, übertr. u. hrsg. G. Hofmann, Düsseldorf 1986
Wolfram von Eschenbach: Parzival, 2 Bde., mhd.-nhd., übertr. W. Spiewok, Stuttgart 1981
ders.: Willehalm. Urtext und Übersetzung (Dieter Kartschoke), Berlin 1968

Zu »Statt eines Vorwortes«:

Quellen:

Augustinus, Aurelius: Über die wahre Religion (De vera religione), übers. W. Thimme, Stuttgart 1983
Tauler, Johannes: Predigten, 2 Bde., hrsg. u. übers. G. Hofmann, Einsiedeln 1987
Terese v. Avila: Die innere Burg, hrsg., übers. F. Vogelsang, Zürich 1969, S. 123

Verwendete und weiterführende Literatur:

Adorno, Theodor W.: Soziologische Schriften 1, Frankfurt a. M. 1972
Haas, Alois M.: Nim dîn selbes wâr. Studien zur Lehre von der Selbsterkenntnis bei Meister Eckhart, Johannes Tauler und Heinrich Seuse, Freiburg/S. 1971
ders.: Christliche Aspekte des ›Gnothi seauton‹, Selbsterkenntnis und Mystik, in: ders.: Geistliches Mittelalter, Freiburg/S. 1984
Knowles, David: The Humanism of the Twelfth Century, in: ders.: The Historian and Character, and Other Essays, Cambridge 1963
Southern, Richard W.: Medieval Humanism and Other Studies, Oxford 1979
Zu M. Eckhart vgl. Abendländische Mystik im Mittelalter, Symposion Kloster Engelbert 1984, hrsg. K. Ruh, Stuttgart 1986 (m. zahlr. Lit.angaben)

Zu »Hildegard von Bingen und Bernhard von Clairvaux«:

Quellen:

Abaelard: Die Leidensgeschichte und der Briefwechsel mit Héloïse, übertr. u. hrsg. E. Borst, 4. verb. Auflage, Heidelberg 1979
Berengard: Apologeticus, PL (Patrologia Latina), Paris 1857-1870
Bernardus Magister: Papers Presented at the Nonacentenary Celebration of the Birth of St. Bernard of Clairvaux, ed. J. R. Sommerfeldt, Kalamazoo, Mi 1990
John of Salisbury: Historia Pontificalis, ed. a. tr. M. Chibnal, London 1956

Verwendete und weiterführende Literatur:
Borst, Arno: Abälard und Bernhard, in: Historische Zeitschrift (HZ) 186 (1958)
Bredero, Adriaan H.: Das Verhältnis zwischen Zisterziensern und Cluniazensern im 12. Jahrhundert: Mythos und Wirklichkeit, in: Elm, s.u.
Diers, Michaela: Bernhard von Clairvaux. Elitäre Frömmigkeit und begnadetes Wirken, Münster 1991
Elm, Kaspar (Hg.): Die Zisterzienser. Ordensleben zwischen Ideal und Wirklichkeit, Köln 1980, Ergänzungsband, Köln 1982
Frank, Karl Suso: Grundzüge der Geschichte des christlichen Mönchtums, Darmstadt [4]1983
Führkötter, Adelgundis: Hildegard von Bingen, Leben und Werk, in: Hildegard von Bingen 1179-1979, Festschrift zum 800. Todestag der Heiligen, hrsg. A. Ph. Brück, Mainz 1979
Gössmann, Elisabeth: Hildegard von Bingen, in: Gestalten der Kirchengeschichte III, hrsg. M. Greschat, Stuttgart 1983
Grane, Leif: Peter Abaelard. Philosophie und Christentum im Mittelalter, Göttingen 1969
Läpple, Alfred: Ketzer und Mystiker, Extremisten des Glaubens. Versuch einer Deutung, München 1988, S. 89
Lehmann, Paul: Die Vielgestalt des 12. Jahrhunderts, in: HZ 178 (1954)
Paffrath, Arno: Bernhard von Clairvaux 2. Die Darstellung des Heiligen in der bildenden Kunst, Bergisch Gladbach 1990
Schneider, Ambrosius (Hg.): Die Cistercienser. Geschichte-Geist-Kunst, 2. erw. Aufl., Köln 1977
Sommerfeldt, John R. (Hg.): s.o. Bernardus Magister
Zu Bernhard und auch Hildegard ist die Literatur kaum noch überschaubar. Vgl. zu Einzelfragen die jeweiligen Bibliographien:
Rochais, H. und Manning, E.: Bibliographie générale de l'ordre cistercien Saint Bernard, 2 Bde., Rochefort 1979, 1980
Jaron-Lewis, Gertrud: Bibliographie zur deutschen Frauenmystik im Mittelalter, Berlin 1989

Zu »Von der Tugend ...«:
Quellen:
Aelred von Rievaulx: Spiegel der Liebe, übertr. u. eingel. Sr. M. H. Brem, Einsiedeln 1989

Augustinus, Aurelius: Über die Ordnung, übertr. W. Thimme, München 1985
Goethe, Johann Wolfgang von: Faust, der Tragödie erster Teil, hrsg. L. J. Scheithauer, Stuttgart 1978
Gregor der Große: Homilien zu Ezechiel, übertr. u. eingel. G. Bürke, Einsiedeln 1993
Thomas von Aquin: Summa Theologia, dt.-lt. Ausg., komm. J. F. Groner, hrsg. Albertus-Magnus-Akademie Walberberg bei Köln, 21 Bde., Heidelberg, Graz, Wien, Köln 1964, S. 234

Verwendete und weiterführende Literatur:

Eifler, Günter (Hg.): Ritterliches Tugendsystem, Darmstadt 1970
Gründel, Johannes: Die Lehre des Radulfus Ardens von den Verstandestugenden auf dem Hintergrund seiner Seelenlehre, München, Paderborn, Wien 1976
Gurjewitsch, A. J.: Das Weltbild des mittelalterlichen Menschen, München 1980
Häring, Bernhard: Zucht und Maß, in: Mysterium Salutis. Grundriß heilsgeschichtlicher Dogmatik, Bd. 5, Zwischenzeit und Vollendung der Heilsgeschichte, hrsg. J. Feiner u. M. Löhrer, Zürich, Einsiedeln, Köln 1976, S. 285 ff.
Krings, Hermann: Ordo. Philosophisch-historische Grundlegung einer abendländischen Idee, Halle/Saale 1941
Pieper, Josef: Das Viergespann, Klugheit – Gerechtigkeit – Tapferkeit – Maß, München 1964

Zu »Nicht Mord, sondern die Tötung des Bösen«:

Quellen:

Albert von Aachen, zit. n. Wollschläger, Hans: Die Bewaffneten Wallfahrten gen Jerusalem. Geschichte der Kreuzzüge, Zürich 1973, S. 38
Gerold, Patriarch von Jerusalem, zit. n. Heinisch, Klaus J.: Kaiser Friedrich II. in Briefen und Berichten seiner Zeit, Darmstadt [6]1978, S. 179 ff.
Gesta Dei per Francos, zit. n. Wollschläger, s.o., S. 40
Konrad III.: Brief, Monumenta Germaniae Historica DD IX, S. 333
Petrus Venerabilis: Schriften zum Islam, übers., komm. R. Glei, Altenberge 1985
S. Bernardi Opera IV, hrsg. J. Leclercq, H. Rochais, Rom 1966
Urban II.: Kreuzzugsaufruf. Vier Berichte von Urbans Rede sind überliefert, von denen keiner authentisch ist. Die zit. Predigt entstammt dem etwa 1107 verfaßten Bericht des Benediktiners Robert von Reims. Zit. n. Borst, Arno: Lebensformen des Mittelalters, Frankfurt a. M., Berlin 1979
Wilhelm von Tyros, zit. n. Milger, Peter: Die Kreuzzüge, Gütersloh o. J.

Verwendete und weiterführende Literatur:
Bumke, Joachim: Wolfram von Eschenbach, Stuttgart [5]1981
Gabrieli, Francesco: Die Kreuzzüge aus arabischer Sicht, Zürich 1973
Gnädinger, Luise: Wasser-Taufe-Tränen, in: Wolfram-Studien II, hrsg. W. Schröder, Berlin 1974
Lessing, Theodor: Geschichte als Sinngebung des Sinnlosen, München 1983
Mayer, Hans Eberhard: Geschichte der Kreuzzüge, 6. überarb. Aufl., Stuttgart, Berlin, Köln, Mainz 1985
Milger, Peter: Die Kreuzzüge, Gütersloh o. J.
Ohly, Friedrich: Der Verfluchte und der Erwählte. Vom Leben mit der Schuld, Opladen 1976
Riley-Smith, Jonathan (Hg.): Großer Bildatlas der Kreuzzüge, Freiburg, Basel, Wien 1992
Runciman, Steven: Geschichte der Kreuzzüge, München 1968
Wolf, Gunther (Hg.): Stupor mundi. Zur Geschichte Friedrichs II. von Hohenstaufen, Darmstadt 1966
Wollschläger, Hans: Die Bewaffneten Wallfahrten gen Jerusalem. Geschichte der Kreuzzüge, Zürich 1973

Zu »Mitten im Leben vom Tod umfangen«:
Quellen:
Augustinus, Aurelius: Bekenntnisse, übertr., eingel. W. Thimme, München 1982
Benno von Osnabrück: Bericht des Iburger Chronisten, zit. n. Oexle, Gegenwart
Goethe, Johann Wolfgang von: Die Wahlverwandtschaften, Frankfurt a. M. und Hamburg 1960. Den Hinweis auf die Textstelle verdanke ich dem Aufsatz Oexle, Die Gegenwart
Katharina von Siena, zit. n. Dinzelbacher, Peter: An der Schwelle ..., S. 24
Wetti, zit. n. Angenendt, Theologie ..., S. 94 ff. Die »Visio Wettini« ist in engl. Übers. zugänglich (Traill, David A.: Walahfrid Strabo's Visio Wettini, Text, Translation, and Commentary, Bern, Frankfurt a. M. 1974). Auszüge auch bei Dinzelbacher, P.: Mittelalterliche Visionsliteratur. Eine Anthologie, Darmstadt 1989
Verwendete und weiterführende Literatur:
Angenendt, Arnold: Theologie und Liturgie der mittelalterlichen Toten-Memoria, in: Karl Schmidt (Hg.), Memoria. Der geschichtliche Zeugniswert des liturgischen Gedenkens im Mittelalter, München 1984

Ariès, Philippe: Geschichte des Todes, München 1991
Borst, Arno: Drei mittelalterliche Sterbefälle, in: Ketzer und Artisten, München, Zürich 1988
ders.: Mönche am Bodensee, 610-1525, Sigmaringen 1978
Dinzelbacher, Peter: An der Schwelle zum Jenseits, Sterbevisionen im interkulturellen Vergleich, Freiburg i. Br. 1989
Duby, Georges: Guillaume le Maréchal oder Der beste aller Ritter, Frankfurt a. M. 1986
Haas, Alois M.: Die Auffassung des Todes in der deutschen Literatur des Mittelalters, in: ders.: Geistliches Mittelalter, Freiburg/Schweiz 1984
Oexle, Otto Gerhard: Die Gegenwart der Toten, in: Hermann Breat und Werner Verbeke (Hg.): Death in the Middle Ages, Leuven 1983
ders.: Memoria und Memorialüberlieferung im frühen Mittelalter, in: Frühmittelalterlichen Studien 10 (1978)
Ohler, Norbert: Sterben und Tod im Mittelalter, München 1993
Ohly, Friedrich: Bemerkungen eines Philologen zur Memoria, in: Memoria, vgl. Angenendt
Wollasch, Joachim: Toten- und Armensorge, in: Karl Schmidt (Hg.): Gedächtnis, das Gemeinschaft stiftet, München, Zürich 1985

Zu »Am Rande des Abgrunds ...«:

Quellen:

Augustinus, Aurelius: Sermo 352, 8, PL 39, 1558D
ders.: Vom Gottesstaat, Bd. 1, übertr. W. Thimme, München [2]1985
Gottfried v. Straßburg: Tristan, 2 Bde., mhd.-nhd., übertr. R. Kohn, Stuttgart [2]1981
Gregor d. Gr.: Regula Pastoralis, übers., hrsg. G. Kubis, Graz, Wien, Köln 1986
Hartmann von Aue: Gregorius, der gute Sünder, mhd. Text nach der Ausgabe F. Neumann, übertr. B. Kippenberg, Stuttgart 1986
Hrabanus Maurus: Homilia, Paris 1857-1870
Jacobus de Voragine: Legenda aurea, a. d. Lat. übers. R. Benz, Heidelberg [9]1979
Mechthild von Magdeburg: Das fliessende Licht der Gottheit, übers. M. Schmidt, Einsiedeln, Zürich, Köln 1956, S. 157
Meister Eckhart, zit. n. Schleusener-Eichholz, Gudrun: Das Auge im Mittelalter, Bd. 2, München 1985, S. 740, Anm. 252
Passionsspiel von Autun, zit. n. Ohly, Friedrich: Der Verfluchte und der Erwählte. Vom Leben mit der Schuld, Opladen 1976, S. 75

Petrus Damiani: De divina omnipotentia, P. Berzzi, Trad. B. Nardi, Firenze 1945, De perfectione monachorum, cap. XII: De laude lacrymarum, S. 260
St. Brandans wundersame Seefahrt, n. d. Heidelberger Handschrift übertr. u. hrsg. G. E. Sollbach, Frankfurt a. M. 1987
Wann, Paul: Die Passion des Herrn (Passauer Passionale), übers., eingel. u. hrsg. F. X. Zacher, Augsburg 1928

Verwendete und weiterführende Literatur:

Jens, Walter: Der Fall Judas, Stuttgart 1975
Klauck, Hans Josef: Judas – ein Jünger des Herrn, Freiburg, Basel, Wien 1987
Meyer, H.: Die Zahlenallegorese im Mittelalter. Methode und Gebrauch, München 1975
Ohly, Friedrich: Der Verfluchte und der Erwählte. Vom Leben mit der Schuld, Opladen 1976
ders.: Desperatio und praesumptio. Zur theologischen Verzweiflung und Vermessenheit, in: Festgabe für Otto Höfler zum 75. Geburtstag, hrsg. H. Birkan, Stuttgart 1978
Schipperges, Heinrich: Der Garten der Gesundheit. Medizin im Mittelalter, München 1990
Schleusener-Eichholz, Gudrun: Das Auge im Mittelalter, 2 Bde., München 1985

Zu »Doppelsinniges oder doppelgeschlechtliches Gottesbild«:

Quellen:

Hieronymus: Kommentar zum Epheserbrief, zit. n. Ketsch, Frauen, S. 61
Elsbeth Stagel: Das Leben der Schwestern zu Töss, übers. M. Weinhandl, München 1921. Neuere Forschungen, die nicht zwingend der Wahrheit näher sind, bestreiten ihre Mitautorenschaft am Werk S., die literarische Fiktion sei. Die Doppelgeschlechtlichkeit als tragendes Prinzip des (realen oder fiktionalen) Gesamtentwurfs ist von dieser Forschungsdiskussion letztlich nicht betroffen.

Verwendete und weiterführende Literatur:

Collet, Giancarlo (Hg.): Der Christus der Armen, Das Christuszeugnis der lateinamerikanischen Befreiungstheologen, Freiburg, Basel, Wien 1988
Diotima: Der Mensch ist zwei. Das Denken der Geschlechterdifferenz, Wien 1989
Fielhaut, Ephraim M.: Heinrich Seuse in der dominikanisch-priesterlich-seelsorgerlichen Sicht, in: ders. (Hg.): Heinrich Seuse, Studien zum 800. Todestag 1366-1966, Köln 1966

Görres, Frederike: Heinrich Seuses Weg zur Weisheit, in: Erbe und Auftrag 42 (1966)
Grundmann, Herbert: Religiöse Bewegungen im Mittelalter, Darmstadt 1977
Guardini, Romano: Der Herr. Über Leben und Person Jesu Christi, Freiburg, Basel, Wien 1980
Haas, Alois M.: Meister Eckharts Auffassung von Zeit und Ewigkeit, in: Freiburger Zeitschrift für Theologie und Philosophie 27 (1980)
ders.: Transzendenzerfahrung in der Auffassung der deutschen Mystik, in: ders.: Geistliches Mittelalter, Freiburg/Schweiz 1984
Ketsch, Peter: Frauen im Mittelalter, 2 Bde., Düsseldorf o. J.
Langer, Otto: Mystische Erfahrung und spirituelle Theologie. Zu M. Eckharts Auseinandersetzung mit der Frauenfrömmigkeit seiner Zeit, München 1987
Misch, Georg: Geschichte der Autobiographie IV.1, Frankfurt a. M. 1967
Muraro, Luisa: Die symbolische Ordnung der Mutter, Frankfurt a. M., New York 1993
Trusen, W.: Heinrich Seuse als Verteidiger Eckharts, in: Der Prozeß gegen Meister Eckhart, Vorgeschichte, Verlauf und Folgen, Paderborn, München, Wien, Zürich 1988
Warner, Marina: Maria. Geburt, Triumph, Niedergang – Rückkehr eines Mythos?, München 1982
Weiss, Bodo: Die Heilsgeschichte bei Meister Eckhardt, Mainz 1965
Wodtke, Verena (Hg.): Auf den Spuren der Weisheit. Sophia – Wegweiserin für ein weibliches Gottesbild, Freiburg i. Br. 1991

Bildnachweise

Agence Photographique, Paris 233
Archiv für Kunst und Geschichte GmbH, Berlin 141, 162, 202, 227
L'Atelier du Regard, Orsay 207, 211
Badisches Landesmuseum, Karlsruhe 169
Ernst Barlach Museum, Ratzeburg 174
Bayerische Staatsbibliothek, München 39, 114
Bibliothèque Municipale, Dijon 51
Bibliothèque Nationale, Paris 30, 154, 234
Bildarchiv DuMont, Köln 126

Kommentiertes Personenregister

Bitte beachten Sie auch
folgende Veröffentlichungen aus unserem Verlag:

Yin und Yang

Das kosmische Grundmuster in den Kulturformen Chinas
Von Frank Fiedeler. 194 Seiten mit 60 einfarbigen Abbildungen, Register (DUMONT Taschenbücher, Band 301)

Yin und Yang, die beiden Naturkräfte des Weiblichen und des Männlichen, umfassen in einem tieferen Sinne auch alle anderen Gegensätze. Sie in Harmonie zu bringen ist das höchste Ziel chinesischer Lebensweisheit. Wie ein roter Faden ziehen sich Yin und Yang als kosmisches Grundmuster durch die viertausendjährige Kulturgeschichte Chinas. Der Sinologe Frank Fiedeler erläutert die mythologischen Vorstellungen und das chinesische Weltbild, die dieser Polarität zugrunde liegen anhand von Themen wie »Der Kaiser als Bindeglied zwischen Himmel und Erde« und »Taoismus und Konfuzianismus«.

Derwische

Gelebter Sufismus -

Wandernde Mystiker und Asketen im islamischen Orient

Von Jürgen Frembgen. 283 Seiten mit 16 farbigen und 66 einfarbigen Abbildungen und 1 Karte, Glossar, Register

(DUMONT Taschenbücher, Band 295)

»Im Westen vergleichsweise unbekannt ist die islamische Mystik: Ihre Derwische und Sufis, Fakire und Asketen leben einen ganz anderen Islam, als ihn die Orthodoxie lehrt. Jürgen Frembgen beschreibt ihre Hinwendung zu Gott, schildert den entbehrungsreichen Lebenswandel der Wanderderwische und stellt wohlorganisierte Bruderschaften vor. Dabei gelang ihm ein völkerkundliches Kaleidoskop, das als Überblick auch wissenschaftlichen Ansprüchen standhält.« *Stuttgarter Zeitung*

Wie wir leben und wie wir leben könnten

Vier Essays von William Morris mit einer Einführung versehen, übersetzt und herausgegeben von Hans Christian Kirsch. 236 Seiten mit 8 einfarbigen Ornamentstücken und mit 12 farbigen Abbildungen nach Originalentwürfen von William Morris (DUMONT Taschenbücher, Band 275)

»Der Künstler und sozialistische Lebensreformer William Morris (1834 – 1896) gehörte zu den Pionieren des modernen Designs, der neuen Buchkunst und der Fantasy-Dichtkunst. Der vorliegende Band versammelt seine Essays ›Die Schönheit des Lebens‹, ›Wie ich ein Sozialist wurde‹, ›Wie wir leben und wie wir leben könnten‹ und ›Die Ziele der Kunst‹. Die Einführung des Herausgebers zeigt die Aktualität des Themas.«

Rheinischer Merkur

DUMONT KULTURGESCHICHTE

Atlantis

Geschichte einer Utopie
Von B. Brentjes. 192 Seiten mit 20 einfarbigen Abbildungen, kaschiert

Joan Miró

Von H. Gaßner. 336 Seiten mit 31 farbigen und 90 einfarbigen Abbildungen, kaschiert

Zeichnen in der Renaissance

Von U. Westfehling. 348 Seiten mit 12 farbigen und 95 einfarbigen Abbildungen,kaschiert

Salomos Tempel und das Abendland

Von P. von Naredi-Rainer. 312 Seiten mit 8 farbigen und 181 einfarbigen Abbildungen, kaschiert

DUMONT KULTURGESCHICHTE

»Es gibt sie also noch, gut gestaltete Bücher zu einem vertretbaren Preis, sie tauchen aus dem Büchermeer auf, wenn man sie schon nicht mehr erwartet hat.«

SAX – Das Dresdner Stadt-Magazin

Die magische Welt der Schamanen und Höhlenmaler
Von Harald Braem. 276 Seiten mit 19 farbigen und 77 einfarbigen Abbildungen, kaschiert

Der Harem
Von R. Gost. 284 Seiten mit 12 farbigen und 74 einfarbigen Abbildungen, kaschiert

Liebesgöttinnen
Von J. Ströter-Bender. 202 Seiten mit 12 farbigen und 50 einfarbigen Abbildungen, kaschiert